Quodlibeta Septem (Strasbourg, 1491)

(省略体で表記されているのが分かる)

Guillelmi de Ockham Quodlibeta Septem

オッカム
『七巻本自由討論集』
註解

I

渋谷克美訳註

協力者／周藤多紀

知泉書館

凡　例

* 翻訳の底本としては，Guillelmus de Ockham Opera Philosophica et Theologica ad fidem codicum manuscriptorum edita. Opera Theologica IX: Quodlibeta Septem, edidit Joseph C. Wey, St. Bonaventure, N. Y. 1980 を用いた．
* 適当と思われる箇所には訳語のあとに原文のラテン語を（　）の内に記した．
* 翻訳部分において，[　] は底本によるもの，〔　〕は訳者による補記を示す．
* また，原文の理解を助けるのに是非とも必要と思われる箇所は，（　）を付けて言葉を補って訳出した．

解　説

1．出版全体の計画

　訳者は先に『オッカム「大論理学」註解 I－V』（創文社，1999-2001，2003，2005）を出版した．本書『七巻本自由討論集』（Guillelmus de Ockham, Quodlibeta Septem）は，『大論理学』（Summa Logicae）のすぐ後に書かれた，オッカム（1288頃-1347）のもう一つの主著である．『大論理学』の場合と同様，『七巻本自由討論集』全巻の翻訳，及び詳細な註解の出版を計画している．『七巻本自由討論集』は七つの巻から構成されているので，一巻ずつ全体を七冊に分冊し，5年程度で全巻の出版を予定している．本書第 I 巻第 10-12 問題の本文訳，註解に関しては周藤多紀氏（京都大学）の協力を得た．

2．写　本

　本書で参照した写本，初期刊行本は次のごとくである．
写本
A＝Parisiis, Bibl. Nat., lat. 16, 398
B＝Bibl. Apost. Vaticana, lat. 3075
C＝Bibl. Apost. Vaticana, lat. 956
D＝Giessae, Bibl. Universitatis 733
E＝Bibl. Apost. Vaticana, Chigi B. VI. 93
F＝Gottingae, Bibl. Universitatis, Theol. 118
G＝Vindobonae, Bibl. Conv. Fratrum O. P. 187 (153)
H＝Romae, Bibl. Angelica 69 (A. 7. 8)
K＝Parisiis, Bibl. Nat., lat. 17, 841
L＝Parisiis, Bibl. Mazarine, lat. 894
M＝Basileae, Bibl. Universitatis F. II. 24
N＝Oxoniae, Bibl. Collegii Merton 106
P＝Monachii, Bibl. Status, clm 8943

初期刊行本
X＝Parisiis 1487/8
Y＝S. d. vel l.
Strasboug 1491 (Unveränderter Nachdruck der Ausgabe, Louvain 1962, Minerva GMBH・Frankfurt/Main 1981)

　以上の写本，初期刊行本を参照し，全集版と異なる読み方を採用した場合には，その旨訳者註解に記載した．

3．本書成立の事情

　本書『七巻本自由討論集』に収録されている議論は，オッカムがロンドンに滞在していた間，フランシスコ会の学院で行なわれた討論に基づく．第Ⅰ巻は1322年の秋，第Ⅱ-Ⅲ巻は1322年の冬から1323年の春にかけて，第Ⅳ巻は1323年の秋，第Ⅴ-Ⅶ巻は1323年の冬から1324年の春にかけて，実際に行なわれた討論に基づくと推定される．

　上述の成立事情が，『七巻本自由討論集』を理解するうえでの困難さと密接に関連している．すなわち，例えば第Ⅰ巻第1問題でオッカムは，「神がただ一つであることは自然本性的理性によって論証可能である」とするスコトゥスの七つの途の議論を取り上げ，それを逐次批判している．あるいは，第Ⅰ巻第2問題でオッカムは，チャトン（Walter Chatton）の議論に対して詳細な批判を行なっている．更に第Ⅰ巻第14問題では，直知認識に関してオッカムとチャトンとの間で激しい論争が行なわれたと考えられる．従って，『七巻本自由討論集』でのオッカムの議論を理解するためには，オッカムが，誰のどのような議論に対して批判を行なっているのかを先ず明確にする必要がある．しかし奇妙なことに，『七巻本自由討論集』のテキストには，相手側の議論からの引用や，相手側の議論についての説明が全くない．しばしば，相手側の議論は全く言及されずに，オッカムの批判だけが羅列されている．この点で，『七巻本自由討論集』は，オッカムの他の著作，例えば『センテンチア註解』とは異なった形式になっている．これは，2で挙げた現存するすべての写本においても，他のすべての15世紀の刊行本においても同じである．このことが，オッカムの『七巻本自由討論集』を理解することを非常に困難にしている．

　では，何故オッカムは相手側の議論や説を省略したのか．先に述べた『自由討論集』の成立事情，すなわち『自由討論集』がロンドンのフランシスコ会の学院で行なわれた討論に基づいているということが，相手側の議論や説をオッカムが

省略したということと密接に関連している．なぜなら，しばしばオッカムの批判の相手であるドゥンス・スコトゥスは同じフランシスコ会の先輩であり，チャトンは同時代に，同じロンドンの学院に滞在していたオッカムの同僚であったからである．それゆえ，彼等がどのような議論をしていたかについては，討論を行なっている者達によって既に充分に知られていたと考えられる．もしかしたら，チャトン自身が討論の中に加わっていたのかもしれない．従って，オッカムにとっては，彼らの議論を繰り返し述べる必要がなかったのである．

しかし，スコトゥスやチャトン達の説を知らない現代の読者にとっては，オッカムのテキストのままで，オッカムの議論を充分に理解することは不可能である．それゆえ訳者は註解の中で，相手側のスコトゥスやチャトン達の議論を可能な限り引用し，オッカムと相手側との論争をできるだけ再現するように努めた．ただし，例えば第Ⅰ巻第2問題註3で書いたように，相手側の議論が誰のものか不明な場合もある．

4．第Ⅰ巻の内容

全巻目次からわかるように，本書『七巻本自由討論集』で扱われているテーマはさまざまである．例えば第Ⅰ巻では，先ず最初に神に関する問い（第1‐3問題）が議論され，次に天使に関する問い（第4‐8問題）が議論され，第三に「線は点から構成されているか」という自然学的な問い（第9問題）が議論され，第四に人間の魂や魂の活動である認識や意志に関する問い（第10-18問題）が議論され，第五に神学的な問い（第18問題）が議論され，最後に倫理的な問い（第20問題）が議論されている．第Ⅱ巻以降も，ほぼ同様の順序でさまざまなテーマが扱われている（詳しくは，内容の面からの問いの分類を参照）．

これらの中で注目すべき問いの一つは，「知性的魂が身体の形相であることは論証されることができるか」という問い（第10問題）である．この問い自体は，13世紀中盤以降しばしば論じられてきた伝統的な問いである．例えばトマス・アクィナスは『神学大全』第1部第76問題第1項において「知性的魂は形相として身体と一つになっているのであるか」という問いを立て，この問いに肯定的に答えている．更にトマスの霊魂論は，次の主張を含む．①身体の形相である知性的魂は非質料的で，身体に依存しない，自らに固有な存在 esse によって自体的に自存する実体である．②このことは，知性的魂に固有な活動である，知性認識の働きから明らかにされる．すなわち，知性は知性認識の働きによって，非質料的な仕方で認識される事物の形相を受けとる．然るに，受けとられるものは，

受けとるものの在り方（modus）に従って，受けとるものの内に受けとられる．それゆえ，知性的魂は非質料的実体である．従って，③人間の知性的魂は不滅であり不死であり，身体が滅んでも自らの存在において存続する．このトマスの霊魂論に対して，オッカムは第10問題で，次の二つの事柄(1)知性的魂は身体の形相であるか，(2)知性的魂は不滅な非質料的形相であると言えるかを問題にしている．オッカムによれば，これらは二つとも，自然本性的理性によって論証不可能な事柄である．(1)に関しては，「知性的魂が身体の形相であることは論証不可能である．たとえ知性的魂が身体の形相ではなく，単に身体を動かす動源であるとしても，知性認識の活動が我々人間に帰属せしめられることが可能である」とオッカムは述べている．(2)に関しては，「我々人間の経験に従うならば，知性認識の働きはむしろ，可滅的な形相の働きであると結論される」と述べている．以上のオッカムの議論に特徴的なことは，我々の経験や理性と，信仰との明確な分離である．すなわちオッカムは，①我々が経験によって明証的に知る事柄，②自然本性的理性によって論証可能な事柄のみを学知の対象とし，その他の事柄をすべて信仰の領域へと移行させようとしている．

いま一つ注目すべきであるのは，「我々の知性は現世の生の状態において，自らの活動を直知認識するか」という問い（第14問題）である．この問いは，1321年から1323年の間にロンドンで行なわれたと推定される，オッカムと彼の同僚であったチャトンとの間の直知理論についての論争に基づいている．更に，同じ問題に関しては，1330年頃ノリッジにおいても，オッカムの弟子であるアダム・ヴォデハムとチャトンとの間で論争が行なわれている．訳者は註解において，彼等の論争をできるだけ詳細に再現しようと努めた．

目　次

凡　例 ·· v
解　説 ··· vii
全巻目次 ·· xiii

第Ⅰ巻

第1問題　自然本性的理性（ratio naturalis）によって，ただ一つの神のみが存在することは証明されることができるか ············· 5
第2問題　神の本質と関係は実在の側において（ex natura rei）相違するか ·· 14
第3問題　御父性は，御父と相違するか ······························· 21
第4問題　天使は実体に即して場所においてあるか ················ 26
第5問題　天使は場所的に運動することが可能であるか ·········· 32
第6問題　或る天使は他の天使に語るか ······························· 38
第7問題　或る天使は，所有態において（habitualiter）認識している対象についての現実態における知識（notitia actualis）を，同じ対象についての現実態における自らの内に生じさせることなしに，他の天使の内に生じさせることが可能であるか ······· 43
第8問題　天使が真空空間を通過して動くことは可能であるか ·· 47
第9問題　線は点から構成されているか ······························· 52
第10問題　知性的魂が身体の形相であることは論証されることができるか ·· 62
第11問題　「すべての人間に，数的にただ一つの知性が存在することはない」ということは，明証的に証明されることができるか ······ 66
第12問題　知性的魂はそれ全体が身体全体の内に存在し，かつ身体のどの部分においても全体として存在するか ··················· 69
第13問題　認識の生成の始めにおいて，知性によって第一に認識されるものは個物であるか ··· 73
第14問題　我々の知性は現世の生の状態において，自らの活動を直知認識するか ·· 79

第 15 問題　我々の知性は現世の生の状態において，可感的な事物を直知
　　　　　　認識するか ··· 83
第 16 問題　意志が作動因として自由に自らの活動を生じさせるというこ
　　　　　　とは，充分に証明されることができるか ······················ 87
第 17 問題　物事において偶然（casus）や偶運（fortuna）を保持するた
　　　　　　めに，意志が自由であることを措定すべきであるか ········ 90
第 18 問題　徳や知識は他から独立して存在する性質（qualitas absoluta）
　　　　　　であるか ··· 93
第 19 問題　霊は煉獄の火によって罰を受けるか ····························· 96
第 20 問題　外に表われた行為（actus exterior）はそれ自身に固有な道
　　　　　　徳的善や悪を持つか ··· 99

訳者註解 ··· 107

あとがき ··· 253
参考文献 ··· 255
索　引 ·· 259

全 巻 目 次

第 I 巻

第 1 問題　自然本性的理性（ratio naturalis）によって，ただ一つの神のみが存在することは証明されることができるか

第 2 問題　神の本質と関係は実在の側において（ex natura rei）相違するか

第 3 問題　御父性は，御父と相違するか

第 4 問題　天使は実体に即して場所においてあるか

第 5 問題　天使は場所的に運動することが可能であるか

第 6 問題　或る天使は他の天使に語るか

第 7 問題　或る天使は，所有態において（habitualiter）認識している対象についての現実態における知識（notitia actualis）を，同じ対象についての現実態における自らの内に生じさせることなしに，他の天使の内に生じさせることが可能であるか

第 8 問題　天使が真空空間を通過して動くことは可能であるか

第 9 問題　線は点から構成されているか

第 10 問題　知性的魂が身体の形相であることは論証されることができるか

第 11 問題　「すべての人間に，数的にただ一つの知性が存在することはない」ということは，明証的に証明されることができるか

第 12 問題　知性的魂はそれ全体が身体全体の内に存在し，かつ身体のどの部分においても全体として存在するか

第 13 問題　認識の生成の始めにおいて，知性によって第一に認識されるものは個物であるか

第 14 問題　我々の知性は現世の生の状態において，自らの活動を直知認識するか

第 15 問題　我々の知性は現世の生の状態において，可感的な事物を直知認識するか

第 16 問題　意志が作動因として自由に自らの活動を生じさせるということは，充分に証明されることができるか

第 17 問題　物事において偶然（casus）や偶運（fortuna）を保持するために，意志が自由であることを措定すべきであるか

第 18 問題　徳や知識は他から独立して存在する性質（qualitas absoluta）であるか

第 19 問題　霊は煉獄の火によって罰を受けるか

第 20 問題　外に表われた行為（actus exterior）はそれ自身に固有な道徳的善や悪を持つか

第 II 巻

第1問題　自然本性的理性によって,「神が万物を産出する第一の作動因である」ことは証明されることができるか

第2問題　自然本性的理性によって充分なる仕方で,「神が力において無限なる能力を持つものである」ことは証明されることができるか

第3問題　信仰箇条は論証されることができるか

第4問題　「知恵ある者」(sapiens)「正しい者」(iustus) といった具象語である属性は,神と被造物に同名同義的に述語づけられるか

第5問題　神は永遠なる仕方で世界を造ることができたのか

第6問題　天使は最初の瞬間において,功業や罪業を行なうことが可能であったか

第7問題　天使の存在（エクシステンチア）は天使の本質（エッセンチア）と区別されるか

第8問題　あらゆる結果が神によって創造されるのか

第9問題　被造物が創造することは可能であるか

第10問題　人間における感覚的魂と知性的魂は実在的に区別されるか

第11問題　感覚的魂と物体性の形相は,動物においてと同様に人間においても,実在的に区別されるか

第12問題　外界の事物を認識する真っ直ぐな知性認識の活動と,自らへと立ち返る知性認識の活動は同一の活動であるか

第13問題　より完全なる対象に関する活動が,より完全であるのか

第14問題　道徳的な事柄に関して,論証的学知はありうるか

第15問題　感覚的欲求の活動は,感情と異なるのか

第16問題　意志以外のところに,徳の習得態 (habitus) は存在するか

第17問題　感情は意志の内に存在するか

第18問題　一般的に,習得態 (habitus) が異なるに応じて行為も異なり,またその逆でもあるのか

第19問題　ミサにおいて司祭によって唱えられる「これは我が身体なり」という命題は,文字通りに解されるならば真であるか

第 III 巻

第1問題　神が万物を知性認識し,万物の直接的作動因であると仮定する場合,このことによって,神が内包的に無限なちからを有することが論証されることができるか

第2問題　神の諸属性は概念において区別されるか

第3問題　神の本質が,或る属性の特質のもとで,神における生みを引き起こす原理であるのか

第4問題	神は自己以外のすべてのものの作動因であるか
第5問題	諸元素は混合体の内に存続するのか
第6問題	動物の身体の諸器官の部分，例えば肉と骨の形相は種において区別されるのか
第7問題	一人の信仰者の知性の内に，数的にただ一つの信仰が存在するのか
第8問題	肯定判断する活動（actus assentiendi）は複合されたものを対象とするのか，非複合的なものを対象とするのか
第9問題	希望は，信仰や神への愛と区別された徳であるか
第10問題	聖なる処女マリアは原罪のうちにただ一瞬の間留まったということは有り得たか
第11問題	聖なる処女マリアのうちに，罪への火口（fomes）が存在したか
第12問題	精神の内に懐抱された命題はもの（res）から構成されているのか，概念から構成されているのか
第13問題	或る発声された音声命題は真であるか
第14問題	意志の働きのみが必然的に徳の行為であるか
第15問題	行為の正しさや醜さは，行為の実体と異なるのか
第16問題	目的や正しき理（ことわり）に付随する事柄も，徳の行為の関わる対象であるか
第17問題	感覚的欲求における苦しみや喜びは，外界の事物によって直接に引き起こされるのか
第18問題	倫理的徳は感情を対象として，それに関わるのか
第19問題	人は功業を行なったり，罪業を行なったりすることができるか
第20問題	何らかの習得態を措定することは必然であるか
第21問題	習得態は働きの作動因であるか
第22問題	形相の傾向性は形相と実在的に異なるか

第IV巻

第1問題	すべての結果は，作動因と別に目的因を持つか
第2問題	神が或る結果の目的因であることは，充分な仕方で証明されることができるか
第3問題	神は被造物を表わしているか
第4問題	神は或る人に，未来の非必然的な事柄についての明証的知を啓示することができるか
第5問題	神を見る者は，神が見るすべてのものを見るのか
第6問題	信仰箇条について説教を聴き，彼等のために行なわれた奇跡を見る者は，信仰と区別された何らかの固着した修得態を獲得するのか
第7問題	人間の主体が御言葉（Verbum）によって受け取られることはありうるか
第8問題	三つのペルソナが数において一なる同一の本性を受け取ることはありうるか
第9問題	天使が我々の認識や意志を直知することは可能であるか
第10問題	神は瞬時に運動を生じさせることができるか

第11問題　キリストの，聖なる処女マリアに対する子であるという関係（filiatio）は，他のすべての独立して存在する事物とは別な何らかのものであるのか

第12問題　アナロギアによる述語づけは，同名同義的述語づけ，同名異義的述語づけ，派生的述語づけと異なるか

第13問題　聖体の秘跡において存在するキリストは，他の事物を見ることができ，そして他の者によって見られることができるか

第14問題　聖体の秘跡においてキリストの魂は，キリストの身体を動かすことができるか

第15問題　キリストの魂はホスチア（聖餅）のもとにあるキリストの身体を，身体の器官によって，そしてまた器官によらずに動かすことができるか

第16問題　肯定判断する活動はすべて，同じ対象についての把捉する活動を前提としているか

第17問題　天国への途上の旅人である我々人間（viator）は，複合し分割する前や後に，神に固有な或る単一なる概念を持つことができるか

第18問題　量が実体や性質から区別された，それらから独立して存在するものであると仮定された場合，ホスチア（聖餅）のもとにあるキリストの身体が，量の類に属する位置を持ち，範疇の一つである位態を持たないということが有り得るか

第19問題　キリストの身体という，広がりを有する質料的実体は，互いに位置において異なる同質の実体的部分から構成されているのか

第20問題　広がりを有する質料的実体は，自らの内在的部分によって直接に場所に現存するものであるか

第21問題　広がりを有する質料的実体は自らの内在的部分によって劃域的な仕方で場所においてあるのか，あるいは限定的な仕方で場所においてあるのか

第22問題　神は，広がりを有する質料的実体を如何なる場所の移動もなしに保存し，他方，その実体の内に独立して存在するすべての付帯性を消滅させることができるか

第23問題　広がりを有する質料的実体は自らの内在的諸部分によって量である，あるいは量的なものでありうるか

第24問題　広がりを有する質料的実体は自らの内在的諸部分によって，たとえ量が実体に付け加わることがなくても，量的なものであるか

第25問題　「量が実体や性質と別な，それらから独立したものである」ことは，明証的に証明されることができるか

第26問題　「量が実体や性質と別な，それらから独立したものである」ことは，信仰の原理によって充分な仕方で証明されることができるか

第27問題　実体や性質と別なものとして量を措定することが，アリストテレスの意図したことであるのか

第28問題　実体と性質の間を媒介するものとして量を措定することが，聖なる学者達の意図したことであるのか

第29問題 パンの実体は変化させるちからによってキリストの身体へのみ化體し，キリストの神性や魂や属性へと化體しないのであるか
第30問題 パンの実体は聖別された後にも存続するか
第31問題 キリストの身体は聖別されたホスチア（聖餅）のもとに，劃域的な仕方で場所においてあるのか
第32問題 神は，独立して存在する全てのより前なるものを，それと実在的に区別されるより後なるものなしに生じさせることができるか
第33問題 聖別の後に聖体のうちに存続する量は，基体としてホスチア（聖餅）の性質の内に存在するのか
第34問題 ホスチア（聖餅）の性質は聖別の後に量を基体として，その内に存在するのか
第35問題 第一概念と第二概念は実在的に異なるのか

第V巻

第1問題 種において同じ，あるいは数において同じ神学的真理が，神学と自然学とにおいて証明されることができるか
第2問題 数において同じ結論が，論証と経験とによって明証的に認識されることができるか
第3問題 種において同じ，あるいは数において同じ或る神学的真理が，天国への途上の旅人である者（viator）によって信じられ，神を見る把握者（comprehensor）によって明証的に知られることはあるか
第4問題 神は天国への途上の旅人である者に，神を直知することなしに，信仰されるべき事柄についての明証的知を生じさせることができるか
第5問題 直知認識と抽象認識は異なるか
第6問題 把捉する活動と判断する活動は実在的に異なるか
第7問題 神に関して，固有な複数の概念が持たれることができるか
第8問題 話された音声語の文法上の属性はすべて，精神の中に壊抱された語にも属するか
第9問題 音声語の名辞と同様に，精神の中に壊抱された語の名辞も具象語と抽象語に区分されるか
第10問題 「人間」（homo）と「人間性」（humanitas）は，信仰の真理に基づくならば同義語であるか
第11問題 「人間」（homo）と「人間性」（humanitas）は，哲学者の意図に基づくならば同義語であるか
第12問題 普遍は個であるか
第13問題 すべての普遍は，精神の中に存在する性質であるか
第14問題 「存在するもの」という語はすべてのものに同名同義的に述語づけられるか
第15問題 同一の事物に関する自然学的定義と形而上学的定義は実在的に区別されるか

第16問題　事物が消滅するならば，音声語はその表示の対象を失うのか
第17問題　すべての実在的対立は，外界の事物の間の対立であるか
第18問題　神は基体をそれに固有な属性から分離することができるか
第19問題　事物の何であるかを表わしている定義と名前の何であるか・その意味を表わしている定義は区別されるか
第20問題　外界の事物は定義されるか
第21問題　どの範疇も，第一概念あるいは第二概念であるか
第22問題　十個の範疇が存在するか
第23問題　範疇は外界の事物から構成されているのか，あるいは外界の事物についての概念から構成されているのか
第24問題　命題の真偽は，命題そのものから区別されるのか
第25問題　単意語，併意語，関係を表わす語は実在的に区別されるか

第VI巻

第1問題　人間が被造の神への愛なしに，救済されることはありうるか
第2問題　神は必然的に，被造の神への愛を有する者によってなされた行為を承認するか
第3問題　秘跡において祭壇のパンの形象のもとに存在することを始めるキリストの身体は，場所的に変化するか
第4問題　神が被造物への恩寵を注入することなしに，罪人の罪や罰を免除することはありうるか
第5問題　神でないものが，神に肯定的に述語づけられることはありうるか
第6問題　存在していない対象に関して直知認識がありうるか
第7問題　神の本質は，御父の内に存在する限りにおいて，御子と両立不可能であるか
第8問題　類似性や非類似性は，独立して存在する事物と別な何らかの小さなもの（parva res）であるか
第9問題　均等性や非均等性は，独立して存在する事物と別な何らかのもの（res）であるか
第10問題　二倍性や半分性は，独立して存在する事物と別な何らかのもの（res）であるか
第11問題　相違性や差異性や同一性は，独立して存在する事物と別な何らかのもの（res）であるか
第12問題　作動因という関係は，独立して存在する事物と別な何らかのもの（res）であるか
第13問題　熱するものと熱せられるものの関係は，独立して存在する事物と別な何らかのもの（res）であるか
第14問題　知と知られうるものとの関係は，独立して存在する事物と別な何らかのもの（res）であるか
第15問題　すべての被造物であるものは，他から独立して存在する事物であり，如何な

全巻目次

	る関係も外界に存在しないということに，自然本性的理性は同意するか
第16問題	外界に，他から独立して存在する事物と異なる，関係というものを措定することがアリストテレスの意図したことであるのか
第17問題	アリストテレスは，第一の様式の関係が，独立して存在する事物と実在的に別なものであると主張したのか
第18問題	アリストテレスは，第二の様式の関係が，独立して存在する事物と実在的に別なものであると主張したのか
第19問題	アリストテレスは，第三の様式の関係が，独立して存在する事物と実在的に別なものであると主張したのか
第20問題	関係が独立して存在する事物と別なものであることを否定する者は，関係の特性を確保することができるか
第21問題	関係的なものどもはすべて，本性においても，知性認識においても同時に存在するか
第22問題	アリストテレスの見解に基づくならば，最上位の類である関係は第一概念であるか，あるいは第二概念であるか
第23問題	アリストテレスの見解に基づくならば，心の外の事物が関係という類に属するのか，あるいは名辞のみが関係という類に属するのか
第24問題	関係を構成する項は，独立したものであるのか，関係的なものであるのか
第25問題	三つの様式の関係は，被造物において実在的な関係であるか
第26問題	同一性，類似性，均等性は神において実在的な関係であるか
第27問題	数的な同一性は実在的な関係であるか
第28問題	創造する活動は観念的な関係であるか
第29問題	観念的な関係は，独立して存在する事物から区別されるか
第30問題	実在的な関係と観念的な関係は区別されるか

第VII巻

第1問題	創造や保存は，独立して存在する事物と実在的に別なものであるか
第2問題	性質は実体と実在的に異なるか
第3問題	能動や受動は，独立して存在する事物と実在的に別な何らかのものであるか
第4問題	能動や受動の範疇は概念から構成されているのか
第5問題	何時という範疇は，独立して存在する事物と別な何らかのものを指示しているのか
第6問題	何所という範疇は，独立して存在する事物と別な何らかのものを指示しているのか
第7問題	位態や装着は，独立して存在する事物と区別された何らかの関係を指示しているのか
第8問題	世界全体の一性，原因の近接性，事物相互の隔たりは，独立して存在する事物と区別された何らかの関係を指示しているのか

第 9 問題　或る概念は神に述語づけられるか
第 10 問題　「ペルソナ」は第一命名の名辞であるか
第 11 問題　作動因という途から，神が内包的に無限であることが充分な仕方で証明されることができるか
第 12 問題　神の認識から，神が内包的に無限であることが充分な仕方で証明されることができるか
第 13 問題　神の単一性から，神が内包的に無限であることが証明されることができるか
第 14 問題　目的因という観点から，神が内包的に無限であることが充分な仕方で証明されることができるか
第 15 問題　卓越性という途から，神が内包的に無限であることが明証的に証明されることができるか
第 16 問題　神が内包的に無限であることが，アリストテレスやアヴェロエスの言わんと意図したことであるのか
第 17 問題　『自然学』第 8 巻，『形而上学』第 12 巻でのアリストテレスの論証は，神が内包的に無限であることを論証しているか
第 18 問題　神は現実に内包的に無限なちからを有するものであるか
第 19 問題　量と量的様態は実在的に異なるか

内容面からの，問いの分類

I 論　理　学

A　精神の内に懐抱された命題に関する問い …………第Ⅲ巻第12問題，第Ⅴ巻第8問題
B　語に関する問い
　1　語の種類に関する問い
　　ａ．具象語と抽象語 ……………………………………………第Ⅴ巻第9問題
　　ｂ．単意語，併意語，関係を表わす語 ………………………第Ⅴ巻第25問題
　　ｃ．第一概念と第二概念 ………………………………………第Ⅳ巻第35問題
　　ｄ．第一命名の名辞と第二命名の名辞 ………………………第Ⅶ巻第10問題
　2　語に属する性質に関する問い
　　ａ．表示 …………………………………………………………第Ⅴ巻第16問題
　　ｂ．対立 …………………………………………………………第Ⅴ巻第17問題
　3　定義に関する問い
　　ａ．定義の種類
　　　(i)　自然学的定義と形而上学定義 …………………………第Ⅴ巻第15問題
　　　(ii)　事物の何であるかを表わしている定義と名前の何である
　　　　か・その意味を表わしている定義 ………………………第Ⅴ巻第19問題
　　ｂ．定義されるもの ……………………………………………第Ⅴ巻第20問題
　　ｃ．固有な属性に関する問い …………………………………第Ⅴ巻第18問題
C　述語づけに関する問い
　1　アナロギアによる述語づけ，同名同義的述語づけ，同名異義的
　　述語づけ，派生的述語づけ …………………………………第Ⅳ巻第12問題
　2　「存在するもの」という語の述語づけ ……………………第Ⅴ巻第14問題
D　命題の真偽に関する問い ………第Ⅱ巻第19問題，第Ⅲ巻第13問題，第Ⅴ巻第24問題

II 存　在　論

A　普遍に関する問い ……………………………………………第Ⅴ巻第12-13問題
B　範疇に関する問い
　1　範疇全般に関する問い ………………………………………第Ⅴ巻第21-23問題
　2　個々の範疇に関する問い
　　ａ．性質 …………………………………第Ⅰ巻第18問題，第Ⅶ巻第2問題
　　ｂ．量 ……………………………………第Ⅳ巻第18-28問題，第Ⅶ巻第19問題
　　ｃ．関係 …………第Ⅳ巻第11問題，第Ⅵ巻第8-30問題，第Ⅶ巻第1問題，第8問題
　　ｄ．能動と受動 …………………………………………………第Ⅶ巻第3-4問題

　　　　e．何時 …………………………………………………… 第VII巻第5問題
　　　　f．何処 …………………………………………………… 第VII巻第6問題
　　　　g．位態と装着 …………………………………………… 第VII巻第7問題
　C　存在（エクシステンチア）と本質（エッセンチア）に関する問い…… 第II巻第7問題

III　自 然 学

A　自然学に関する問い
　1　場所に関する問い ………………………………………… 第I巻第4問題
　2　運動に関する問い ……………………… 第I巻第4問題，第8問題，第IV巻第10問題
　3　真空空間に関する問い …………………………………… 第I巻第8問題
　4　点と線 ……………………………………………………… 第I巻第9問題
B　偶然，偶運に関する問い ………………………………… 第I巻第17問題
C　諸元素の混合に関する問い ……………………………… 第III巻第5-6問題

IV　認 識 論

A　魂に関する問い
　1　身体の形相としての魂に関する問い ………………… 第I巻第10-12問題
　2　知性的魂と感覚的魂との間の区別に関する問い ……… 第II巻第10-11問題
　3　キリストの魂に関する問い …………………………… 第IV巻第14-15問題
B　知性的魂の活動に関する問い
　1　知性認識の活動に関する問い
　　　a．知性認識の対象 ………………… 第I巻第13-15問題，第II巻第13問題
　　　b．外界の事物を認識する真っ直ぐな知性認識の活動と，自らへ
　　　　と立ち返る知性認識の活動 …………………………… 第II巻第12問題
　　　c．直知認識と抽象認識 ……………………… 第V巻第5問題，第VI巻第6問題
　　　d．把捉する活動と肯定判断する活動 ……… 第III巻第8問題，第IV巻第16問題
　　　　　　　　　　　　　　　　　　　　　　　　　　　　第V巻第6問題
　2　意志の活動に関する問い ……………………………… 第I巻第16問題
　3　天使の認識や語りに関する問い ……………… 第I巻第6-7問題，第IV巻第9問題
C　感情に関する問い
　1　感情と感覚的欲求の活動に関する問い ……………… 第II巻第15問題
　2　感情と意志に関する問い ……………………………… 第II巻第17問題
　3　苦しみや喜びに関する問い …………………………… 第III巻第17問題
D．習得態に関する問い
　1　習得態の存在に関する問い …………………………… 第III巻第20問題
　2　習得態と傾向性と行為に関する問い ……… 第II巻第18問題，第III巻第21-22問題

V　倫理学

A　道徳的な事柄についての論証的学知に関する問い ……………………第Ⅱ巻第14問題
B　道徳的行為に関する問い
　1　行為の正しさや醜さに関する問い …………第Ⅰ巻第20問題，第Ⅲ巻第14-15問題
　2　徳の行為の関わる対象に関する問い ………………………………第Ⅲ巻第16問題
C　倫理的徳に関する問い
　1　徳の基体に関する問い ………………………………………………第Ⅱ巻第16問題
　2　倫理的徳と感情に関する問い ………………………………………第Ⅲ巻第18問題

VI　神学

A　信仰に関する問い
　1　信仰と論証に関する問い ………第Ⅱ巻第3問題，第Ⅲ巻第7問題，第Ⅳ巻第6問題
　　　　　　　　　　　　　　　　　　　　　　　　　　　　　　　　第Ⅴ巻第1-4問題
　2　信仰と希望に関する問い ……………………………………………第Ⅲ巻第9問題
B　自然神学
　1　神に述語づけられる属性や諸概念に関する問い …………………第Ⅱ巻第4問題
　　　　　　　　　　第Ⅲ巻第2-3問題，第Ⅳ巻第17問題，第Ⅴ巻第7問題
　　　　　　　　　　　　　　　　　　　第Ⅵ巻第5問題，第Ⅶ巻第9問題
　2　神についての証明に関する問い
　　a．ただ一つの神のみが存在することの証明 ………………………第Ⅰ巻第1問題
　　b．神が万物を産出する第一の作動因であることの証明……………第Ⅱ巻第1問題
　　　　　　　　　　　　　　　　　　　　　　　　　　　　　　　　　第Ⅲ巻第4問題
　　c．神が目的因であることの証明 ……………………………………第Ⅳ巻第2問題
　　d．神が内包的に無限であることの証明 ……………第Ⅱ巻第2問題，第Ⅲ巻第1問題
　　　　　　　　　　　　　　　　　　　　　　　　　　　　　　　第Ⅶ巻第11-18問題
　3　神の知に関する問い …………………………………………………第Ⅳ巻第3-5問題
C　啓示神学
　1　三位一体に関する問い ……………………………第Ⅰ巻第2-3問題，第Ⅵ巻第7問題
　2　受肉に関する問い ……………………………第Ⅳ巻第7-8問題，第Ⅴ巻第10-11問題
　3　創造と世界の永遠性に関する問い ………………第Ⅱ巻第5問題，第8-9問題
　4　原罪と聖なる処女マリアに関する問い ……………………………第Ⅲ巻第10-11問題
　5　祭壇の秘跡に関する問い …………………………第Ⅳ巻第29-34問題，第Ⅵ巻第3問題
　6　功業や悪業，神の救済や恩寵や承認に関する問い………………第Ⅱ巻第6問題
　　　　　　　　　　第Ⅲ巻第19問題，第Ⅵ巻第1-2問題，第4問題
　7　煉獄の火に関する問い ………………………………………………第Ⅰ巻第19問題

オッカム『七巻本自由討論集』註解　I

第Ⅰ巻

(全20問)

第1問題

自然本性的理性（ratio naturalis）によって，ただ一つの神のみが存在することは証明されることができるか

（できるという賛成の論）　一つの世界には，ただ一人の統治者が存在することは，『形而上学』第12巻[*1)]で述べられているごとくである．しかるに，アリストテレス『天体論』第1巻[*2)]によれば，ただ一つの世界が存在することは，自然本性的理性によって証明されることができる．それゆえ，ただ一人の統治者のみが存在することも自然本性的理性によって証明されることができる．この統治者が神である．従って，云々．

（反対の論）　信仰箇条は明証的に証明されることができない．しかるに，ただ一つの神のみが存在することは信仰箇条[*3)]である．それゆえ，云々．

この問いにおいて私は先ず第一に，「神」という名前によって何が理解されるべきであるかを説明するであろう．第二に，私はこの問いに答えるであろう．

第一項

第一に関して，私は次のように述べる．「神」という名前はさまざまな記述句を持つことができる．一つは，「神は自己以外の他のどんなものよりも，より優れており，より善いものである」という記述である．第二は，「神は，それよりもより善いもの，より完全であるものが存在しないものである」という記述である．

第二項，第一結論

第二に関しては，神を第一の記述に基づいて理解するならば，ただ一つの神のみが存在することは論証によって証明されることができないと，私は答える．その理由は，〈神を第一の意味で解する場合，神が存在することは明証的に知られることができない．ゆえに，神を第一の意味で解する場合，ただ一つの神のみが存在することは明証的に知られることができない〉からである．推論は明らかである．前件が真であることは次のように証明される．「神が存在する」という命題

は自明ではない．多くの人々がこの命題について疑いを持っているからである*4)．更に，「神が存在する」という命題が，他の自明な命題から証明されることもできない．「神が存在する」ことを証明するための，そのようなどんな推論においても，疑わしい事柄や単に信じられているだけの事柄が用いられることになるだろうからである．更にまた，「神が存在する」という命題が経験によって知られることもない．このことは明らかである．従って，云々．

第二結論

第二の結論として，神をこのように第一の意味で解する場合，もし仮に「神が存在する」ことが明証的に証明されることが可能であるとしたら，その時には，「神が一である」ことも明証的に証明されることができる*5)と，私は答える．その理由は，次のごとくである．二つの神 a と b が存在するとしたら，第一の記述に基づき，a は自己以外の他のどんなものよりもより完全であるのだから，a は b よりも完全であり，b は a よりも不完全である．同様に，仮定によって b は神であるのだから，b は a よりも完全である．従って，b は a よりも完全であり，且つ不完全であることになり，また，a は b よりも完全であり，且つ不完全であることになる．これは明らかに矛盾である．従って，神をこのように第一の意味で解する場合，もし仮に「神が存在する」ことが明証的に証明されることが可能であるとしたら，その時には，「神が一である」ことも明証的に証明されることができる．

第三結論

第三の結論として，「神」を第二の記述に基づいて理解する場合には，「神が一である」ことは明証的に証明されることができない*6)と，私は答える．更に，「このような第二の意味で解された神が一であることは，明証的に証明されることができない」という否定命題が論証によって証明されることもできない．なぜなら，それに反対な議論を論駁しない限り，「神が一であることは，明証的に証明されることができない」という否定命題は論証されることができないからである．それはちょうど，星の数が偶数であることは論証によって証明されることができない*7)し，ペルソナが三であることも論証されることができない．更にまた，「星の数が偶数であることは，論証されることができない」「ペルソナが三であることは，論証されることができない」という否定命題も明証的に証明されることができないのと同様である．

第四結論

ただし、「神」を上述の第二の記述に基づいて理解する場合、「神が存在する」ことは論証可能なことが知られなくてはならぬ。なぜなら、存在する事物のうちに、それよりもより前であり、より完全であるものが存在しないところのものがないとすれば、無限遡行に陥ってしまうからである。しかし、神の存在が論証可能であることから、「そのようなただ一つのものが存在する」が論証可能であるということが帰結することはない。このことは信仰によってのみ保持される。

第三項、スコトゥスの第一の途の議論に対して

それゆえ、反対の立場にあるスコトゥスの議論に対して、私は次のように答える。［神がただ一つであることが自然本性的理性によって論証可能であることを証明する］スコトゥスの第一の途*8)に対しては、私は以下のごとく述べる。この議論は或る単に信じられているにすぎない命題、すなわち「神の知性は無限である」から出発している。この命題はスコトゥスの主要な結論と同じくらい疑わしいものであり、論証によって証明されることはできず、ただ単に信じられているにすぎない。

第二に、更に私は次のように述べる。たとえ神の知性が無限であることが論証可能であると仮定されたとしても、「神 a の無限な知性が、神 b を最も完全な仕方で認識する」*9)ということは論証されることができない。このことは、単に信じられているにすぎない。

第三に、更に私は次のように述べる。たとえ「a の無限な知性が、b を最も完全な仕方で認識する」ということが仮定されたとしても、依然としてスコトゥスの議論は成立しない。スコトゥスによって、「a は b を、b の本質によって認識するのか、あるいはそうでないのか」*9)と問われる時には、このことは区別して考察されるべきであると私は主張する。「によって」'per' という前置詞は、（1）認識を生じさせる作動因に関する事柄を意味することも、（2）このような認識によって認識される対象に関する事柄を意味することも、あるいは（3）非本来的な用例であるが、神 b の本質についての、単意語から成る、肯定的で単一で固有な知（notitia absoluta, affirmativa, simplex et propria）*10)、あるいは神の本質についての単一で固有な知と同等な知に関する事柄を意味することもありうるからである。

（1）の意味では、「a が b を、b の本質によって認識することはない」と私は主張する。b は、a の認識を生じさせる作動因ではないからである。

（2）の意味に解されるならば，私は「aがbを，bの本質によって認識する」ことを真であると認める．bの本質は，aの認識の対象だからである．神が被造物の本質によって被造物を知性認識するというのも，このような意味においてである．

　（3）の意味に解されるならば，この意味では我々は現在の状態においては，①（併意語と対立する）単意語から成る認識，②（否定的認識と対立する）肯定的認識，③（複合的認識と対立する）単一な認識，④（共通な認識と対立する）固有な認識によって神を認識することはない*11)．我々は現在の状態においては，これら①，②，③，④の条件すべてを有する認識で，神を認識することはないからである．むしろ，この意味では，「aはbを，aの本質によって認識する」と私は主張する．a*12)がまさに，神bについての，単意語から成る，肯定的で単一で固有な認識，あるいは神bについての固有で単一な知と同等なものだからである．それは丁度，我々においても，一つの認識の活動によって白と黒を認識する場合に，二つの別々の認識の活動によって白と黒を認識する場合と全く同じ様に充分な仕方で，命題を複合し白と黒について判断することができるのに似ている．この一つの認識の活動は，白に固有な認識でも，黒に固有な認識でもなく，両者に共通な認識であるが，しかし固有な認識と同等なものである．なぜなら，この認識は，白と黒に固有な認識と同じくらい，白と黒を判断するのに有力なものだからである．同様に神aは自らの一つの単一な認識によって，aが自己を認識する一つの固有な認識と，bを認識する別な固有な認識を持つ場合と全く同じ様に充分な仕方で，bとaについて判断することができるのである．このaの一つの単一な認識の活動は，aにもbにも固有な認識ではなく，aとbに共通な認識であるが，しかし両者に固有な認識と同等なものである．なぜなら，この一つの認識は，aの内に*13) aとbに固有な二つの認識が存在する場合と同じくらい，対象を判断するのに有力なものだからである．

　他方，「もしaがbを，bの本質によって認識するとしたら，その場合には，aの認識活動はbよりも本性的により後である」と述べている*14)スコトゥスの証明に対しては，私は次のように述べる．「によって」'per'という前置詞が作動因に関する事柄を意味するとしたら，本質bはaの認識を生じさせる作動因であるのだから，結果がその原因よりもより後である*15)ことは真である．しかし，「によって」'per'が認識される対象に関する事柄を意味する，あるいは固有な知に関する事柄を意味するとしたら，このような結論が帰結することはない．

　スコトゥスの第一の途のための第二の議論*16)に対しては，私は次のように述

べる。「或るものが適合した対象（obiectum adaequatum）である」ということは二通りの仕方で理解される[17]。一つは，その完全性に基づいてである。この意味では，適合した対象とは，活動と同じくらい完全なものである。いま一つは，述語づけに基づく。この意味では，このような能力によって把捉されることが可能なあらゆる対象が共通に，適合した対象と言われる[18]。

第一の意味では，措定された仮定[19]に基づくならば，同一の活動が二つの適合した対象を持つことは何ら不都合ではない。それと反対なことが論証によって証明されることができないからである。この意味では，神aの本質はその認識の活動に適合した対象であり，同様に神bもその認識の活動に適合した対象である。

しかし第二の意味では，二つの適合した対象が同一の活動に属することは不可能である。それゆえ，aもbも適合した対象ではないと，私は主張する。

更に，〔同一の活動が二つの適合した対象を持つことができないという〕大前提が，そうでないとしたら，活動は，たとえそれが除去されたとしても活動が同じ様に停止するごとき対象によって停止することになってしまうという理由から証明される[20]時には，私は次のように述べる。「bが除去されるならば，aの活動はその本質において停止する」ということは論証不可能である。更に，たとえこのことが論証可能であるとしても，「aは，充分にその活動を停止させることができる二つの対象を持つ」ということが真として認められるべきである。

スコトゥスの第二の途の議論に対して

第二の途に属する他の議論[21]に対しては，私は次のように答える。「aがbを愛する」[22]ことは論証されることができない。なぜなら多くの哲学者達[23]が，神は自己以外のものを知性認識するも，意志することもないと述べているからである。更に，たとえ「aがbを愛する」ということが仮定されるとしても，「aが自己よりもより多くbを愛するとか，aが自己よりもより少なくbを愛するとか，aが自己と同じくらいbを愛するとか」ということは論証不可能である[24]。

そして，「aはbを無限に愛する。両者とも無限な神であるからである」[25]と証明される時には，私は次のように述べる。「両者が内包的に（intensive）[26]無限である」ことは論証されることが不可能である。このことは，ただ単に信じられているにすぎない。従って，「bが無限に愛されるべきものである」[27]ことも論証不可能である。更に，「aがbよりもより多く自己を愛する」[28]ということも論証不可能である。

更に、「如何なるものも本性的に（naturaliter）、他者の存在よりもより多く、自己の存在を愛する」[*29)]と言われる時には、私は次のように述べる。このことは、本性的に（naturaliter）自己を愛し、自由意志によって（libere）他者を愛する意志に関しては真である。しかしながら、〔批判①〕このことが、本性的にすべての愛されるべきものを愛する意志に関しても真であるかどうかということは論証によって証明されることができない。また〔批判②〕、神 a が本性的に自己やその他のすべてのものを愛するとしても、a が自由意志によって非必然的な仕方で或るものを愛するということは論証によって証明されることができない。更にまた〔批判③〕、仮に「a は b を自由意志によって愛する」としても、自由意志が本性的意志と合致するのではない[*30)]。もし合致しているとしたら、私の〔自由〕意志は無限に神を愛することになるであろう[*31)]。しかし自由意志は、正しい自然本性的理性と合致するのであって、必ずしも本性的意志と合致するのではない。

スコトゥスの第二の途のための第二の議論[*32)]に対しては、私は次のように述べる。「神 a が神 b を享受する（frui）」ことも、「神 a が神 b を用いる（uti）」ということも論証されることができない。そもそも、「a が自己以外のものを愛する」ということ自体が論証不可能だからである[*33)]。同じくまた、私は次のように述べる。もし「a が自己以外のものを愛する」ということが仮定されるとしたら、「a は b を享受する」と言われることができる。その場合、両方とも他方に依存せず、両方とも充分に a を至福にする二つの対象において、a が至福であることを、私は真であると認める[*34)]。ただしその場合 a は、二つの活動ではなく、一つの活動によって、二つの対象を享受するのである。

そこでの証明[*35)]に対しては、次のように述べられることができる。たとえ b が消滅するとしても、a は充分に自らにおいて至福であるだろう。更に、「a が、このような至福にする二つの対象を持つことが不可能である」[*36)]ということも論証されることができない。

更に、そこでの議論[*37)]に対して、私は次のように述べる。「a が自らにおいて停止する」ことも、「b において停止する」ことも論証不可能である。

スコトゥスの第三の途の議論に対して
第三の途に属する議論[*38)]に対しては、そこでの推論全体や「意志は正しく、a のみよりもより多く、a と b を愛することができる」という結論を、私は真であると認める。

更に、私は次のように述べる。「被造物の意志が、それらa、bの一方において停止する」*39)ということは論証不可能である。「それらが内包的に無限である」こと自体が論証されることができないからである。

スコトゥスの第四の途の議論に対して

第四の途に属する他の議論*40)に対しては、私は次のように答える。「全面的原因」(causa totalis)*41)ということは二通りの仕方で規定される。一つには、〈それが措定されるならば、たとえ他のすべてのものが除外されるとしても、結果が充分な仕方で生ずることが可能なもの〉*42)が「全面的原因」と呼ばれる。この意味に解されるならば、「充分なる原因」(causa sufficiens)が「全面的原因」と呼ばれる。いま一つには、〈①充分に或る結果を生じさせることが可能なものであり、且つ②それなしには、このような結果が生ずることが不可能であるもの〉が「全面的原因」と呼ばれる。この場合には、「全面的原因」と「絶対的な原因」(causa praecisa)*43)は同じである。

第一の意味で述べるならば、「数において同一の結果が、同時に二つの全面的原因を持つことがありうる」と私は主張する*44)。それは例えば、数において同一の熱が、同時に太陽と火によって生ずることも、二つの火によって生ずることもありうるごとくである*45)。それゆえ私は、「aとbが一つの結果の全面的な原因であることができる」ということを認める。

他方、第二の意味で述べるならば、数において同一の結果が、二つの全面的原因を持つことは矛盾である。更に、「全面的原因」ということを第二の意味で語る場合には、「aとbのどちらが或るものの全面的原因であるか」が論証されることは不可能である。

そこでの証明*46)に対しては、私は次のように述べる。第一の意味で二つの全面的な原因を有する結果の場合には、二つの原因の一方に本質的に依存していないことがある。たとえその原因が存在していなくても、結果は充分な仕方で生ずることが可能だからである。

第四の途のための、二つの全面的な第一義的な目的に関する第二の議論*47)に対しては、私は次のように述べる。全面的な作動因の場合*48)と同様に、同一の結果に二つの目的が属し、それら二つの目的の両方とも、その同一の結果を生じさせるのに充分な目的因であるということがありうる。例えば食べ物と飲み物のために飲食店へと向かう者は、それら二つが分離されて、それらのどちらか一方が充分な目的となって、そのために飲食店に行くことがありうる。たとえ飲むこ

とを欲しないとしても，彼は食べるために店に行くのであり，たとえ食べることを欲しないとしても，彼は飲むために店に行くのだからである．ただし両方が，先に述べられたごとき仕方で，絶対的な目的因（finis praecisus）である場合には，同一の結果が二つの全面的な目的を有することはありえない．

更に，二つの上位にあるもの（excedentes）に関する議論*49)については，私は次のように述べる．或るものが根源的に，第一義的にそれの上位にある二つのものに対して下位に位置することは何ら不都合なことではない．それはちょうど，或る人間が他の人間よりもより前に，石に対して上位にあることはないが，一つの石が根源的に二人の人間に対して下位に位置するのと同様である．

スコトゥスの第五の途の議論に対して

第五の途に属する議論*50)に対しては，私は次のように述べる．「一方の神が，あるいは両方の神が内包的に無限である」ことは論証されることが不可能であり，それゆえ「それらが無限に超え出る卓越したものである」*51)ことも論証されることが不可能である．ただ一つだけのものにおいてよりも，二つが一緒になったものにおいて，より大きな完全性が存在することは証明されることができるけれども，しかし「それらが無限に超え出る卓越したものでありうる」*52)ということは帰結しない．それらのいずれも無限ではないからである．あるいは少なくとも，このことは論証されることが不可能だからである．

スコトゥスの第六の途の議論に対して

第六の途に属する議論*53)に対しては，私は次のように述べる．「諸々の個体へと多数化されることが可能な種的形相は，その個体の数が一定に決められていない」*54)ということは論証不可能である．なぜなら，例えば或る星が同じ種に属するかどうか論証されることができないからである．ただし，或る哲学者達によれば，星はどの種においてもその個体の数が一定に決まっているのであり，それゆえ如何なるちからによっても，各々の種においてそれ以上の数の星が生ずることはありえない．或る神学者達もそう述べている．それはちょうど，或る事物全体の質料は同じ種類の諸部分へと多数化されることが可能であるが，その質料の同じ量を持つ諸部分の数は一定に決まっているのと同様である．また，一日はその半分と同じ種類に属するものであり，しかるに同じ量を持つ半分の数は一定に決まっているのと同様である．それゆえ，ここにおいて提示されている事柄に関しても，神の本性は神が二つであることを決めるのであり，従って大前提*55)が偽

第1問題

であると言われることもできよう．

スコトゥスの第六の途のための第二の議論*56)に対しては，私は次のように述べる．二つの必然的存在は，もしそのようなものが存在するとしたら，それらとは別な或るものにおいて（in aliquo）一致するのでも，それらとは別な或るものによって（aliquibus）異なるのでもなく，それら自身によって（seipsis）必然的存在であることで一致しているのである．すなわち，「必然的存在」という概念がそれらに同名同義的に述語づけられるのであり，それらはそれら自身によって（seipsis）異なる*57)．『センテンチア註解』第1巻第2区分神の一性に関する問いについての解答*58)を参照．

スコトゥスの第七の途の議論に対して

第七の途に属する最後の議論*59)に対しては，私は次のように述べる．「神が全能である」ことは論証されることができない*60)．このことは信仰によってのみ保持される*61)．更に，たとえ神が全能であることが論証されるとしても，一方の神の意志は本性的に他方の神の意志と合致し同じであり，それゆえ本性的に，一方が欲することは何であれ，他方も必然的に欲すると言われることができる*62)．従って，もしaが或るものの存在を欲するとしたら，bがそれの存在を欲しない，あるいはbがそれの存在しないことを欲するということはありえないのである．なぜなら，「bが自由に，非必然的な仕方で，無差別に或るものを欲する」ということは論証不可能だからである*63)．それゆえ，「aはbを無能力にすることができる」*64)ということは帰結しない．

主要な賛成の論*65)に対する解答は，これまで述べられてきたことから明らかである．

第2問題

神の本質と関係は
実在の側において（ex natura rei）相違するか

（実在の側において相違するに賛成の論） 同じものに，矛盾対立する事柄が真に述語づけられることはない*1)．しかるに，神の本質は三つのペルソナであり，父性（paternitas）は三つのペルソナではない．ゆえに，これらは実在の側において（ex natura rei）相違する．
（反対の論） 神の本質は関係である．ゆえに，これらは実在の側において相違するのではない．

問いに対する解答

或る人々の言明*2)に対しては，次のように言われることができる．「実在の側において相違する」（distingui ex natura rei）ということは二通りの仕方で解されることができる．一つは，本来的な意味においてである．この意味において相違するものは複数の事物であり，これらの一方は実在的に本質的に他方ではない．あるいは，「実在の側において相違する」ということは非本来的な意味において解されることができる．それはすなわち，或る関係的でないもの（aliqua res absoluta）が同時に，複数の関係的なもの（plures res relativae）である場合である．更に，或るものが（ⅰ）一つの関係的でないものであり，同時に複数の関係的なものであり，しかし（ⅱ）一つの関係的なものが複数の関係的なものではない場合である．

　第一の意味で「実在の側において相違する」ということを解する場合には，神の本質と関係が実在の側において相違することはない．神の本質は実在的に関係だからである．

　しかし第二の意味では，神の本質と関係は実在の側において相違する．本質は三つのペルソナであり，父性は三つのペルソナではないからである．ここにおいて私は，上述の相違以外には，それよりもより小さい相違，非同一性も，それよ

第2問題

りもより大きい相違，非同一性も措定しない．

オッカムの解答に反対する議論に対して[*3]

【第一の議論に対して】第一の反対する議論に対して私は〈或るものは本質に真に述語づけられるが，父性に述語づけられない．ゆえに，本質と父性は相違する〉という推論を否定する．命題構成語が表示と同じ働きを行ない，個体代示を行なう[*4]場合には前件命題は真であるが，命題構成語が表示と同じ働きを行ない，個体代示を行なうと解される場合，後件命題は偽だからである．なぜなら或るものが，個体代示を行なっている「本質」という語に真に述語づけられるが，個体代示を行なっている「父性」という語に述語づけられないことは明白である．しかし，個体代示を行なっている「本質」と「父性」が相違することはないからである．もし仮に相違しているとしたら，実在する事物の側に，上述の区別[*5]以外に何らかの相違が存在することが意味されていることになってしまう．ただし上述の前件命題から，〈……．ゆえに，「本質」は複数のペルソナであるものを代示し，「父性」は複数のペルソナでないものを代示する〉という結論が帰結することは正しい．他方，もし後件命題の「本質」と「父性」という命題構成語が単純代示，あるいは質料代示を行なっているとすれば，前件命題と同様に後件命題も真である．「本質」という概念と，「父性」という概念は実在的に相違しているからである．

【第二の議論に対して】他の議論に対しては，私は次のように述べる．至福なる者が形成する「本質は三つのペルソナである」，「父性は三つのペルソナではない」という命題の主語は，「表示する」ということを最も広い意味で解するならば，全く同一のものを表示している．なぜなら「表示する」ということをこのように広い意味で解する場合には，「本質」は父性であるものと実在的に同一であるものを表示しており，逆に「父性」は本質であるものと実在的に同一であるものを表示しているからである．しかしだからと言って，〈主語は全く同一のものを表示している．ゆえに，これらの命題は矛盾する〉という推論が妥当であることはない．なぜなら，矛盾するという結論が導き出されるためには更に，主語が全く同一のものを代示していることが必要とされるからである．しかるに「表示する」ことを厳密に「代示する」ことを意味するものとして解する場合には，命題の主語は同じものを表示していない．なぜなら主語は，全く同じものを代示していないからである．すなわち「本質」は，父性であるものと他の二つの関係的なもの（子性，霊発）を代示する．これに対して「父性」は，本質ではあるが，

他の二つの関係的なもの（子性，霊発）でないものを代示する．

　もしあなたが次のように異論を唱えるならば，（異論①）これらの命題の主語は本質を代示している．しかるに，本質と父性は同一のものである．ゆえに，これらの命題の主語は同じものを代示しているはずである．

　（異論②）もしこれらの命題の主語が同じものを代示していないとすれば，別なものを代示していることになる．

　（異論③）これらの命題の主語は或る単数のものを代示しているのか，或る複数のものを代示しているのか，あるいは何も代示していないのか．

　これらの異論の①に対しては，私は次のように答える．そこでの推論が妥当ではない．それはちょうど，〈「御子」は本質を代示する．本質は父性である．ゆえに，「御子」は父性を代示する〉という推論が妥当でないのと同様である．両方においては，媒名辞の同一によって生ずる属性による誤謬*6)が存在する．

　②に対しては，私は次のように答える．そこでの推論は妥当ではない．前件は真であるが，後件は偽だからである．第一のこと〔前件「これらの命題の主語が同じものを代示していない」が真であること〕は明らかである．なぜなら，もし仮にこれらの命題の主語（「父性」「本質」）が同じものを代示しているとしたら，主語は（i）本質を代示しているか，（ii）父性を代示しているか，いずれかである．しかし，（i）命題の主語（「父性」「本質」）が本質を代示していることはない．本質を代示しているとしたら，その場合には，「本質は三つのペルソナである」という命題が真であるのと同様に，「父性は三つのペルソナである」という命題も真であることになってしまうが，これは偽だからである．他方，（ii）命題の主語（「父性」「本質」）が父性を代示しているとしても，その場合には，父性は御子でも聖霊でもないのと同様に，本質も御子でも聖霊でもないことになってしまう．更に第二のこと〔後件「これらの命題の主語が別なものを代示している」が偽であること〕は明らかである．なぜなら，本質と父性は別なものではないからである．それゆえ私は，「これらの命題の主語は同じものを代示しているのでも，別なものを代示しているのでもない」ことを認める*7)．

　③に対して私は，これらの命題の主語は或る複数のものを代示しているのではないことを認める．これら神の本質と父性は複数のものではないからである．更に上述の理由*8)から，これらの命題の主語は或る単数のものを代示しているのでもない．それゆえ，厳密に言うならば，これらの命題の主語は何も代示していない．ただし一方の語「本質」は，他方の語（「父性」）が代示しているものであるだけでなく，この父性という関係的なもの以外のものでもある，一なるものを

代示する．すなわち，関係的でないもの（本質）は父性であるだけでなく，子性（filiatio）でも受動的霊発（spiratio passio）でもある．これに対して他方の語「父性」は，神の本質ではあるが，子性でも受動的霊発でもないものを代示する．

【第三の議論に対して】他の議論*9)に対しては，ここにおいて提示されている例において，矛盾対立する事柄は，「父性」「本質」という異なった語（terminus）に真に述語づけられるのであると私は答える．外界のもの（res）が命題の主語や述語であることはないと，私は主張するからである．それゆえ私は，（1）矛盾対立する事柄が，同一のものを代示している同じ語に真に述語づけられることはないし，また（2）矛盾対立する事柄が，全く同一のものを代示している異なった語に真に述語づけられることもないし，また（3）この場合に，矛盾対立する事柄が，異なったものについて真に述語づけられるのでもないと述べる．そうではなくて，矛盾対立する事柄は異なった語（terminus）に正しく，真に述語づけられることが可能なのである．これらのうちの一方の語は，三つの関係的なものであり且つ同時に一であるものを代示し，他の語は，三つの関係的なものでないところの或る一つのものを代示する．こうしたことは，ここにおいて論じられている事例以外には見出されない．

【第四の議論に対して】他の議論*10)に対しては，私は次のように述べる．二通りの自体的な述語づけの仕方の相違から帰結するのは，外界の実在的事物の側の相違ではなく*11)，概念の相違である．すなわち一方の概念は，複数の関係的なものであり且つ同時に一であるものを代示し，他の概念は，複数の関係的なものでないところの或る一つのものを代示する．「本質」と「父性」という語に関してこのように言うことができる．

【第五の議論に対して】他の議論*12)に対しては，私は次のように述べる．肯定的であれ否定的であれ，あらゆる誤謬推理は，属性による誤謬が存在することを指摘することによって解決される．これらすべての推理においては，①一つの関係的でないものであり，且つ同時に②複数の関係的であるものを代示する語が用いられているからである．この議論に対しては，以上のことを付け加えるだけで充分である．

チャトンの議論に対して*13)

第一のチャトン*14)の議論に対しては，私は次のように答える．私は，関係と神の本質が分離可能であること（separabilitas）*15)に基づいて，それらの非同一性を論じているのではなく，ペルソナ相互の実在的相違（distintio realis）とい

うことに基づいて論じているのである．このことを理解させた上で，私は次のように主張する．もし仮に関係と神の本質との間の非同一性が，〔それらが分離可能であることに基づく〕*16)実在的相違によってまさに論じられるとしたら，ペルソナどうしの間と同様に，神の本質と関係との間にも実在的な相違が存在することが論じられるべきであるだろう．しかし，関係と神の本質との間の非同一性は，①ペルソナ相互の間の実在的相違と②ペルソナと神の本質との実在的同一性とに基づいて論じられているのであり，そこから神の本質と関係との間の実在的な相違が帰結することはない．この場合そこには，より明らかな媒名辞による何らかの証明は存在しないのであり，明確な事柄から，不明確な事柄への推論のみがあると私は主張する．形相的相違（distinctio formalis）ということで，私はそれ以外のことを考えていない．

以上述べたことから，チャトンの他の議論*17)に対しては，私は次のように答える．より大きな相違（maior distinctio）が，分離可能であるということから論じられるべきではない*18)．確かに，①ペルソナどうしの間の実在的相違と②ペルソナと神の本質との実在的非同一性の両方からのほうが，それら①と②のどちらか一方からよりも，より大きな相違が論証されることは正しい*19)が，ここで議論されている事柄においては，私は①ペルソナどうしの間の実在的相違を措定しているが，同時にまた（②の否定）ペルソナと神性との同一性を措定している．それゆえ，チャトンの議論のような結論は成立しない．

他のチャトンの議論*20)に対しては，私は次のように答える．もし神の本質と関係との間の非同一性がペルソナ相互の間の実在的な非同一性に基づいてまさに議論されるとしたら，チャトンの議論のような結論が帰結するであろう．しかし，そのような仕方で論じられるべきではない．むしろ，神の本質と関係との間の非同一性は，①ペルソナ相互の間の実在的相違と②ペルソナと神の本質との同一性に基づいて論じられるべきである．

他のチャトンの議論に対する解答も，同じことから明らかである．

他のチャトンの議論*21)に対しては，私は次のように答える．私が神の本質と関係の間に実在的相違（realis distinctio）を措定することを避けるのは，教会によって表明された信仰のゆえである．更にまた，ペルソナの複合のゆえであって，もし仮にそれらの間に実在的相違（realis distinctio）が措定されるとしたら，ペルソナは二つの実在的なもの（res）から複合されていることになってしまうであろう*22)．しかし神の本質は，このような仕方で三つのペルソナから複合されているのではない．

相反する（repugnantia）とか，矛盾する（contradictio）ということに言及しているチャトンの他の三つの議論*23)に対しては，私は次のように答える．外界の実在的な事物の側においては，神性でないことと，神性であることは矛盾しないのであり，外界の実在する事物の側において相反するものであることはない*24)．なぜなら神性でないことは，神性に反する何らかの実在的なもの（res）を意味しないのだからである．むしろ，外界の事物を代示する*25)概念と概念（conceptus）が，事物のゆえに相反するのである．「神性でない」という概念によって表示された何らかの外界の実在的な事物が，神性に反するのではなく，「神性でない」という概念が，神性に真に述語づけられないのだからである．例えば，有と非有は，外界の実在する事物の側において相反するものであることはない．なぜなら，有と相反する何らかの実在するもの（res）が，非有ということによって意味されているのではなく，ただ単に概念と概念（conceptus）が相反するのだからである．すなわち，有と相反する何らかの実在する事物のゆえに*26)ではなく，このような否定的概念（「非有」）が，そこから「或るものは有であり非有である」というように矛盾が帰結することから，有に述語づけられないがゆえに，有と非有は相反するのである．

　もしあなたが，「神性でない」は「神性」という概念と「父性」という概念とに等しく第一に相反するのかと問うならば，私は否と答える．「神性でない」という概念は「神性」という概念に第一に相反するのであって，「父性」という概念に第一に相反するのではないからである．このことは明白である．或るもの（A）が或るもの（B）に第一に帰属すると言われるのは，（ⅰ）Aが述語づけられるBの内に含まれているどんなもの関しても，それにAが帰属し，更に（ⅱ）Bが述語づけられない如何なるもの（C）にも，Aが帰属しない場合である．これは，「笑うことができるもの」と「人間」という概念において明らかである*27)．しかるに「神性でない」は，（ⅰ）「神性」が述語づけられるどんなものにも相反することは，個々の例から帰納的に明らかであり，更に（ⅱ）「神性でない」は，神性あるいは「神性」という概念が述語づけられない如何なるものにも相反しない*28)．これに対して「神性でない」は，（ⅰ）「父性」という概念が述語づけられるあらゆるものに相反するが，同時にまた（ⅱ），「父性」という概念が述語づけられない或るものに相反する．「神性でない」は，「父性」が述語づけられない御子に相反するからである．それゆえ「神性でない」が，「神性」という概念と「父性」という概念の両方に等しく第一に相反するということはない．

もしあなたが,「このことから,「神性でない」は本来（aliqua primitate）或る意味において「父性」と両立可能であり,「神性」と両立不可能であることが帰結する．それゆえ,「神性でない」は両方に等しく第一に相反することがないのである」と述べるならば,

 このような推論は妥当ではないと私は答える．それはちょうど,〈「感覚されえない」が,「動物」という概念と「人間」という概念とに等しく第一に相反することはない．ゆえに,「感覚されえない」は或る意味において「人間」と両立可能であり,「動物」と両立不可能である〉という推論が成立しないのと同様である．このような否定命題から肯定命題が導き出されることはないからである．反対対立するもの（相反する,両立可能）の一方はより多くやより少なくを受け入れるが,他方（両立可能）はより多くやより少なくを受け入れないからである．それはちょうど,二つのもの（A, B）を指して,それらのうちのBよりもAに或ることがより多く等しくないとしても,BよりもAに或ることがより多く等しいことはないのと同様である．相反するということに言及している議論に対しても,同様の仕方で答えられるべきである．

 もしあなたが,「神の本質と父性は形相的に（formaliter）相違している」と述べるならば,私は次のように答える．形相的相違は二通りの仕方で解される．一つは本来的な意味においてであり,それらの一方が他方でないものを意味する．この場合には,神の本質と父性は形相的に相違しない．いま一つは,一方の語が三つの関係的なものであり且つ同時に一で或るものを代示し,他方の語が三つの関係的なものでないところの或る一つのものを代示する場合である．この意味では神の本質と父性は形相的に相違する．ここで議論されている事柄においては,形相的相違ということによって私はそれ以外のことを考えていない[*29]．

 他の議論[*30]に対しては,私は次のように答える．形相が質料に共通に与えられるごとくに,神の本質が御子に共通に与えられるのではないが,しかし本質は共通に見出されることのできるものである．すなわち本質は三つのペルソナであるが,父性は三つのペルソナでも,二つのペルソナでもない．同様に,能動的霊発は御子に共通に見出されることのできるものであるが,聖霊に共通に見出されることではない．すなわち能動的に霊発するのは御子であり,聖霊ではない．私はここにおいて,それ以外の共通性を見出さない．

 主要な反対の論に対する解答は,これまで述べられてきたことから明らかである．

第3問題

御父性は，御父と相違するのか

（相違するに賛成の論）　御父性（paternitas）は御父（Pater）の内に内在する．しかるに，御父が御父の内に内在することはない．それゆえ，云々．
（反対の論）　御父性は御父である．それゆえ，御父性は御父と相違しない．

問いに対する解答

ここにおいて先ず最初に問いが，「御父性」「御父」といった名前に関してではないということが知られなくてはならぬ．名前（nomen）に関しては，それらが相違しない*1)ということは確かだからである．ここでの問いは外界のもの（res）に関してである．

問いをこのような意味において理解した上で私は，「御父性は御父と相違しない」と答える．なぜなら，すべての相違は①実在的相違（distinctio realis）であるか，②形相的相違（distinctio formalis）であるか，③概念上の相違（distinctio rationis）であるか，いずれかである．

しかるに①において，御父性が御父と相違しないことは確かである．

更に②においても，御父性は御父と相違しない．御父であるところのすべてのものは，御父性であり，その逆でもあるのだから，御父性が御父と形相的に相違することはない．なぜなら相違が形相的と呼ばれるのは，例えば〈御子は本質である．御子は御父である．ゆえに，本質と御父は形相的に相違する〉というように，或るもの（C）が形相的に相違するもの（A，B）のうちの一方（A）であり，他方（B）ではない場合だからである*2)．

更にまた，③において御父性が御父と相違することもない．一つには，概念や定義は名前に属するのであるから，この相違は名前に関する相違だからである．いま一つには，「御父性」「御父」という名前の一方に帰属する概念はいずれも，他方にも帰属するからである．それゆえ，これらの名前によって表示されている

ものが，概念的に相違していることはない．

注意されるべき事柄

これらの議論の解決のためには，次のことが知られているべきである．「御父性」や「御父」といった語から構成され，その中に相違を示す動詞が置かれている命題*3)はすべて，このような命題を語る人々の理解に基づく限りにおいて真であるが，しかし文字通りに解されるならば偽である．従って，このような命題は然るべき仕方で解釈して理解されなくてはならぬ．そのような相違を示す動詞とは，例えば「持っている」「構成する」「の内に内在する」といったような動詞である．

オッカムの解答に反対する或る議論に対して*4)

【第一の議論に対して】第一の反対する議論に対しては，私は次のように述べる．本来的な意味において言うならば，能動的な生み（generatio activa）は，御子よりもむしろ御父の内に存在するということはない*5)．かえって能動的な生みは，御父よりもむしろ御子の内に存在する．なぜなら，能動的な生みは三位相互内在性（circumincessio）*6)によって御子の内に存在するが，御父の内にそのような仕方によって存在することはないからである．

「能動的な生みによって，御父は御子と相違するのである」*7)と反論される場合には，私は次のように答える．（一）人間が魂と身体とから複合されているのとちょうど同じように，或るものがこのような原理と他の原理とから構成されており，そして「よって」という語句はそれを他のものから区別する原理のことを意味しうる．しかし，この意味では，能動的な生みによって御父が御子と相違するということはない．なぜなら御父は本来的に言えば，本質と能動的な生みとから構成されているものではないからである．いま一つには（二）「よって」という語句は，別々の主体（distinctum suppositum）であることを意味しうる．この意味では，上述の命題は真である．御父は能動的な生み，すなわち御父性であり，それは御子ではなく，御子と相違するからである．

【第二の議論に対して】他の議論に対しては，私は次のように述べる．「御父性が御父を構成する」という命題は，文字通りに解されるならば真として認められるべきではない．御父と御父性との間には如何なる相違もないのであり，しかるに，構成されたものと構成するものとの間には何らかの相違があるからである．むしろ，このような命題は，〈御父性は御父であり，御父以外のペルソナではない．またその逆も言える〉というふうに解釈されなくてはならぬ．

【第三の議論に対して】他の議論に対しては、私は次のように述べる。全く同じものによって（eodem）*8)、御父は御子のペルソナと相違し、また聖霊のペルソナと相違する。なぜなら、御父はそれ全体によって（se toto），両方のペルソナと相違するのであって、その部分によって相違するのではない*9)からである。

「能動的霊発（sipiratio activa）によって御父は聖霊と相違するが、御子とは相違しない」*10)と反論される場合には、私は次のように答える。上述のごとく（第一の議論に対するオッカムの解答），もし「よって」という語句が別々のペルソナであることを示す、あるいは意味するとしたら、上述の命題は真である。この場合、〈御父は能動的霊発であり、能動的霊発は聖霊ではなく、御子である〉ということが理解されている。

【第四の議論に対して】ミサの序誦*11)についての他の議論に対しては、私は次のように述べる。「それぞれのペルソナには固有性がある」とはすなわち、〈如何なるペルソナも複数のペルソナではなく、どのペルソナも固有であり、複数のものではなく、一つのペルソナである〉ということである。

【第五の議論に対して】アウグスティヌス*12)に関しては、「神は御父であるから、智慧であるのではない」とは、〈神と智慧*13)は複数のペルソナであり、御父性は複数のペルソナではない〉ということであると私は述べる。すべての神が御父であるわけではないからである。なぜなら御子は神であるが、御父ではない。ただし、すべての御父は神である。

【第六の議論に対して】「すべての関係的なものは、云々」というアウグスティヌスの他の言葉*14)に関して言うならば、彼は〈神の本質は、関係がただ一つのペルソナであるごとく、ただ一つのペルソナであることはない〉ということを考えているのである。

【第七の議論に対して】他の議論*15)に対しては、私は次のように述べる。本質はどのペルソナでもあるのだから、「関係的でないもの」（res absoluta）と呼ばれる。しかし、それと同様に、ペルソナが関係的でないものであることはない。なぜなら、或る一つのペルソナが他のどのペルソナでもあるということはないからである。

オッカムの解答に反対する他の議論に対して *16)
【第一の議論に対して】他の議論*17)に対しては、私は次のように述べる。御父性が御父の内に存在するのではない。かえって御父性は、三位相互内在性によって御子の内に存在するのであり、文字通りに解するならば決して御父の内に存在し

ない．第一のペルソナは御父性であるが，第二のペルソナは御父性ではないから，第一のペルソナは御父と呼ばれ，第二のペルソナは御父と呼ばれないのである．

【第二の議論に対して】他の議論*18)に対しては，私は次のように述べる．能動的産出と受動的産出は，同じペルソナの内に存在するのでも，別々のペルソナの内に存在するのでもない*19)．能動的産出は産出するペルソナであって，産出されたペルソナではない．受動的産出は実在的に産出されたペルソナであって，産出するペルソナではない．同一のものが自らを産出することは不可能であり，他のものを産出するのは，このゆえである．

【第三の議論に対して】他の議論*20)に対しては，「或るものが一方に適合し，他方に反する云々」と言われる時には，私はそこでの推論そのものを否定する．推論を反駁する反例は，白さと黒さから明らかであり*21)，或るものが白さの内に存在し，黒さの内に存在しないということはない．それゆえ私はむしろ，「或るものは一方であり，他方ではない」と主張する．従って，生まれざるものであるということは御父に適合し，御子に反するのであるから，御父は御父性であり，御子は御父性ではない．

【第四の議論に対して】他の議論*22)に対しては，「ペルソナはそれ全体によって一致し，相違する」と言われる時には，ペルソナがそれ全体によって相違するということは，二通りの意味で解されることができると私は答える．一つには上述の命題は，〈各々のペルソナが，これらのペルソナ全体であるものによって相違する〉という意味に解される．この場合には，私はこの命題を否定する．このような意味で，ペルソナがそれ全体によって相違することはない．なぜなら神の本質はすべてのペルソナであるが，ペルソナが本質によって相違する*23)ことはないからである．しかし上述の命題はいま一つには，〈各々のペルソナは，ペルソナの部分によってではなく，それ自身によって相違する〉という意味に解されるのであり，この意味では，各々のペルソナはその部分によってではなく，あるいはその部分のごときものによってではなく，それ全体によって本質において一致し，ペルソナにおいて相違する．

あなたは，同様の解釈をアウグスティヌス『三位一体論』第二巻冒頭*24)にも探すことができる．そこにおいてアウグスティヌスは，「御父は御子にもまた，生命を彼自身の内に持たせ給えり」(Pater dedit Filio vitam habere in semetipso) という権威ある文言（『ヨハネ福音書』第五巻第二十六節）を，「御父は，生命なる御子を生み給うた」(Pater genuit Filium, qui est vita) と解釈しており，類似した他の諸命題も同じ様に解釈している．更に『三位一体論』第一巻第

十二章*25)においても，アウグスティヌスは同様に，極めて適切に解釈している．

第4問題

天使は実体に即して場所においてあるか

(賛成の論) 天使は実体に即して・こ・こ・に・お・い・てあり，あ・そ・こ・にはいない．それゆえ，云々．
(反対の論) パリ禁令箇条*1)はこれに反対している．

この問いにおいて，先ず第一に，「場所」とは何であるかが考察されなくてはならぬ．第二に，「場所においてある」とは如何なることであるかが考察されなくてはならぬ．第三に，この問いに答えられなくてはならぬ．

第一項

第一に関して，私は次のように述べる．場所とは，物体を取り囲むものの境界面(ultimum corporis continentis)*2)，すなわち取り囲んでいるものの境界的部分(ultima pars)である．ただし或る境界的部分が，それ自体で全体として，他の部分から区別されるということではない．私は，場所を占めている物体へと到達しており，場所によって取り囲まれている物体に接しているどんな部分をも，「境界的部分」と呼ぶのである．このような意味で言うならば，境界的部分は，その場所を占めている物体に接していない多くの部分を有することになる*3)．

もしあなたが，「私(オッカム)は第一に場所と言われるものとして境界的部分を取りあげているが，その部分が，場所を占めている物体に接している部分と，接していない部分とを有するということはない．その部分ではなく，その部分の部分が第一に場所であることになるからである．それゆえ，云々」と反論するならば，

[オッカムの解答]私は「境界的部分」ということを区別して考察する．一つには，場所を占めている物体へと到達しており，場所によって取り囲まれている物体に直接に接しているすべての部分が，「境界的部分」と呼ばれる．この場合には，場所であり，その場所を占めている物体に垂直に接している無限に多くの

境界的部分が存在する．なぜなら，このような垂直に接している部分の半分もまた境界的部分であり，その半分の半分もまた境界的部分であり，以下無限に進むからである[*4)]．

いま一つには，場所を占めている物体に接している他のどの部分よりもより後に，最終的にその物体に接する部分が，場所を占めている物体に接する「境界的部分」と呼ばれる．この場合には，如何なる部分も境界的部分ではない．なぜなら，たとえ仮にこのような部分が存在するとしても，その部分は依然として分割可能であり，従って，その部分全体よりも，その部分の部分のほうがより最終的に物体に接していることになるからである．

同様に私は，「最初の部分」ということも区別して考察する．一つには，場所を占めている物体に直接に接しているすべての部分が，「最初の部分」と呼ばれることができる．この場合には垂直に，場所である無限に多くの最初の部分が存在する．なぜなら，或る指定された部分の半分もまた同様に最初に事物に接するのであり，その半分の半分もまた同様であり，以下無限に進むからである．

いま一つには，場所を占めている物体に接している他のどの部分よりもより前に，その物体に接する部分が，「最初の部分」と呼ばれる．この場合には，如何なる部分も最初に場所であることはない．なぜなら，如何なる部分が指定されたとしても，この部分は半分ずつに二分されることが可能であり，従って，或る半分が他の半分よりもより前に物体に接することになるからである．

それゆえ，「最初の部分」ということを〈それの部分がいずれも物体に接しているところのもの〉の意味に解するならば，あるいは「最初の場所」ということを〈それの部分がいずれも場所であるところのもの〉の意味に解するのであれば，この場合には，如何なる部分も最初の場所であることはない．なぜなら，たとえ或る部分が最初の部分として指定されたとしても，この部分は半分ずつに二分されるのであり，もし一方の半分が物体に接しているとしたら，他方の半分は物体に接していないのであり，従ってこの部分全体が最初の場所であることはないからである．私は上述の区別を，このような仕方で理解する．

第二項

第二項に関しては，私は次のように述べる．「場所においてある」ということは，劃域的な仕方において（circumscriptive）と，限定的な仕方において（definitive）の二通りの意味で理解される[*5)]．劃域的な仕方において場所においてあるものとは，①そのものの部分がその場所の部分においてあり，②そのもの全体が

その場所全体においてあるものである．他方，或るものが限定的な仕方においてあるとは，①そのもの全体がその場所全体においてあり，それ以外のところにはなく，且つ②そのもの全体がその場所のどの部分においてもある場合である．例えばキリストの身体が，限定的に聖体の場所においてあるのは，このような仕方においてである*6)．なぜなら，キリストの身体全体は，聖別された聖体の形体の場所全体とともにあり，且つキリストの身体全体は，その場所のどの部分においてもともにあるからである．

第三項

第三項に関しては，私は次のように述べる．第一の劃域的な仕方においては，天使がその実体に即して場所においてあることはない．天使は部分を持たないのであり，従って場所によって境域が割されることはないからである．

しかし第二の限定的な仕方においては，天使はその実体に即して場所においてある．天使の実体全体は場所全体においてあり，且つ天使の実体全体は場所のどの部分においてもあるからである．神が場所に現在するのと同様に，天使の実体は場所に現存する．更にまた天使は，何らかの仕方で場所によって取り囲まれ包まれており，この場所においてあり，それが存在する場所以外にはあらぬ．天使は場所を占めている物体全体にも，その内部の部分にも表面の部分にも，どの部分にも現在するからである．しかし天使は，何らかの仕方で自らを取り囲むものに現在し，その部分にも現在するが，天使を取り囲むものの部分の，更にどの部分にも現在するということはない*7)．なぜなら，天使がそこにおいて現在する，天使を取り囲むものの任意の部分（AB）が取り挙げられるとしよう．もしこの部分（AB）が分割されるならば，天使は一方の半分には現在しないであろうからである．それゆえ，場所を占める物体が場所においてあるのと同様に，場所を占める物体全体やそのどの部分にも現在する天使も，場所においてある．ただし物体は劃域的な仕方においてであり，天使は限定的な仕方においてである．

疑問*8)

だが，ここにおいて，次の疑問が提出される．第一の疑問*9)は次のごとくである．天使は，自らが分割不可能であるのと同様に，分割不可能な場所においてあることができるのか，あるいは分割可能な場所においてあることができるのか．もし分割不可能な場所においてあることができるとしたら，天使に適合した場所が取り出される．他方，もし場所が分割可能であるとしたら，その場合には天使

は場所全体よりも，場所の部分とともにあることになるであろう．だとすると，その部分について私は更に問う．それは分割可能であるのか，あるいは分割不可能であるのか．かくして無限に進行するか，分割不可能な場所において止まるか，いずれかであるだろう．

　第二の疑問*10)は次のごとくである．天使はどれくらいの大きさの場所にいることができるのか．

　第三の疑問*11)は次のごとくである．複数の天使が本性的に同じ場所においてあることは可能であるか．

　第四の疑問*12)は次のごとくである．天使は，他の天使が同じ場所にとどまっている時に，他の天使の場所をいわば中間点として，それを通過することができるか．

疑問の解決

これらの疑問の第一の疑問に対しては，私は次のように答える．天使は分割可能な場所においてあるのであって，分割不可能な場所においてあるのではない*13)．そのような分割不可能な場所は存在しないのだからである．矛盾した事柄を仮定して，もし仮にこのような分割不可能な場所が存在するとしても，天使はそのような場所とともにあることができると私は答える．更にまた，「天使は場所全体よりも，場所の部分とともにあることになるであろう」と議論される時には，私はそこでの推論*14)を否定する．天使は場所全体においても，その場所のどの部分においても，等しく第一義的にあるからである．それはちょうど太陽が充分に場所の半分を照らし，おそらく他の半分も，更に半分の半分を照らすこともでき，しかし半分の他の部分よりも或る部分を照らすということはなく，太陽は等しく第一義的に全体を照らすのに比せられる．また燭火が等しく第一義的に，自らにふさわしい半分の場所全体も，そのどの部分も照らす場合も同じである．ここにおいて議論されている事柄に関しても同様であり，それゆえ無限に進行することはない．

　第二の疑問に対しては，私は次のように答える．天使がいることのできる最大の場所を定めることはできる*15)．天使は有限で限られた本性を有するものだからである．では，その場所はどれだけ大きいのか．理論的には，「もし仮に天使が物体の形相である*16)としたら，天使が形相づけることのできる物体と同じくらいに大きな場所を，天使は持つことができることになるし，更により大きな場所を天使は持つことができる」と言われることができる．なぜなら天使は，それ

が形相づけることのできる物体よりもより大きな物体とともにあることができるのだからである．ただし，その場所が実際にどれだけの大きさであるのか，私は知らない．

　同じくまた，天使がいることのできる，天使の最小の場所を定めることはできないと私は答える．なぜなら，たとえ如何なる場所が指示されるとしても，その場所は分割されることが可能であり，従って天使はその場所の部分においていることができ，更にその部分の部分においていることができるのであり，かくして無限に進行するからである．

　第三の疑問に対しては，私は次のように答える．複数の天使が同じ場所においてあることは可能である．なぜなら，神の力によって複数の物体が同じ場所においてあることは可能であり，また本性的に或る複合体の本質的部分であるところの物体，例えば質料と形相は本性的に，適切な仕方で同じ場所においてある[17]．それゆえ，劃域的な仕方で場所においてあるのではない二つの天使の場合は尚更，同じ場所においてあることが可能である．

　もしあなたが，「ひとりの天使は同時に複数の場所にいることができるか」[18]と問うならば，

　私は，「天使に相応しい場所の諸部分である，連続した複数の場所に関しては，ひとりの天使が同時に複数の場所にいることが可能である[19]が，非連続な複数の場所に関しては，ひとりの天使が同時に複数の場所にいることは可能ではない」と答える．その理由は以下のごとくでありうる．このことについては，天使が物質を形成する場合と類似した仕方で，天使は場所とともにあるのであり，然るに天使が物体を形成する場合，天使は物体の非連続な複数の部分を同時に形成することができない．それはちょうど，知性的魂がそうすることができないのと同様である[20]．従って，この場合にも，天使は非連続な複数の場所に同時にいることができない．

　第四の疑問に対しては，私は次のように答える．天使は，その他の天使の場所をいわば中間点として，それを通過することができる．そこには如何なる抵抗もないからである[21]．また，先に述べられたこと（第三の疑問に対するオッカムの解答）から明らかなごとく，ふたりの天使が同じ場所においてあることが可能だからである．同じ理由から，或る天使は他の天使の場所を通過することができる．

　主要な反対の論に対しては，私は次のように答える．天使が劃域的な仕方で実体に即して場所においてあることはない．もしパリ禁令をこのような意味で理解

するのであれば，真である．

第5問題

天使は場所的に運動することが可能であるか*1)

(可能でないとする論)「運動可能」ということは,第一義的に物体の特性であり,それゆえ,物体以外のものには適合しない.従って,天使は運動することが可能ではない.
(反対の論)『イザヤ書』第六章第六節に,「セラフィムのひとり,我が許に飛び来たりし」とある.

　ここにおいては先ず第一に,場所的運動とは何かが考察されなくてはならぬ.第二に,この問いに対する解答がなされなくてはならぬ.

第一項

第一に関して,私は次のように述べる.場所的運動とは,場所に連続して存在する事物が,中断することなく,異なった場所に次々と継次的に存在すること (coexistentia successiva)*2)である.「場所的運動が,次々と継次的に存在すること」であることは明らかである.なぜなら,もし異なった場所に同時に (simul) 存在するとしたら,動いていないことになるからである.更に,「場所的運動が中断しないもの」であることも明らかである.なぜなら,或る事物が最初に或る場所において存在し,その後で停止し,その後で他の場所において存在するとしたら,事物は連続して動いていないことになるからである.更に,「場所的運動が,場所に連続して存在する事物に属する」ことも明らかである.なぜなら,もし神が最初に或る場所に物体を創造し,その後でその物体を消滅させ,更に再び同じ物体を他の場所において創造するとしたら,その物体は異なった場所に存在するが,全く動いていないことになるからである.

　「異なった場所に次々と継次的に存在すること(場所的運動)は,あらゆる持続する事物と別なものであるのか」*3)という疑問に対しては,
　私は別なものではないと答える.このことは『アリストテレス自然学註解』の

運動に関する議論*4)の中で詳細に論じられた．更に，他の箇所*5)においても論じられるであろう．それゆえ，今のところは，簡潔に述べるだけで通り過ぎる．

第二項
第二項に関しては，私は次のように述べる．本問題や前の問題*6)において述べられたことから，ここでの問いに対する解答は明らかである．天使は場所に連続して存在し，そして聖書*7)から，天使が中断することなく，異なった場所に次々と継次的に存在することができることは明らかであるのだから，天使が場所的に運動することが可能であることは明白である．

第一の疑問
これらに対しては，いくつかの疑問*8)が提出される．第一に，場所的運動は持続する事物と別なものであると考えられる．

第一議論*9)
「この動かされうる事物（M*）は，この動かす事物（M）によって動く」という命題は外界のもののゆえに真とされるのであり，然るに，否定を伴った*10)持続する事物（M*，M）だけでは，このような命題を真とするのに充分ではない．なぜなら，すべての持続する事物（M*，M）が措定されたとしても，この動かされうるもの（M*）は，神のみによって動くことが可能であり，その場合にはこの命題は偽となるだろうからである．それゆえ，或る別なものが必要とされる．ここでの議論は，〈命題が外界のもののゆえに真とされる場合，もし二つのものだけでは命題を真とするのに充分でないとしたら，第三のものを措定しなければならない〉という普遍的な原理*11)に基づく．

第二議論*12)
第二の議論は，創造を除外した因果関係において，他から働きを受動する事物は，それが原因となって形相を生じさせるということに基づく．

第三議論*13)
第三の議論は，形相の消滅において，それが措定されることによって形相が消滅する何らかのものが存在するということに基づく．

第二の疑問[*14)]

第二の疑問は，天使は動くことができないと考えられるということである．

第一議論[*15)]

アリストテレス[*16)]によれば，動くものはすべて，その一部は出発点においてあり，一部は到達点においてある．然るに，天使は部分を持たない．

第二議論[*17)]

もし動くとしたら，天使は自らよりも大きい空間を通過するに先立って，自らと等しい空間を通過することになるであろう．だとすると，天使は分割不可能なものであるがゆえに，空間は分割不可能なものから構成されていることになってしまう．

第三議論[*18)]

その場合には，天使が動いていると同時に，静止していることが有り得ることになってしまう．天使全体が，他の場所の部分よりも先に，或る場所の部分から離れるからである．

第四議論[*19)]

その場合には，天使は中間点を通過せずに，一方の極限から他方の極限へと移動することができることになるであろう．

第五議論[*20)]

天使は自らの意志によって動くのではない．もし自らの意志によって動くとしたら，すべてのものが彼に従うことになるであろう．また，遂行する能力によるのでもない．従って，云々．

第一の疑問への解答，第一議論に対して

これらの第一議論に対して，「この議論が基づいている原理は，より正しく理解されない限り偽である」と私は答える．〔より正しくは，次のように理解されるべきである．〕或る命題が真であるためには，或る場合には，二つのものだけで充分であるが，他の場合には，二つのものだけでは充分でない．例えば，神が如何なる運動も時間もなしに，或る天使を創造し，本の中に，「この天使は創造さ

第5問題

れる」という命題が書かれていると仮定しよう．この場合，天使が創造される最初には，「この天使は神によって創造される」という命題が真であるためには，三つのもの，神と天使とこのような命題が書かれている本だけで充分である．しかしその後では，たとえまさに同じものが存在しているとしても，これらのものだけでは，あるいは何であれその他のものであっても，この命題を真とするのに充分ではない[*21)]．

　もしあなたが，「より前とより後とを措定しているのだから，時間あるいは別々の瞬間というものを措定しているのである．それゆえ，この命題を真とするには，瞬間というものが必要であり，それが存在しないとすれば，命題は真ではない」と反論するならば，

　これに対して，私は次のように答える．先程と同じ様に，神は最初にこの世界なしに，天使と，命題が書かれている本とを創造し，その後で，この世界と運動と時間を創造し，その後で，前と同様に，この世界と運動と時間を消滅させると仮定しよう．この場合，「この天使は神によって創造される」という命題は，世界の創造以前においては真であるが，世界の消滅以後においては偽である．世界の創造以前に存在したのと同数のもの[*22)]が，世界の消滅以後も存在しているが，しかし以前には命題は真であったが，以後は偽である．それゆえ，この命題を真とするためには，或る場合には三つのものだけで充分であり，或る場合には充分ではないことが明らかである．

　もしあなたが依然として，「この命題が真であるためには，受動的創造（creatio passio）[*23)]というものが必要とされる」と反論するとしたら，

　これは妥当ではない．神は受動的創造（creatio passio）というものを保存することができる[*24)]のであり，先程と同様の議論が成立する．すなわち，この命題は，最初は真であるだろう．なぜなら，「天使は今は存在するが，以前には存在しなかった」と言うことは真であったからである．しかし，その後では，この命題は偽であるだろう．なぜなら，この世界の消滅の後では，たとえ受動的創造（creatio passio）というものが存続するとしても，「天使は今は存在するが，以前には存在しなかった」という命題は偽であるだろうからである．従って，もし上述の原理[*25)]が真理を有するとしたら，「人間は動物である」「人間は白い」という命題のように，命題が否定命題でない場合，あるいはその説明文として何らかの否定命題を含まない場合においてのみ，上述の原理は真理を有すると私は主張する．

　更に，先に提示された命題に関しては，私は次のように述べる．「この動かさ

れうる事物は，この動かす事物によって動く」という命題が真であるためには，①動かされうる事物と，②動かす事物と，③神の奇跡によってではなく，動かす事物の現存によって，動かされうる事物が連続的に異なった場所に存在することだけで充分である．奇跡が行なわれない場合には，これらのものだけで充分である．他方，奇跡が行なわれる場合には，これらのものだけでは，あるいは何であれその他のものであっても，この命題を真とするのに充分ではない．

第二議論に対して
第二議論に対しては，この議論が基づいている大前提*26)を私は否定する．何故私が大前提を否定するのか，その理由は後で*27)明らかになるであろう．

第三議論に対して
第三議論に対しては，私は次のように答える．神によって妨げられない限り，能動者が現存することによって，形相は消滅する*28)．

第二の疑問への解答，第一議論に対して
第二の疑問のための第一議論に対しては，私は次のように答える．アリストテレスは，劃域的な仕方で場所においてある，動かされうる事物について語っているのである．このような仕方で動かされうる事物はすべて，その一部は出発点においてあり，一部は到達点においてあるからである．アリストテレスによれば，すべての動かされうる事物は，このような仕方においてある．しかし，信仰の真理に基づくならば，そうではない．

第二議論に対して
他の議論に対しても，私は同様に次のように答える．場所に劃域的な仕方においてある，動かされうる事物は，自らよりも大きい空間を通過するに先立って，自らと等しい空間を通過する．しかし他の動かされうる事物，例えば天使は，自らよりも大きい空間を通過するに先立って，自らと等しい空間を通過するのではなく，天使がいる場所と等しい空間を通過する*29)．

第三議論に対して
他の議論に対しては，「天使が，或る場所において動いていると同時に，他の場所において静止していることが有り得る」ということを真であると認める．もし

第 5 問題

天使がより大きな場所にも，より小さな場所にも，区別なく両方にあることができるとするならば，このことは真である．なぜなら，その場合には，より小さな場所に存在し，そこで静止している天使は，前の場所から離れ去ることなしに，場所的に動いて，自らをより大きな場所に存在させることができるからである*30)．従って天使は，より小さな場所に静止し，且つより大きな場所へと動いている．

第四議論に対して

他の議論に対しては，そこでの推論*31)を私は否定する．なぜなら，中間点が措定されるならば，極限へと移動するに先立って，必ず中間点へと移動しなければならないからである．

第五議論に対して

他の議論に対しては，私は次のように答える．天使は自らの意志を作動因として，それによって動く*32)．しかしだからといって，すべてのものが彼に従うということが帰結することはない．それはちょうど，〈あなたは，あなたの意志を作動因として，それによって動く．ゆえに，すべてのものがあなたに従う〉という推論が帰結しないのと同様である．

〔天使が場所的に運動することが可能でないとする〕主要な論に対しては，私は次のように答える．神学者の立場に立つならば，運動が第一義的に物体の特性であることはない．運動は天使にも適合するからである．

もしあなたが，「天使が以前に持っていた場所の部分を放棄するだけで，新しい場所を獲得しないとしたら，天使は静止しているのか」と問うならば，

私は次のように答える．天使が場所を失う運動（motus deperditivus）によってのみ動いており，しかし以前に占めていたすべての場所を失っているわけではない場合には，天使は①以前に持っていた場所全体においてではないが，その場所の或る部分において静止しており，同じくまた，②場所を失う運動によって動いている*33)．他方，天使が場所を失う運動（motus deperditivus）と場所を獲得する運動（motus adquisitivus）によって動いている，すなわち或る場所を失い，他の場所を獲得している場合には，天使は静止しているのではなく，単に動いているのである．天使は，それが存在する空間のすべての部分を通過して動いているからである．

第6問題

或る天使は他の天使に語るか

(他の天使に語ることはないという論) 或る天使が他の天使の話すことを聞くことは有り得ない．ゆえに，或る天使は他の天使に語ることも有り得ない．推論は明らかであり，前件は次のように証明される．話を聞くことは聴覚能力に属する．然るに，天使には聴覚能力がない．それゆえ，云々．

(反対の論) 師ロンバルドゥス『センテンチア』[*1)]，ディオニシウス『天上階序論』[*2)]が，上述の論に対立する．

　本問題においては先ず第一に，「語る」とは如何なることであるか，「天使がその精神において語る」とは如何なることであるかが考察されなくてはならぬ．そこから，「精神において聞く」とは如何なることであるかということも明らかになるであろう．以上のことに基づいて，第二に私は，本問題の問いに答えるであろう．

第一項

第一に関して，私は次のように述べる．音声によって語る働き (locutio vocalis) によって語るとは，音声としての言葉を発声し，他の人が身体の聞く働きによってそれを聞き，言葉によって表示されたものを認識することである．同様に，精神において語るとは，精神の内に言葉を持ち，他の人が精神の聞く働きによってそれを聞き，言葉によって表示されたものを認識することである．然るに，精神の内の言葉 (verbum mentale) とは，現実の思い (cogitatio)[*3)] である．それゆえ，精神において語るとは，現実に思惟していることにほかならないのであり，彼自身が，あるいは他の人が，その思惟によって表示されているものを認識する．以上から，精神において聞くとは，他の天使や人間の現実の思いを見ることにほかならないことも明らかである．それはちょうど，音声によって聞くということが，話された言葉を捉えることであるのと同様である．

これらすべてのことは，アウグスティヌス『三位一体論』第15巻第11章*4)によって証明される．第一に，（一）精神の内の言葉が思いそのものであることを，アウグスティヌスは「我々が認識する事物から形成された思いは，我々が心において語る〈言葉〉である．それはギリシア語でもラテン語でも，その他の国語でもない」*5)というふうに述べている．更に，（二）精神において語るとは，精神の内にこのような言葉，すなわち思いを持つことにほかならないことを，アウグスティヌスは先ず，「思いは，心が語ることである．心に口があることを，主は示している」*6)と述べ，続けて，「口から出るものは心から出て行くのであり，それが人を汚すのである．悪しき思いは心から出て行くからである」*7)と付け加えている．同じくまた，その後で，「これら語ることと見ることが外側で身体を通して生じる時には，語ることと見ることは別であるが，然し心の内で我々が思う時には，語ることと見ることの両者は一つである」*8)と述べている．このことから，更に（三）精神において聞くとは，他者の現実の思いを見ることにほかならないということも，同じ著者の同じ箇所から明らかである．そこにおいてアウグスティヌスは，次のように述べている．「身体の感覚においては，聞くことと見ることは互いに異なった或る二つのものであるが，心においては見ることと聞くことは別ではない．それゆえ，外的に語ることは見られるのではなく，むしろ聞かれるのであるが，内的に語ること，すなわち思いは，「イエスが彼等の思いを見たので」（『マタイ福音書』第9章第4節）というように，主によって見られたと福音書作者は述べたのである」*9)．

第二項*10)

第二に関して，私は次のように述べる．精神において語るとは，現実に思うということであり，天使は現実に思うことができ，他の天使はその思いを聞き，すなわち見て，それゆえ言わば自然本性的記号*11)によって，何らかの仕方でその思惟の対象を認識する．更にまた他の天使は，その思いを見る，すなわち先に明示されたごとく，精神において聞くことができる．従って，或る天使は他の天使に語ることができ，他の天使はそれを聞くことができるということが結論される．

それゆえ，或る天使が他の天使に語ることによって，自らの内に或る事柄についての思惟（1）を生じさせ，更にその思惟（1）が言わば対象となって，作動因として，聞いている天使の内に思惟（1）についての思惟（2）を生じさせることになる．従って語る天使は何らかの仕方で，聞いている天使の内に，最初の思惟（1）の対象についての思惟（2）を生じさせる．

疑問

ここにおいて，いくつかの疑問が提出される．〈第一の疑問〉天使が一方の天使に語り，他方の天使に語らない，従って天使の懐抱する思惟を，一方の天使に秘密にし，他方の天使に秘密にしないということが有り得るか．

〈第二の疑問〉以上のこと（第二項）から，我々の心もまた天使と語ることができると考えられる．なぜなら我々の心も，精神の内の言葉である現実の思惟を生み出し，天使がその思惟を見ることが可能だからである．それゆえ，云々．

〈第三の疑問〉上述のごとく（第一項），天使においては，聞くことと見ることは同一であり，これらから，語る者の言葉の対象が認識されることができるか*12)．

〈第四の疑問〉上述の事柄（第二項）に基づくならば，下位の天使は上位の天使に語ることができ，同様に反対に，上位の天使も下位の天使に語ることができる．従って，下位の天使が上位の天使を照明することが可能であることになるが，これは不適切であると考えられる*13)．

疑問に対する解答，第一の疑問に対して

これらの疑問の第一に対しては，私は次のように言う．他の条件が同じである場合，例えば両方の天使が，語る天使に対して等しい距離においてあり，同じ様に注意深く聞いており，何らかの妨げになるものが存在しない場合には，本性的に言うならば，天使が一方の天使に語り，他方の天使に語らないということは有り得ない．

第二の疑問に対して

第二の疑問に対しては，そこでの結論は真理に基づいて正しいと認めるべきであるが，しかしこの疑問や前の疑問に関して私は，「語る」ということを区別して考察する．一つには，「精神において他者に語る」とは，他者によって捉えられ，見られうる精神の内の言葉を発することを意味するものとして解される．この意味では，天使が一方の者に語り，他方の者に語らないということは有り得ない．同じくまた，人間や天使が自らの懐抱する思惟を他者に秘密にするということも有り得ない．なぜなら，思惟は自然本性的作動因であり，それが，①原因から働きを受ける多くの受動者に同じ様に近接しており，②更に多くの受動者が同じ状態にあるのだから，天使や人間の懐抱する思惟が一方の受動者にそれを見るという働きを生じさせ，他方の受動者には生じさせないということは，天使や人間に

はできないからである.

　いま一つは,人間や天使が自らの懐抱する思惟を,一方の者が見,他方の者が見ないように意志し,一方の者はそれを聞くが,他方の者は聞かないように語る場合であり,この場合には,人間や天使が一方の者に語り,他方の者に語らない*14)ということが有り得る.この意味では,まさにこの場合においてのみ,人間や天使が自らの懐抱する思惟を,一方の者に秘密にし,他方の者に秘密にしないことが有り得るのである.それはちょうど,音声としての言葉を発する人が,彼のそばに立っている一方の者がそれを聞き,そばに立っている他方の者が聞かないようにすることはできないが,しかし彼は一方の者が彼の言葉を聞き,他方の者が聞かないように意志することはできる.この意味で彼は,自らの言葉を一方の者に秘密にし,他方の者に秘密にしないということが有り得るのと同様である.ただし現実には,或る天使が他の天使や人間の懐抱する思惟を見ないということがしばしば起こる.それは,天使とともに行為しようとしない神によって,このことが許されないからである*15).

第三の疑問に対して

第三の疑問に対しては,私は次のように言う.或る天使が,他の天使の或る対象についての思惟を見る時,或る場合には彼は普遍的な概念においてのみ対象を認識する*16).例えば或る天使がそのような対象を一度も見たことがなく,その後で他の天使の,その対象についての固有な思惟を見て,「存在するもの」という概念において対象を認識する場合である.それはちょうど或る人が,一度も見たことがない対象について語られるのを聞く場合,彼はこのことによって,対象についての個別的な認識を持つことはなく,普遍的な概念においてのみ認識するのと同様である.

　いま一つには,結果から原因が認識されるという仕方で,推論によって対象を認識することができる*17).例えば火を見ずに,煙を見る者は,このような煙は火が原因となって生じたと推論する.かつて別の機会にその者は,火の存在によって,その結果として,煙が生ずるのを見たからである.かくしてその者は,結果から火が原因であることを認識する.ちょうどそれと同様に,他の天使の内の,或る対象についての思惟を見る天使は,かつて別の機会に,このような対象の存在によって,その結果として,類似した思惟が自らの内にあるいは他の天使の内に生ずるのを見たことから,〈このような思惟はこのような対象から生ずる〉ことを認識する.

いま一つには，思い起こす非複合的認識によって，対象を認識することができる*18)．例えば或る像を見る者が，像がそれの似像であるところの元の事物を認識する場合である．このような認識の仕方は，自らの内の，対象についての個別的な知を前提としている．更に，思惟*19)の対象は，おそらくそれ以外の仕方においても認識されることができるであろう．

第四の疑問に対して

第四の疑問に対しては，私は次のように言う．第二の疑問に関して定められた「語る」ということの区別を前提にした上で，私は次のように答える*20)．語るということの第一の仕方においては，下位の天使は上位の天使に語ることができる．またその反対もできる．この点においては，上位の天使と下位の天使との間に如何なる相違もないと考えられる．更に語るということの第二の仕方においても，下位の天使が上位の天使から照明されることを意志し，欲する時には，下位の天使が上位の天使に語ることが有り得る．同様に下位の天使は，上位の天使が自らの懐抱する思惟を見ることを意志することができ，また反対に，上位の天使は，下位の天使が自らの懐抱する思惟を見ることを意志することもできる．この点においても，上位の天使と下位の天使との間に如何なる相違もないと考えられる．しかし，下位の天使に啓示されていない多くの真理が，神によって上位の天使に啓示されているという点において，両者の間に相違が存在する．これらの真理に関しては，上位の天使は下位の天使に語ることができるが，しかしその反対はできない．

（天使は他の天使に語ることがないと主張する）主要な論に対しては，天使は身体においてではなく，精神において聞くことができるのであると私は答える．

第7問題

或る天使は，所有態において（habitualiter）認識している対象についての現実態における知識（notitia actualis）を，同じ対象についての現実態における認識を自らの内に生じさせることなしに，他の天使の内に生じさせることが可能であるか

(可能であるとする論)*1)　働きを行なうのに充分な能動者が，働きを受ける態勢にある受動者に近接しており，如何なる妨げもないとすれば，働きは帰結することが可能である．しかるに，最初の天使の所有態における知識は，働きを行なうのに充分な自然本性的な能動的なものであり，他の天使は近接した受動者であり，如何なる妨げもない．それゆえ，それ以外に何も存在していなくても，働きは帰結することが可能である．
(反対の論)　もしこのことが可能であるとしたら，その場合には，或る天使が他の天使に語るということが不必要であることになるであろう．これは偽である*2)．
　この問いに関して，先ず第一に，二つの区別が想定されなくてはならぬ．第二に，この問いに対して答えられなくてはならぬ．

第一項，第一の区別
第一における最初の区別は，「所有態において知られている」（habitualiter notum）ことについてである．「所有態において知られている」ということには，二通りの意味があるからである．一つは，所有態（habitus）が関わる対象について直接に活動を引き起こす傾向を持つ固有な所有態によって，或ることが知られる場合である．
　「所有態において知られている」ということが言われる，いま一つの仕方は，①結論を導き出すのに充分な或る一つの原理，あるいは複数の原理，すなわち複数の複合的ないしは非複合的所有態によって，以前には知られていなかった結論が認識され，②その結論命題に関して認識者は以前には，如何なる現実態におけ

る認識も所有態における認識も有していなかった場合である．それはちょうど①探求者が彼に知られている多くの原理，すなわち多くの個別的な所有態から，以前には認識していなかった，或る知られていない結論を見出し，②最初の活動以前には，探求者はその結論命題に関して如何なる固有な所有態も有していなかった，と我々が述べるのと同様である．

第二の区別
第二の区別は次のごとくである．語るということは，聞く者の内に命題が形成されるためだけではなく，しばしば，聞く者にその命題を承認させるために行なわれる．それゆえ，聞く側の天使の内に生ずる知識の或るものは命題を把捉する知識であり，或るものは命題を判断する知識である[*3]．

第二項，第一結論
第二項に関しては，私は次のように述べる．「所有態において知られる」ということを第一の意味で解する[*4]ならば，「天使，あるいはむしろ天使の持つ所有態における知識は，或る対象についての現実態における認識を，同じ対象についての現実態における認識を自らの内に生じさせることなしに，他の天使の内に生じさせることが可能である」と私は主張する．私はこのことを，「他の天使[*5]はかつて或る時にその対象を自分で見たことがあった」という前提のもとで主張する．なぜなら固有な所有態は，対象に類似し，対象から結果とした生じたものであるのだから，結果から原因を認識するごとくに，所有態が関わる対象の認識へと本来導くものだからである．このことは，把捉する認識においても判断する認識においても同様である．このことは，先に煙と火について述べられた[*6]ごとき仕方で，結果から原因へと推論することによって行なわれうる．あるいは別の仕方で，思い起こし，想起することによって行なわれうる．例えば他の天使が，最初の天使の内の所有態を直知し，他の天使はかつて同様の所有態を自らの内に見た[*7]ことがあることから，所有態がそれと類似しているところの対象を想起する．

第二結論
他方「所有態において知られる」ということを第二の意味で述べるならば，天使やその所有態における知識は，所有態において知られる或る対象について把捉する現実態における認識を，同じ対象について把捉する——現実態における——認

識を自らの内に生じさせることなしに，他の天使の内に生じさせることが可能である．しかし天使が自らの内に判断する現実態における認識を生じさせない限り，天使は或る対象について判断する現実態における認識を他の天使の内に生じさせることはできない．このことは，天使が多くの所有態における非複合的知を有しているが，それらが対象に固有な知でない場合に，個物について判断する認識に関して実際にしばしば起こる．このような認識の所有態を見る他の天使は，それらによって個物について判断する認識を持つことができないからである．ただし，もし語る側の天使が自らの内に判断する現実態における認識を引き起こすとしたら，他の天使も充分に個物について判断する認識を持つことができる．

例えば話す側の天使が，白さや形や大きさを所有態において認識しているが，「ソクラテスはこのような大きさと形と色を有するものである」という命題を明証的に認識していない[*8]と我々は仮定しよう．この場合，命題を聞く天使が，このような話す側の天使の非複合的な所有態を直視するとしたら[*9]，これらの所有態は，話す側の天使の内に如何なる現実態における認識も生じさせることなしに，聞く側の天使の内に，ソクラテスについての非複合的な命題構成語を把捉する現実態における認識を生じさせることも，複合的な命題を把捉する現実態における認識を生じさせることも可能である．しかし，語る側の天使の内に肯定判断する活動が引き起こされない限り，聞く側の天使がこのような所有態を直視することによって，〈ソクラテスはこのような色と形を有するものである〉と肯定判断することはない．ただし，もし語る側の天使の内に判断する活動が引き起こされる場合には，聞く側の天使は，①語る側の天使の肯定判断の直視と，②命題を明証的に認識へと傾向づける，聞く側の天使の固有な所有態とを直視することによって，肯定判断を下すことができる．この場合，上述のごとく[*10]，天使のうちに推論を措定しなければならない[*11]ことになるが，私はこのことを是認する．

（可能であるとする）主要な論に対しては，私は次のように答える．原因が或る結果に対して働くためには，或る時には能動者と受動者が同一であることが必要とされるのである．例えば，意志が愛する働きによって活動する場合である[*12]．先に提示された，複数の所有態によって生ずる，判断する認識に関しても同様である．更にまた或る時には，所有態が知性を形相づけるごとくに，一方が他方を形相づけることが必要とされる．先に提示された問題に関しても同様である．

（反対の論）に対しては，語ることは不要ではないと私は答える．なぜなら，

語るということは二つの目的のために行なわれるからである．一つは，以前に所有態において知られていた事柄が，現実態において知性認識されるためである．いま一つは，語る側の天使には知られていたが，聞く側の天使には以前知られていなかった事柄が，知られるようになるためである*13)．これら両方の理由から，語ることは必要である．

第8問題

———————

天使が真空空間を通過して動くことは可能であるか

（可能ではないとする論）　真空空間（vaccum）[1]は有り得ない．それゆえ，天使が真空空間を通過して動くことは可能ではない．なぜなら，無を通過して動くことは不可能だからである．従って，云々．
（反対の論）　天使は真空空間において存在することが可能である．ゆえに，天使は真空空間において動くことが可能である．

　この問いにおいて，先ず第一に，真空空間が存在可能であるか否かが考察されなくてはならぬ．第二に，この問いに対して答えられなくてはならぬ．

第一項
第一に関しては，真空空間は存在可能であると言われることができる．その理由は，以下のごとくである．場所や位置において他の事物（B）から隔たっている事物（A）はすべて，神はそれ（A）を消滅させ，場所において移動させることなしに他の事物（B）を保存することが可能である．しかるに，能動的なものと受動的なものの天球の界域（sphaera activorum et passivorum）[2]は，他の天体やその諸部分から場所や位置において隔たっている．それゆえ神は，能動的なものと受動的なものの天球の界域を消滅させ，場所において移動させることなしに，同じ位置に他の天体やその諸部分を保存することができる．このことが仮定されるならば，天体の各々の末端は結合していず，互いに接していないことになり，天体の末端と末端の間には，如何なる実在的な物も物体も存在しないことになるであろう．こうした中間の空間が真空空間である．

　同じくまた，次のように論じられることもできる．神は家の空気を消滅させ，家の屋根や壁を同じ位置に，場所において移動させることなしに保存することが可能である．この場合，家は真空であると言われることは真であるだろう．如何なる実在的な物も家の中には存在しないからである．

同様に，神が突然に，能動的なものと受動的なものの天球の界域全体を消滅させることができるということが，神に関して否定されるべきではない．それゆえ，このことが仮定され，もし天体の各々の末端が互いに移動して接近するとしたら*3)，この場合（1）このようなことは瞬時に行なわれるのか．その時には，場所における移動は瞬間において行なわれ*4)，同じくまた，動くことのできるものはすべて，終点に到達するよりも前に中間点に存在することになるであろう．他方，（2）もしこのようなことが順々に継次的に行なわれるとしたら，時間の最初の部分において真空空間が存在することになるであろう．なぜなら，時間のこの部分においては，天体の末端は未だ互いに接していないからである．

異論
しかし，これに反論して，（一）互いに接している物体や物体の部分の間には，真空空間は存在しない．しかるに，上述の仮定*5)に基づくならば，天体の諸部分は互いに接していることになるはずである．それゆえ，云々．小前提は次のように証明される．（第一）それらの間に如何なる事物も存在していないものは，互いに接している．しかるに，天体の末端と末端の間には，如何なる事物も存在していない．なぜなら，仮定によって，それらの間には何も存在しないのだからである．それゆえ，それらは互いに接している．（第二）上述の仮定に基づくならば，天体の各々の末端は隔たっていない．なぜなら，それらの間には，隔たりの原因となる事物が何も存在しないからである．

（二）真空は何か或るものであるのか，あるいは無であるのか．何か或るものであると言われることはできない．なぜなら，何であれ或るものを指して，「これは真空である」と言う命題は偽だからである．このことは，帰納的に個々の例から明らかである．あるいは，もし真空が無であるとするならば，真空は今在るのと別の仕方で存在することができない．なぜなら，無は存在することができないからである．「無が存在する」という命題は常に偽であるだろう．従って，真空は現実に存在することがないのであるから，真空が存在することは可能ではないということが帰結する．

第一異論に対する解答
第一異論の小前提の証明の第一に対しては，真空に関する上述の仮定に基づく限り，「天体の各々の末端は互いに接していない」と私は答える．更に，〈天体の末端と末端の間には，如何なる実在物も存在していない．ゆえに，天体の諸部分は

互いに接している〉という推論を私は否定する．その理由は，天体の各々の末端が互いに接していないことのためには，①それらの間に以前は事物が存在した，あるいは②如何なる部分の場所の移動もなしに，それらの間に事物が存在することが可能であるということだけで充分だからである[*6]．これに対して，もし仮に天体の各々の末端が数学的相接によって互いに接しているとしたら，その場合には，如何なる部分の場所の移動もなしに，末端と末端の間に実在的な物が存在するということは不可能である．

　他の，証明の第二に対しては，私は次のように答える．「天体の諸部分，天体の各々の末端は隔たっている」という命題は二通りの意味を持つことができる．一つには命題は，〈それらは或る実在的な物によって隔たっている〉ということを意味する．この意味では，命題が偽であることは上述の仮定によって[*7]明らかである．いま一つには命題は，〈①天体の末端と末端の間に以前は実在的な事物が存在した，あるいは②天体の如何なる部分の場所の移動もなしに，それらの間に或る実在的事物が存在することが可能である〉ということを意味する．私がこのことを述べるのは，（ⅰ）実在的なものが間に入ることによって隔たっていることはないが，しかし（ⅱ）今は仮定により，それらの間に実在的な物が存在しないが，以前或る時には，それらの間に実在的な物が存在したところの多くの物体が互いに接しているからである．ただし，今互いに接している物体の部分の場所を移動することなしに，それらの間に実在的な物が新たに生ずるということは不可能である．このことは例えば，それらの間に如何なる実在的な物も存在しない仕方で，石が水に接している場合に明白である．

第二異論に対する解答

他の異論に対しては，先ず第一に私は次のように答える．「真空空間が存在する」という命題は，「①物体と物体との間に以前には実在的な物が存在した，あるいは②物体の場所を移動させることなしに，それらの間に実在的な物が存在することが可能であるにもかかわらず，現在は物体と物体との間に如何なる実在的な物も存在しない」という命題と同値である[*8]．

　以上のことに基づき，異論の議論の仕方に対して私は次のように答える．「真空は何か或るものである」「真空は無である」という両方の命題は，区別して考察されるべきである．「真空は何か或るものである」という命題の一つの意味は，〈①或る物体と物体との間に以前には実在的な物が存在した，あるいは②物体の部分の場所を移動させることなしに，それらの間に実在的な物が存在することが

可能であるにもかかわらず，現在は或る物体と物体との間に如何なる実在的な物も存在しない〉ということである．このような意味においては，「真空は何か或るものである」という命題は真である．いま一つの意味は，〈或るものである，あるいは或るものであることが可能であるところの何らかの事物が真空であり，従って，「真空」という名前は，現在存在している，あるいは存在することが可能である何らの事物に肯定的に，真に述語づけられる〉ということである．この意味では，命題は偽であり，不可能である．なぜなら，何であれ或る事物を指して，「これは真空である」と言う命題は偽だからである．

　全く同様に，「真空は無である」という命題も区別して考察されなくてはならぬ．この命題は二つの意味を持つことができ，それらの一つは，先に述べられたのと同じ様に，〈現在は或る物体と物体との間に，如何なる実在的な物も存在しない云々〉ということであり，この意味では命題は真である．いま一つの意味は，〈無は，或る事物である，あるいは真空であるところの或る事物であることが可能であり，従って，「無」はその事物に真に述語づけられる〉ということである．この意味では，真空が無なのであれ，無が真空なのであれ，命題は不可能である．

第二項

第二項に関して私は，「天使は真空空間を通過して動くことが可能である」と述べる*9)．なぜなら物体が真空空間に生ずることが可能であるのと同様に，天使は真空空間に存在することが可能であり，しかるに，一方（天使が真空空間に存在する）が成立するとする理由が，他方（天使が真空空間を通過して動く）が成立するとする理由よりもより強いということはないからである*10)．それゆえ，天使が真空空間において存在し，その後で真空空間が空気で充満されると仮定しよう．このことがなされる場合，天使が空気の充満した空間全体に存在しているのではないということは明らかである．なぜなら我々は，空気の充満した空間が天使に適合する場所よりもより大きいと仮定するからである．従って天使は，以前にも真空空間全体において存在したのではないということになる．その場合，再び*11)神のちからによって場所全体が真空とされ，更にもう一度，真空空間が空気で再び満たされるとしたら，その時には天使は必ずしも以前と同じ場所の部分に存在するとは限らない．少なくとも神は，真空空間が空気で満たされた後で，天使が以前と異なった場所に見出されるようにすることができる．従って少なくとも神によって，天使は真空空間において動くことが可能である．ただし，天使が自然本性的に真空空間を動くことが可能であるかどうか，私は知らない．

異論

しかし，これに反論して，(一) 隔たっているものにおいてでなければ，場所的運動はない．然るに，上述の仮定に基づく限り，天体の各々の末端は隔たっていない．それゆえ，云々．

(二) すべての場所的運動によって，何らかのものが運動によって獲得される．然るに，真空においては何も獲得されない．それゆえ，云々．

(三) 動くものはすべて，その一部は出発点においてあり，一部は到達点においてある*12)．然るに，真空空間には部分は存在しない．それゆえ，云々．

異論に対する解答

第一に対しては，私は次のように答える．仮定された状況においては，すべての場所的運動が隔たっているものにおいてあるわけではない．ただし，もし空気で満たされた空間（plenum）が存在するとしたら，すべての場所的運動は隔たっているものの間で行なわれるであろう．

第二に対しては，私は次のように答える．場所的運動によって必ずしも常に，何らかの実在的な物が獲得されるわけではない．ただし，もし空気で満たされた空間が存在するとしたら，何らかのものが運動によって獲得されるであろう．

第三に対しては，私は次のように答える．動くものがすべて，実際にその一部は出発点においてあり，一部は到達点においてあるわけではない．ただし，もし空気で満たされた空間が存在するとしたら，動くものは，その一部は出発点においてあり，一部は到達点においてあるであろう．その他のすべての類似した議論に対しても，同様に答えられなくてはならぬ．私は簡潔さの故に，それらの議論を省略する．

（天使が真空空間を通過して動くことが可能でないとする）主要な論に対する解答も明らかである．

第9問題

線は点から構成されているか

(構成されているとする論)*1) 〈点は点に無媒介に隣接している．それゆえ線は，点から構成されている〉．推論は明白である．前件は次のように証明される．多数の点すべてを取り挙げ，私は次のように議論する．この線の第一の点（α）と他のどの点（β）との間にも，それらの中間に或る他の点が存在するか，あるいは如何なる点も存在しないか，いずれかである．もし，中間に如何なる点も存在しないとしたら，点（α）は点（β）に無媒介に隣接していることになる．他方，もしそれらの間に或る点が存在するとしたら，その点は第一の点と自己自身との中間に存在することになってしまうであろう．その点自身が，他のすべての点（β）のうちの一つだからである*2)．
(反対の論)　アリストテレス『自然学』第六巻*3)が，上述の論に対立する．

オッカム自身の解答*4)
ここにおいて先ず第一に，この問いが「線の或る部分が分割不可能であるか否か」を意味するということが理解されなくてはならぬ．問いがこのような意味において理解されるならば，「線の如何なる部分も分割不可能ではない，すべての連続体の如何なる部分も分割不可能ではない」と私は答える*5)．

第一証明
このことは次のように証明される．〈もし仮に線の部分が分割不可能であるとしたら，正方形の一辺の線の長さが対角線の長さと等しいことになり，対角線は正方形の一辺と通約可能であることになるであろう〉*6)．推論が正しいことは明白である．なぜなら，対角線のどの点からも，正方形の一辺へと垂直に直線を引くことができる．このことは明らかである．正方形の一辺のどの点からも，他の辺のどの点へも垂直に直線を引くことが可能であり，上述の仮定に基づいて実際に

直線が引かれるとすれば、このような線はいずれも、対角線の或る点を通過して引かれるからである。それゆえ、対角線のどの点からも正方形の一辺へと垂直に直線が引かれる。従って、もし対角線上に六つの点があるとしたら、必然的に正方形の両方の辺にも六つの点があることになるであろう[*7]。

第二証明

同様に、正方形の一辺のどの点からも、他の辺のどの点へも垂直に直線を引くことが可能であり、これらの直線のいずれも対角線上の或る点に接することになるであろう。これらの線は、正方形の一辺の無媒介に隣接している点から、他の辺の無媒介に隣接している点へと引かれており、相互に等しい間隔においてある。従って、正方形の辺の無媒介に隣接した二つの点から引かれた二つの線は、対角線上の無媒介に隣接した二つの点に接するであろう。さもなくば、これらの線は全体において等しい間隔にないことになるからである。

異論

あなたは、次のように反論するかもしれない[*8]。正方形の一辺から引かれた直線が真っ直ぐに対角線に接するとしたら、線は対角線の一つの点にのみ接し、他の線は他の点にのみ接し、かくして、議論は証明のごとき結論を導くであろう。しかし、対角線は辺よりも長いのであるから、正方形の一辺から他の辺へと引かれた直線はいずれも、対角線に斜めにぶつかるのであり、それゆえ少なくとも対角線の二つの点と接することになる。かくして、正方形の一辺と対角線には同数の点が存在するという推論は成立しない。例えば、もし或る棒が他の棒に斜めにぶつかるならば、十字架のように真っ直ぐにぶつかる場合よりも、他の棒により多く接することになる。このことは、感覚によって明らかである。ここにおいて提示された問題においても同様である。

異論に対する解答

これに対しては、次のように答える。〔異論の主張するように、〕対角線が辺よりも長いことから、対角線を通過して正方形の一辺から他の辺へと引かれた線が対角線の二つの点に斜めに接するとしたら、もしこれら二つの辺の長さがずっと常に同じままにされ、他方、対角線が非常に長くなるならば[*9]、対角線の長さが増大し、辺から辺へと引かれた一つの線は対角線の二つの点に斜めに接し、第二の線はより長い対角線の三つの点に接し、第三の線は対角線の四つの点に接する

ことになるであろう．かくして最後には，対角線を通過して引かれた線の或る点は一足の長さで，あるいは一軒の家の長さで，あるいは一里の長さで対角線に接することになってしまう．

　以上から第一に，次のことが帰結する．この場合，辺から対角線へと引かれた線は直線ではないことになるであろう．なぜなら，対角線に接している線の点は上下に移動するからである[*10]．あなたによれば，この点は対角線の多くの点に斜めに接し，そしてそれら対角線上の点の内の或るものは上に位置し，或るものは下に位置するのであるから，これらに接している点は上下に移動する．

　第二には，この場合，対角線に接している線の点は自然本性的に，異なった場所や位置に同時に存在することになってしまうということが帰結する．なぜなら，我々が仮定したごとく，この点が対角線上の六つの点に接しているとしたら，その時には，この点全体が対角線上の六つの点と一緒に同時に，六つの異なる位置に存在していることになるからであるが，これは不可能である．

　更に棒や，何であれその他の真っ直ぐであれ斜めであれ，他の物体に接触している物体からの例も，ここにおいて提示された問題からはずれており適切ではない．なぜなら，或る棒が他の棒に斜めにぶつかる時には，ぶつかる棒の多くの部分が，以前には接触していなかった，他の棒の多くの部分に接触しており，棒が真っ直ぐに接触する時とは異なる別の部分が，棒が斜めに接触する時にぶつかり，接触している．このことは感覚によって明らかなごとくである．それゆえ，たとえ棒が真っ直ぐに接触する時よりも[*11]，斜めに接触する時のほうが，より多くの部分に接触するとしても，このことは何ら驚くべきことではない．しかしながら，ここにおいて問題にされている事例の場合には，真っ直ぐであれ斜めであれ，対角線に接している線の点は常に同一であり，従って，棒やその他の物体の例はここにおいて提示された問題からはずれている．

第三証明

同様に，私の主要な主張のために，私は次のように論証する．もし仮に線の部分が分割不可能なものであるとしたら，より小さな円とより大きな円の点の数が等しいことになるであろう．すなわち，より大きな円のどの点からも，より小さな円を通過して，両方の円に共通な中心へと直線が引かれることができる．まことに上述の仮定に基づくならば，そのような線は直線であり，これらの直線は中心以外のところでは交わらない．この場合，より大きな円の無媒介に隣接する二つの点から引かれた二つの線は，（1）より小さな円の二つの点を通過するか，あ

るいは（2）一つの点を通過するか，いずれかであるだろう．もし（1）であるとしたら，「より大きな円と同じ数の点が，より小さな円にも存在することになってしまう」という我々の証明しようと意図した事が得られる[*12]．他方，もし（2）であるとしたら，これに反対して私は次のように述べる[*13]．①これらの線は直線であり，等しく互いに隔たっている．同じくまた，②これら二つの線がより小さい円の同一の点において交わるとするならば，より小さい円の，二つの線が交わる点は，無媒介に隣接する二つの線の無媒介に隣接する二つの点と併存することになるであろう．また同じ理由によって，この点はより大きな円の三つの線の三つの点と併存しうることになり，かくしてこの点は，小さな円を非常に高い比率で越えている或る大きな円の千本の線の千の点と併存しうることになってしまう．更にその場合には必然的に，このように百の他の点と併存するこの点は，あるいはこの点に対応する円周の線は，点が複数存在しないのに，長さを持つことになるであろう．

異論
もしあなたが，「物体的な線[*14]の場合にも，もしより大きな円から，より小さい円を通過して中心へと直線が引かれるならば，これらの線は常に互いにしだいに接近するのであるから，同じ議論が成立する．すなわち，（1）これら物体的な線は，より小さな円の別々の部分を通過するのであろうか．その場合には，両方の円において部分が等しいことになってしまうであろう．あるいは（2）これら物体的な線は，同一の部分を通過するのか．その場合には，この部分は，円が大きいが故に，千の部分と合致し，千の異なった位置に存在することになってしまうであろう」と言うならば，

異論に対する解答
私は次のように答える．無限にこれらの線や円は異なるのであるから，（1）の「両方の円において部分が等しい」という結論が帰結することはない．なぜなら，より大きな円の或る部分には，必ずより小さな円の別の或る部分が対応しているけれども，しかし極めて小さな部分が対応しているからである．このことは，円が作図されるならば，感覚によって明らかである．それゆえ，「両方の円において，同じ大きさの等しい部分が存在する」という結論は帰結しない．
　他方，もし仮に円が点から構成されるとしたら，①より大きな円の無媒介に隣接する二つの点に，より小さい円の無媒介に隣接する二つの点が対応するか（た

だし，小さい円のより小さい点がそれらに対応することはありえない[*15]．両方とも分割不可能なものだからである），あるいは②同一の点が二つの点に対応するか，いずれかである．もし①であるとしたら，両方の円の点は等しいことになるであろう．もし②であるとしたら，上述[*16]の場合と同様に，この点はさまざまな異なった位置に存在することになるであろう．

　更に私は，多くの線の多くの点と併存する，より小さい円のこの点を取り上げる[*17]．この点は或る他の円の中心であることができ，この点の周りに或る円が描かれることができる[*18]．この円から引かれた線は中心に到達する前に交わることはないのであり，従って，この点が異なった位置にある複数の点と併存することはないであろう．中心から引かれたすべての線は，この円が終点となることができるからである．以上のことは，中心から引かれた線上の無媒介に隣接する点から証明される．円の無媒介に隣接する或る点が，中心から引かれた直線上の無媒介に隣接する点と一致しており，円の他の諸々の点も，中心から引かれた直線上の二つの点と一致するからである．中心から引かれたすべての線に関して同様であるだろう．このことから，中心から引かれたすべての線は，この円が終点となることが明らかである．従ってこの点は決して，異なった位置にあるその他の複数の点と併存することができない．

　もしあなたが，「この点が円の中心であるとしたら，この点は，中心から引かれたさまざまな線の複数の点と併存するはずである」と反論するならば，私は次のように答える．このことは真であるが，この点は常に同じ位置に存在し，他の線の点はこの中心の円周上に存在し，円周を終点としている．決して他の場合[*19]のように，この中心が他の複数の点と同じ位置に存在することはない．

第四証明[*20]

更に，〔もし仮に連続体の部分が分割不可能なものであるとしたら，〕最も速く動くものが，最も遅く動くものに決して追いつかないというゼノンの議論[*21]が成立することになるであろう．この議論は，或る基本的な原理を前提としている．一つは，より近い空間の部分のほうが常に，より遠い部分よりもより先に到達されるということである．第二は，空間における分割不可能なものは瞬間に到達され，従って空間の上を動く物体は，瞬間に空間の一つの分割不可能なものにのみ到達するということである．その場合，私は次のように議論する．遅く動くものが空間の一つの分割不可能なものを獲得する瞬間に，最も速く動くものは何を獲得するのか．①ただ一つの分割不可能なものを獲得するのか．その場合には，速

いものは遅いものに決して追いつかないであろう．あるいは，②二つの分割不可能なもの（A，B）を獲得するのか．だとするとその場合には，第二の前提によって，最も速く動くものは，二つのものの一方（A）を，他方（B）よりも前に獲得していることになるが，しかし瞬間においては前後の区別がないのであるから，最も速く動くものは，瞬間には何も獲得しないことになる*22)．

　もしあなたが，「〈速い〉とか〈遅い〉といった属性は，分割不可能なものを通過する運動には適合しない」と反論するとしたら*23)，

　これに対しては，次のように答える．もし分割可能な物体が，分割不可能なものから構成された空間の上を動くとしたら，すべての場合に，同じ議論が成立する．

　更に，もしあなたが，「この同じゼノンの議論は，〈連続体は，常に分割可能なものから構成されている〉と主張する，あなた（オッカム）の説に反対すると考えられる」と言うとしたら*24)，

　私は次のように答える．各々の瞬間において，動くものは異なった空間において存在するのであるが，しかし或る空間の部分が瞬間に第一に獲得され，従って，その部分のすべての部分がその瞬間において獲得されるということを認めることはできない*25)．ただし，もし仮に以上のことが認められると仮定されるとしたら，その場合にはゼノンの議論は必然的に，分割不可能なものを指定する人達に反対するのと同様に，分割不可能なものを否定する人達にも反対する結論を導くことになると私は述べる．このことは明らかである．遅く動くものが空間の或る部分全体を獲得する瞬間に，速く動くものは，①遅く動くものと等しい部分を獲得するのか．その場合には，速いものは遅いものに決して追いつかないであろう．あるいは，②より多くの部分（A，B）を獲得するのか．だとするとその場合には，先の前提によって，速く動くものは，多くの部分のうちの一方の部分（A）を，他方の部分（B）よりも前に獲得していることになり，かくして，速く動くものは，瞬間には何も獲得しないことになるであろう．

　それゆえ，運動によって瞬間に場所やその他の形相の或る部分全体が獲得され，従って，その部分のすべての部分がその瞬間において獲得されるということはないと，私は主張する．各々の瞬間に何らかのものが獲得されることを認めるけれども，しかし，その獲得されたものの或る部分はより前に獲得されたのであり，更にその部分の部分は更により前に獲得されたのであり，かくして無限に進行するからである*26)．それゆえ無限な瞬間において，遅く動くものが速く動くものよりも，空間においてより前に位置することになる．このことは明白である．従

って，如何なる運動においても或るものが瞬間に第一に獲得されることを認めることはできないのであり，どんなものも或る時間の間に第一に獲得され，またそのどの部分も或る時間の間に獲得されるのである．

それゆえ，〈同じ時間の間に，速く動くものは遅く動くものよりも，同じ大きさの空間のより多くの部分を通過する〉ということによって，分割不可能なものを否定する人達はゼノンの議論を解決することができるのであり，他方，分割不可能なものを措定する人達は決してゼノンの議論を解決することができない．この解決法は，わずかな時間の間に同じ大きさの無限に多くの部分が獲得されることを証明するために，運動によって獲得される形相に関して行なわれる議論に対しても共通に有効である．この解決法をこの議論に適用してみよ．そうすれば，明らかになる．

九つの反対する議論[*27)]に対する解答，第一議論[*28)]に対して

反対する議論に対する解答．分割不可能なものが存在することを証明する第一議論に対しては，私は次のように答える．分割不可能なものが存在することは有り得ないことではない．知性実体は分割不可能であり，同様に知性的魂も分割不可能だからである．しかし，分割不可能なものが量を有するものの中に存在するということは矛盾を含んでいる[*29)]．量を有するものの部分が分割不可能であることは有り得ないし，また量を有するものの属性が分割不可能であることも有り得ないからである．分割不可能なものが部分でないことは，今論証されたばかりである[*30)]．更にまた，分割不可能であることが量を有するものの属性でないことも，或る人々の論によって証明される．すなわち彼等の論[*31)]によって，「線の始めも終わりも分割不可能なものではない」ことが証明されているからである．これらの論は正しく結論を導いていると私は考える．それゆえ，このような分割不可能なものが生ずることは矛盾であるのだから，神はこのような分割不可能なものを生じさせることができないと，私は主張する．

第二議論[*32)]に対して

第二議論に対しては，一つには次のように答えられることができる．もし神のちからによって真正な球体と真正な平面が造られるとしたら，球体が平面に接することは不可能であり，矛盾を含む[*33)]．なぜなら，もし仮に球体が平面に接するとしたら，球体は分割不可能なものにおいて平面と接することはないのであるから，球体は分割可能な部分において平面と接するのでなければならない．しかる

に，如何なる部分が取り挙げられるとしても，それは球体の部分であるのだから球形であり，従って必然的に，その部分の或る部分は上にあり，他の部分は下にあることになるであろう．かくして必然的に，それらの間には或る物体が存在することになり，もしそれらが空気中で接するとしたら，例えば空気が中間に存在することになってしまうからである．あるいは，いま一つには，「球体は或る分割可能な部分において平面に接する」と答えることもできる．おそらく，こちらのほうがよりよいであろう．

「だとすると，その部分は球形ではない」と反論される時には，私は次のように答える．私はそこでの推論を否定する*34)．このことが帰結するのは，或る部分が全体において第一に（primo）*35)平面に接していることが認められ，従ってその部分のすべての部分が平面に接している場合のみである．その場合には，「もとの物体は真正な球体ではない」という議論が必然的に帰結するであろう．しかし，球体が平面と或る部分によって第一に接し，従ってその部分のすべての部分が平面に接するということはないと，私は主張する．それゆえ，他のすべての接する部分よりもより前である或る部分において第一に，球体が平面に接することはない．接している如何なる部分が取り挙げられるとしても，依然として，その部分の半分は直接に平面に接していないのであり，更にその半分の半分は直接に平面に接していないのであり，かくして無限遡行に陥る．

第三議論*36)に対して
他の議論に対しては，私は次のように答える．連続体（continuum）と接続体（contiguum）の相違は，〈連続体の諸部分は一なるものを形成するが，接続体の諸部分は一なるものを形成しない〉ということである．

第四議論*37)に対して
他の議論に対しては，「どの連続体も，天界が持つのと同じ比率の，同じ数の部分を持つ」ということを正しいと認める*38)．しかし連続体が，天界が持つのと同じ大きさの，同じ数の部分を持つということはない．

もしあなたが*39)，「粟粒と同じ大きさの天界の部分が取り挙げられるとしよう．その場合，この天界の部分は，粟粒が持つのと同じ大きさで，同じ比率の，同じ数の諸部分を持つ．しかし天界全体は，同じ比率の，粟粒と等しい部分*40)が持つよりもより多くの数の部分を持つ．さもなければ，全体がその部分よりも大きくないことになってしまうからである」と反論するとしたら，

私は次のように答える.「全体は,その部分が持つよりもより多くの部分を持つ」という命題は,二通りの意味で理解されることができる.一つには,〈部分は或る一定の数の部分を持ち,全体の持つ諸部分は,この数を一定量超えている〉という意味に解される.この意味で命題が理解されるならば,命題は偽である.なぜなら,その場合にはこの命題によって,〈部分は或る一定の数の部分を持つ〉ということが含意されていることになるが,これは偽だからである*41).

いま一つには,〈(ⅰ)天界の部分は無限に多くの諸部分を持つのであるから,或る一定の数の部分を持ち,それ以上多くの部分を持たないということはなく,(ⅱ)天界全体はその部分が持つのと同じ数の諸部分を持ち,更に他の部分を持つ〉という意味に解される.このような意味でならば,「天界全体は,その部分が持つよりもより多くの部分を持つ」という命題を私は真であると認める.

第五議論*42)に対して

他の議論に対しては,私は次のように答える.世界が永遠に存在し,すべての時間において常に神が連続体の或る一つの分割を行なったとしても,分割は未だ完了してはいない*43).

更に,「過去の時間の複数の瞬間よりも,より多くの分割が存在することはなかった」と言われる*44)時には,このような部分の多数性に関して先に述べたのと同じ仕方で,私は答える.

第六議論*45)に対して

他の議論に対しては,私は次のように答える.我々は現在の状態においてできる限り,分割可能な最小のものによって事物の大きさを確定する.このようなものは,或る場合には自然本性的に最小のものであり,また或る場合には腕尺のように,人為的な取り決めによって最小のものである.アリストテレスが『形而上学』第4巻*46)の中で述べているのは,まさにこのことである.

第七議論*47)に対して

他の,聖なる処女マリアに関する議論に対しては,私は次のように答える.聖なる処女マリアが或る瞬間(時点)において(per instans)のみ原罪のもとにあったということはありえない*48).このことは,後で*49)明らかになるであろう.

第9問題　61

第八議論[*50)]に対して
他の議論に対しては，私は次のように答える．神が二人の天使を一瞬のうちに通り過ぎさせることは不可能である[*51)]．必ずそれらの間に時間が存在しなければならない．

第九議論[*52)]に対して
他の議論に対しては，私は次のように答える．白さを見ることが連続して続けて起こることは，形相が連続して増大することに比せられる．それゆえ，増大する運動のゆえに分割不可能なものを措定する必要がないのと同様に，見ることのゆえに分割不可能なものを措定する必要もないと，私は主張する．

（線が点から構成されているとする）主要な論に対しては，語の表現形式に基づく誤謬（fallacia figurae dictionis）が存在することを指摘することによって解決されなくてはならぬ[*53)]．なぜなら，「第一の点（α）と他のどの点（β）との間にも，それらの中間に或る点が存在する」という命題は真として認められるべきであるが，「或る点が，第一の点（α）と他のどの点（β）との間にも，それらの中間に存在する」という命題は否定されるべきだからである．

第10問題

知性的魂が身体の形相であることは論証されることができるか*1)

（できるという賛成の論)*2)　知性認識の働きが我々の内にあることを，我々は経験する．この知性認識の働きは人間の働きである．ゆえに，この働きの作動因と，この働きを受容する基体は我々人間の内にある．このようなものは離在的な知性実体（inelligentia separata）ではありえない．我々はこのような実体の働きを経験することができないからである．また，このような働きは，或る〔形相と質料から成る〕複合体に属するものでもない．従って，このような働きを受容するものは人間に属する何かである．しかし，それは質料ではない．それゆえ，形相である．

（反対の論）　知性的魂は不可滅的な形相である．それゆえ，可滅的な身体の形相ではない．

二つの難問

この問いには，二つの難問がある．一つは，たとえ知性的魂が身体の形相でないとしても，我々は知性的魂によって知性認識することができるかという問題である．いま一つは，「知性認識」（intelligere）を，非質料的実体に固有な活動として解する場合，我々が知性認識していることが理性によって，あるいは経験によって明証的に知られることができるかという問題である．生成することも消滅することもなく，それ全体が身体全体の内に存在し，また身体のどの部分においても全体として存在する知性的魂は，まさにこのような非質料的実体として措定されているからである．

第一の難問に関して

第一の難問に関しては，たとえ知性的魂が身体の形相でないとしても，我々は知性的魂によって知性認識することができると考えられる．なぜなら，特性の共有

(communicatio idiomatum)*³⁾の故に，質料でも形相でもその部分でもない他のものによって，多くの事柄が或る一つのものに帰属せしめられることがあるからである．例えば，用いている道具や着ている衣服やそれに類似したものの故に，或る事柄が他の者に帰属すると我々が言う場合である．それはちょうど我々が，櫂 (remus) を用いることから或る人を「櫂を操る人」(remigator) と呼び，鋤で掘り起こす (fodere)*⁴⁾ことから或る人を「鋤で耕す人」(fossor) と呼び，また或る人を，衣服を着ている人であるとか，靴をはいている人であるとか，武装している人であるとか呼ぶのと同様である．また，その人の服が，あるいはその人の武具が他の人に触れたことから，我々が「その人は他の人に触れた」と言う場合も同様である．更にまた，このような特性の共有は神の御子と，御子によって受け取られた人間の本性との間にも存在するが，これらは両方とも形相ではない．それゆえ同様に，たとえ身体を動かすもの (motor) が身体の形相でないとしても，身体を動かすものの故に，或る事柄が動かされる身体に帰属せしめられることがありうるのである．このことはトビアの天使の例*⁵⁾からも明らかである．天使が身体を動かす動源であり，それによって，天使によって受け取られた身体と天使から成るものが食べ，飲み，歩き，知性認識し，判断すると言われたのだからである．従って，魂が単に身体を動かす動源であり，決して身体の形相でないとしても，我々は知性的魂によって知性認識すると言われることができる．

第二の難問に関して*⁶⁾

第二の難問に関しては，私は次のように述べる．「知性的魂」によって，それ全体が身体全体の内に存在し，また身体のどの部分においても全体として存在する非質料的で不滅な形相を理解するかぎり，①このような形相が我々の内にあることも，②このような実体に固有である知性認識する働きが我々の内にあることも，③このような知性的魂が身体の形相であることも，理性によって，あるいは経験によって明証的に知られることができない．──このことに関してアリストテレスの見解が如何なるものであるにせよ，私は今のところそれを顧慮しない．アリストテレスはこのことに関して，至る所で疑わしい仕方で語っているように思われるからである*⁷⁾──．我々はこれら三つの事柄をただ信じているのである．

これらの事柄が論証されることができないことは明らかである．これらの事柄を証明しようとする議論はすべて，自然本性的理性に従う人間にとって疑わしい事柄を前提として用いているからである．更にまた，これらの事柄は経験によっ

て証明されることもない．我々が経験するのは，知性認識の働きや意志の活動やそれに類似した活動のみである．経験とともに理性に従う者は，「これらはすべて，この形相において生じ，受容される働きや心の動きである」と述べ，この形相によって人間は他の無理性的な動物から区別されると主張するであろう．信仰と信仰の真理に従うならば，この形相は不滅な形相である知性的魂であろうが，経験とともに理性に従う者は，「この形相は拡がりを持つ物体的で，生成消滅する形相（forma extensa et corruptibilis et generabilis）である」と述べるであろう．経験がそれ以外の形相を結論するとは考えられない．

　もしあなたが，「理性に従う者が経験によって結論する，このような形相が身体の形相であることが明証的に証明されることができるのか」と問うならば，

　私は証明されることができると答える．おそらく，次のような論証の媒介（medium）を用いることによって行なわれるであろう．〈他の複合体と種において異なるすべての複合体は，全体において異なるのか，部分において異なるのか，いずれかである．人間はロバと種において異なるが，全体において異なるのではない．なぜなら，人間とロバは同じ性質の質料を持つからである．従って，人間はロバと部分において異なるのであり，それは決して質料によってではない．それゆえ，人間はロバと形相によって異なる〉．もっとも，この論証においても，何らかの疑わしい事柄が前提として用いられていることがあるのかもしれない．

　他方，信仰の真理に従って我々が主張するように，非質料的で不滅な形相である知性的魂が我々の内にあり，それによって我々は知性認識するのだという立場に立つならば，知性的魂が単に身体を動かす動源であるというよりも，むしろそれが身体の形相であると主張することのほうがより理に適っているであろう．もし知性的魂が動源であるとしたら，それは（1）場所的運動において身体を動かすのか，（2）質的変化において身体を動かすのか，いずれかである．しかし，（1）であることはない．なぜなら，その時には，それは子どもの身体も大人の身体も同じ様に動かすはずである．同じくまた，身体を場所的運動において動かすためには，身体の形相である魂だけで充分であり，それ以外の動源を措定することは不要だからである．更に，（2）でもない．なぜなら，身体のあらゆる質的変化のためには，身体の他の能動因だけで充分であり，このような動源は不要だからである．

疑　問

しかし，この場合にも疑問が生ずる．我々が信仰に従って，身体の形相であると

する知性的魂は，それ全体が身体全体の内に存在し，また身体のどの部分においても全体として存在するものではないと考えられるからである．(理由1) もし知性的魂全体が身体全体の内に存在し，また身体のどの部分においても全体として存在するとしたら，我々が足よりも頭において知性認識することを経験するということがなくなる*8)．(理由2) 腕が切断された場合，腕と同じ場所に存在する魂は身体に戻るのか．この場合には，或る基体から別の基体へと移動することになる．あるいは，腕と同じ場所に存在する魂は消滅するのか．その場合には，〔知性的魂全体が，身体の部分の内に存在するのではないという〕提示されたことが得られる*9)．

疑問に対して

これらの疑問に対する解答は，後で*10)明らかになるであろう．それゆえ今は，それについて述べずに通り過ぎる．

　(知性的魂が身体の形相であることは論証されることができるとする) 主要な論に対しては，次のように解答される．自然本性的理性に従う者は，「我々は知性認識の働きが我々の内にあることを経験するが，それは物体的で可滅的な形相の活動である」と認め，従って，「このような知性認識の働き*11)が拡がりを持つ物体的形相において受容される」と主張するであろう．しかし我々は，非質料的実体に固有な働きであるような知性認識の働きを経験しない．それゆえ我々は，このような知性認識の働きの存在によって，「不滅な実体が我々の内に形相として存在する」と結論することはない．そしておそらく，もし仮に我々が，非質料的実体に固有な働きである知性認識の働きが我々の内に存在することを経験するとしても，我々は「このような働きの基体が我々の内に動源として (sicut motor) 存在する」と結論することができても，「このような働きの基体が我々の内に形相として (sicut forma) 存在する」と結論することはできない．

第11問題

「すべての人間に，数的にただ一つの知性が存在することはない」
ということは，明証的に証明されることができるか*1)

（できないとする論）アヴェロエスによれば，すべての人間に，数的にただ一つの知性が存在する*2)．それゆえ，それと反対のことが証明されることはできない．
（反対の論）同一の知性認識の働きがすべての人間に属することはない．それゆえ，同一の知性がすべての人間に属することはない．

ここでは先ず第一に，問いで用いられている或る一つの語句の意味が説明されなくてはならぬ．第二に，この問いに対する解答が述べられなくてはならぬ．

第一項
第一に関して，私は次のように述べる．「我々すべての人間に，知性が存在する」という語句は二通りの意味に解されうる．一つには，「知性は身体の形相である」，あるいは「知性は，我々がそれによって知性認識する能力である」という意味に解される．いま一つには，「知性は，どのような運動であれ，我々の内で身体を動かす始源である」という意味に解される*3)．

第二項，二つの難問
第二に関しては，二つの難問が存在する．一つは，知性が身体の形相，あるいは知性的能力であり，それによって我々が知性認識すると仮定された場合に，「すべての人間に，数的にただ一つの知性が存在することはない」ということは，明証的に証明されることができるのかという難問である．いま一つは，知性は我々の内に身体の動源としてのみ存在し，形相として存在しないと仮定された場合に，「すべての人間に，数的にただ一つの知性が存在することはない」ということは，明証的に証明されることができるのかという難問である．

第一の難問に対して

第一の難問に関しては,「すべての人間に,数的にただ一つの知性が存在することはない」ということは,明証的に証明されることができると私は述べる.その理由は次のごとくである.同一の知性が同時に同一のものを知り且つ知らないということ,同一のものを愛し且つ憎むということ,同一のものを喜び且つ悲しむということ,同一のものに対して同意し且つ同意しないということはありえない.その他のものについても同様である.しかし,或る人間の知性が或るものを知り,他の人間の知性が状態の無知のゆえにそのものを知らないということがある.また或る人間の意志は或るものを愛し,他の人間の意志はそのものを憎む等々といったことがある.これらすべてのことは,経験によって明らかである.それゆえ,同一の知性が二人の人間に内在するということは不可能である*4).

もしあなたが,「このような(各人における認識内容や欲求内容の)相違は,知性が(各人のさまざまな)表象像と結合する仕方の相違によって生ずるのである」*5)と反論するならば,これに対して私は次のように答える.知性がさまざまな表象像と結合する仕方の相違によって,反対の事柄(知る-知らない,愛する-憎む,喜び-悲しむ,同意する-同意しない)が同一の第一の基体の内に存在することはありえない.表象像は,知性の内に受容されるものに対して作動因としてのみ関わる.他方,上述の反対の事柄は,知性を基体として基体の内に存在する.それゆえ,云々.

それでもなお,もしあなたが,「知性認識の働きや意志の働きといったようなものは知性を基体として知性に内属する性質ではなく,他のものを基体としてそれに内属する性質である」と言うとしたら,これに対して私は次のように答える.欲求したり拒絶したりする働きは,これらの形相に関して以外には,身体の側においても知性の側においても如何なる変化もなしに,同一の基体の内に次々に継次的に存在しうる反対の事柄である.なぜなら或る人を憎む人が,身体の側においても知性の側においても如何なる新たな変化もなしに意志の自由のみによって,その人を愛することがありうることは明白だからである.それゆえ意志のみが,欲求したり拒絶したりするこれらの形相の基体である.

第二の難問に対して

第二の難問に関しては,私は次のように述べる.こちらの側(知性は我々の内に身体の動源として存在すると仮定された場合に,「すべての人間に,数的にただ一つの知性が存在することはない」ということ)を明証的に証明することは困難

であり,おそらくそのことは不可能である.しかしながら,次のような仕方で説得されることは可能である.すべての場所的運動や質的変化のためには,身体の態勢と,我々が我々の内に経験するもの即ち認識する働きと意志する働きだけで充分であることは明白である*6).それゆえ,このような動源は不要である.同じくまた,同じ様に容易に,このような知性が無理性的な動物と結合し,その動物を動かすと主張することもできるであろうが,これもまったく不要である.従って,云々.

(証明されることができないとする)主要な論に対しては,私はアヴェロエスを否定する.彼は他の多くの箇所と同様に,この箇所において間違いを犯したからである.

第 12 問題

知性的魂はそれ全体が身体全体の内に存在し，かつ身体のどの部分においても全体として存在するか[*1)]

(そうではないとする論) なぜなら，もしそうであるとするならば，魂は自己自身からへだたっていることになるであろう．頭の中に存在する魂は，足の中に存在する魂からへだっているからである．

(反対の論) 魂は不可分な形相である．それゆえ，どこに魂が存在するのであろうとも，魂はそこに全体として存在する．しかるに魂は，身体のあらゆる部分に存在する．従って魂は，身体のあらゆる部分において全体として存在する．

問いに対する解答

この問いに対して，私はそうであると答える．なぜなら，①魂は身体のどの部分においても存在し，かつ②身体のどの部分においても全体として存在する．ゆえに，魂はそれ全体が身体全体の内に存在し，かつ身体のどの部分においても全体として存在する．

前件の最初の部分①は明らかである．もしそうでないとしたら，身体の或る部分は魂によって形相づけられていないことになり，従って人間の部分ではないことになるからである．前件の第二の部分②も明らかである．知性的魂は不可分で，拡がりを持たない形相であり，それゆえ，どこに存在するのであろうとも，魂はそこに全体として存在するからである．

四つの疑問[*2)]

しかし，ここにおいていくつかの疑問が生ずる．第一の疑問は次のごとくである．もしそうだとしたら，その場合には魂は同時に静止し，かつ動いていることになってしまうであろう．魂は足において静止し，手において動くのだからである[*3)]．

第二の疑問は次のごとくである．もしそうだとしたら，その場合には魂は二つ

の連続していない質料を形相づけることが可能であることになってしまうであろう．なぜなら魂は，場所や位置の異なる連続した複数の部分に全体として存在するのであるから，同等の論拠によって魂は，連続していない複数の部分に存在することも可能であることになるからである．

同じくまた（第三の疑問）[*4]，もしそうだとしたら，知性的魂によって形相づけられた腕が切断された場合，魂は身体に戻るのか，あるいは消滅するのか．

同じくまた（第四の疑問）[*5]，もしそうだとしたら，我々が足よりも頭において知性認識することを経験するということがなくなる．

第一の疑問に対して

これらのうちの第一の疑問に対しては，私は次のように答える．他のものの運動と静止によって，魂が付帯的に同時に動き，かつ静止することは可能である．他のものが動く限りにおいて，魂もまた動くのだからである[*6]．

第二の疑問に対して

他の疑問に対しては，私は次のように答える．自然本性的には魂が二つの連続していない質料を同時に形相づけることは不可能であるが，神のちからによってそうすることは充分に可能である．

これに対して，[1]「その場合，二人の人間が存在するのか，あるいは一人の人間が存在するのか．もし二人の人間が存在するとしたら，二つの魂があるはずである．もし一人の人間が存在するとしたら，一つの質料だけがあるはずである」と問われるならば，

同様に，[2]「その場合には，他の問題[*7]においても論じられたごとく，同一の知性が或る一人の人間において或るものを知り，別の人間においてそのものを知らないということになるのか」と問われるならば，

[1]に対しては，質料の相違のゆえに二人の人間が存在するのであると私は答える．しかしそれ以上のこと，すなわち〈二人の人間が存在する．ゆえに，二つの魂が存在する〉という推論は成立しない．「人間」という語は，形相は同一であるが質料の相違のゆえに区別される基体を代示するからである．

[2]に対しては，一方の人間が知っている事柄は何であれ，他方の人間も知っており，一方の人間が愛している事柄は何であれ，他方の人間も愛していると私は答える．

第 12 問題　　　　71

第三の疑問に対して
第三の疑問に対しては，私は次のように答える．腕の中に存在する知性的魂は腕の消滅によって，身体に戻るのでも，消滅するのでもなく，以前に存在した場所に存在することをやめるのである．それはちょうど，聖体の秘蹟においてホスチア（聖餅）の形が消滅すると，キリストの身体がホスチア（聖餅）に存在することをやめるのと同様である．また天使が，自らに適合する場所の部分が消滅する時に，その場所に存在することをやめるのと同様である．

第四の疑問に対して
他の疑問に対しては，私は次のように答える．我々が足よりも頭において知性認識することを経験するということはない．我々はしばしば，足よりも頭の状態によって知性認識することを助けられたり妨げられたりするのを経験する．同様に我々はしばしば，手よりも目の状態によって知性認識することを助けられるのを経験する．このような議論によって，目において色を知性認識すること，耳において音を知性認識すること，鼻において匂いを知性認識すること云々が証明されることになるであろう．だとしたら，「我々が足よりも頭において知性認識の働きを経験するということはなく，頭においてと同様に足においても知性認識の働きを経験する」と私は主張する．確かに或る場合には，足の激しい痛みの後で明らかなごとくに，頭よりも足の状態によって，我々は知性認識することを助けられたり妨げられたりするのを経験するからである*8)．

（知性的魂はそれ全体が身体全体の内に存在し，かつ身体のどの部分においても全体として存在することはないとする）主要な論に対しては，私は次のように答える．「或るもの（A）が他のもの（B）からへだたっている」ということは二通りの仕方で理解されうる．一つはこの言葉の本来的な意味においてであり，一方のもの（A）が，他のもの（B）が存在するところに存在しない場合である．例えば，足が存在するところに，頭が存在しないことから，「頭は足からへだたっている」と我々が言う場合がすなわちそれである．このような意味においては，頭の中に存在する魂が，足の中に存在する魂からへだたっていることはない*9)．いま一つは，「へだたっている」という言葉が非本来的な意味で用いられ，或るもの（A）の存在する場所が他のもの（B）の存在する場所からへだたっている時に，「或るもの（A）が他のもの（B）からへだたっている」と言われる場合である．このような意味においてならば，頭の中に存在する魂は，足の中に存在する魂からへだたっている．頭の存在する場所が，足の存在する場所からへだた

っているからである．かくして，〈頭の中に存在する魂は，足の中に存在する魂からへだたっている．ゆえに，魂は自己自身からへだたっている〉という推論は妥当ではなく，誤謬推理である．

第13問題

認識の生成の始めにおいて，知性によって第一に認識されるものは個物であるか

（個物ではないとする論）　普遍が，知性の第一の固有な対象である．それゆえ，認識の生成の始めにおいて，普遍が第一に認識される[*1]．
（反対の論）　全く同一のものが，感覚の対象であり，知性の対象である[*2]．しかるに，このような認識の生成の始めにおいて，個物が感覚の第一の対象である．それゆえ，云々．

　ここにおいて先ず第一に，この問いの意味が理解されなくてはならぬ．第二に，この問いに対して答えられなくてはならぬ．

第一項

第一の事柄に関しては，次のことが知られなくてはならない[*3]．ここでの「個物」とは，数的に一であるすべてのものを意味するとして解されるべきではない．なぜなら，もしそうであるとしたら，どの事物も個物であることになるからである．そうではなくて，ここでの「個物」とは，①数的に一であり，且つ②自然本性的な，あるいは人為的制定による多くの事物に共通な記号ではないところのものを意味するとして解される．この意味では，書かれた語も概念も多くの事物を表示する話された音声も，個物ではない．共通な記号ではないところのもののみが，個物である．

　次にこの問いが，個物についてのすべての認識に関する問いであると理解されるべきではない．なぜなら，どんな普遍的な認識も個物についての認識だからである．このような普遍的な認識によって認識されるのは，単数の，あるいは複数の個物以外の何物でもないからである．ただ，このような認識が多くの事物に共通な認識なのである．むしろ，ここでの問いは，或る個物にのみ固有な，単一な認識（cognitio propria et simplex singularis）[*4]に関する問いであると理解されなくてはならぬ．

第二項，第一結論

第二の事柄に関しては，ここでの問いが個物に固有な認識に関する問いであると理解されるとしたら，私は第一に「上述の意味で解された個物が，個物に固有な単一な認識において，第一に認識されるものである」と主張する[*5]。

このことは次のように証明される．記号ではないところの，心の外の事物が，このような認識によって第一に知性認識される．しかるに，心の外の事物はすべて，個物である[*6]．それゆえ，云々．更にまた[*7]対象は，認識の生成の始めにおける，それに固有な第一の活動に先行する．しかるにこのような活動に先行するものは，個物以外には存在しない．それゆえ，云々．

第二結論

第二に私は，「個物に固有であり，認識の生成の始めにおいて第一である単一な認識は，直知認識（cognitio intuitiva）である」[*8]と主張する．このような認識が第一のものであることは明らかである．なぜなら，個物についての抽象認識（cognitio abstractiva）は，同じ対象についての直知認識を前提としており，その逆ではないからである[*9]．更にまた，直知認識が或る個物に固有なものであることも明らかである．直知認識は直接に或る個物から生じてくる，あるいは生ずるごとき本性を有するものであり，たとえ同じ種に属するとしても，他の個物から生ずるごときものではないからである．

第三結論

第三に私は，「認識の生成の始めにおける，第一の単一な抽象認識は，（1）個物に固有な認識ではなく，（2）或る場合には，いやそれどころか常に，多くの事物に共通な認識である」と主張する．

（1）は明らかである．或る個物について特殊な認識が得られない時には，その個物に固有な単一な認識が得られることはない．しかるに，或る時には，個物についての特殊な認識が得られない場合があるのであって，それは例えば遠くからやって来るものの場合に明らかなごとくである．このような事物は，それによって私が〈見られている事物は存在するものである〉としか判断できないような感覚の働きのみを生じさせる．この場合，認識の生成の始めにおいて第一に私が持つ抽象認識は，〈それが存在しているものである〉という認識であって，より下位の個別的な認識でないことは明白である．従って，このような抽象認識は，特殊な概念でも，個物についての固有な概念でもない．

（2）の主張も明らかである．なぜなら，このような単一な抽象認識は，或る一つの個物の似姿（similitudo）であるのと同様に，この個物と極めて類似している他の個物の似姿でもあるのだからである．更にまた，このような抽象認識は，或る特定の個物からのみ生ずるのでも，或る特定の個物からのみ生ずるごとき本性を有するものでもないからである．それゆえ，このような抽象認識は或る特定の個物に固有な認識ではなく，どの抽象認識も普遍的認識である．

疑問1

しかし，ここにおいていくつかの疑問が生ずる．第一の疑問は次のごとくである．直知認識は或る特定の個物に固有なものではないと考えられる．如何なる直知認識が取り挙げられるとしても，直知認識は，或る個物に類同していると同様に，その個物と極めて類似している他の個物とも類同しており，或る個物を表現していると同様に，他の個物も表現している．それゆえ直知認識が，他の個物よりも或る特定の個物の認識であるとは考えられない．

疑問2

第二の疑問は次のごとくである．遠くからやって来るものに関してあなた（オッカム）が述べた[*10)]ごとく，或る場合には第一の抽象認識は〈存在するもの〉についての認識や概念である．それゆえ同様に，同じ状況における直知認識もまた〈存在するもの〉[*11)]についての認識であるだろう．なぜなら，同一の事物に関して，それに固有で，単一な概念が一つ以上あることは有り得ないからである．しかるに私は，遠くからやって来る一つのものに関して，①それによって〈これは存在するものである〉とだけ判断する第一の見る働き（visio）を持つことができるし，また②それによって〈これは動物である〉と判断する別の見る働きを持つこともできるし，また③それによって〈これは人間である〉と判断する第三の見る働きを持つこともできるし，また④それによって〈これはソクラテスである〉と判断する第四の見る働きを持つこともできる．これらの見る働きは異なった事物に関するものではない[*12)]．従ってこれらの直知認識がすべて，見られている個物についての固有な認識であることはできない．

疑問3

第三の疑問は次のごとくである．第一の抽象認識は，その対象が適切に近くに位置している場合にはとりわけ，個物に固有な認識であると考えられる．なぜなら

第一の抽象認識によって，以前に見たのと同じ事物を私は想起することができるからである．こうしたことは，私がその事物に固有な抽象認識を持つのでなければ，生ずることはありえない．

疑問 4
第四の疑問は次のごとくである．上述*13)のことに基づくならば，類概念たとえば動物という概念は，或る一つの個物から抽象されることができると考えられる．このことは，遠くからやって来るものに関して，それによって〈見られている事物は動物である〉と判断する見る働きを私が持つ場合に明らかなごとくである．

疑問 1 に対して
これらの第一の疑問に対しては，私は次のように答える．直知認識が或る個物に固有な認識であるのは，直知認識が他の個物よりも或る特定の個物に類同しているからではない．直知認識が自然本性的に或る個物から生じ，他の個物から生じない，あるいは他の個物から生ずることがありえないからである*14)．

もしあなたが，「直知認識は神のみによって生ずることが可能である」と主張するとしたら，そのことは真である．しかし，このような直知は常に，或る特定の被造物である対象から生じ，他の被造物である対象から生じないごとき本性を有するものである．直知が自然本性的に生ずる場合には，直知は或る特定の個物から生じてくるのであり，他の個物から生じてくるのではない．他の個物から生ずることはありえないのである．従って類似性のゆえに，第一の抽象認識よりも直知認識のほうが個物に固有な認識であると言われるのではなく，その因果性のゆえにのみ，直知認識のほうが個物に固有な認識であると言われるのである．それ以外の理由が挙げられることはできない．

疑問 2 に対して
第二の疑問に対しては，私は次のように答える．これらの見る働きは或る場合には同じ種類に属するものであり，同じ種類において，より完全であるか否かという点においてのみ異なっている*15)．それはちょうど例えば，（1）同質の部分から構成され，（2）そこにおいて，視覚によって感覚される性質が一つしか存在しないような事物が見られ，その見られる事物，例えば白いものが近づくことによって見る働きが強化され，より明瞭になり，それに応じて，〈このような見られるものが存在するものであり，物体であり，色であり，白さであり，云々〉と

いうように別々の判断が生ずることがありうるのと同様である．

　もしあなたが，「同じ種類の結果を生じさせることができないものは，種類において異なる*16)．しかるに，見る働きが明瞭か不明瞭かということは，同じ種類の結果を生じさせることができない．それゆえ，云々」と述べるとしたら，

　解答：私は次のように答える．原因が増大され強化されたとしても，同じ種類の結果を生じさせることができない場合には常に，原因は種類において異なる．他方，原因が増大され強化されるとしたら，同じ種類の結果を生じさせることができる場合には常に，原因は種類において異ならない．しかるに，ここでの見る働きは，それが増大し強化されるならば，明瞭な見る働きが生じさせることのできるすべての結果を，生じさせることができる．従って，これらの見る働きは同じ種類に属する．

　ただし或る場合には，明瞭な見る働きと不明瞭な見る働きとが，異なった対象が見られる場合のごとくに，異なった種類に属することもある．例えばより近くにあるか，より遠くにあるかによって，盾が別の色を持つものとして見られる場合*17)がすなわちそれである．これらの見る働きは，同じ対象に関するものではなく，異なった対象に関するものである．

疑問 3 に対して

第三の疑問に対しては，私は次のように答える．或るものを見ることによって，その事物に固有な抽象認識を私は持つ．しかし，こうした認識は単一なものではなく，いくつかの単一な認識から複合された認識であるだろう*18)．こうした複合知が想起の原理なのであって，それによって私はソクラテスについて想起する．すなわち私は〈しかじかの形をし，しかじかの色を有し，しかじかの身長を持ち，しかじかの幅を持ち，しかじかの場所にいる〉ものとして彼を見た．このような複合的概念によって私は，自分がソクラテスを見たことを想起するのである．もしあなたが一つの単一な概念を残して，それ以外のすべての単一な概念を除外するとしたら，その単一な概念によって，ソクラテスと極めて類似した他の人間よりも，ソクラテスを想起するということはないであろう．私は自分が或るものを見たということを充分に想起することができるが，しかしそれがソクラテスなのか，プラトンなのか，私は知らない．それゆえ，単一な抽象認識が個物に固有な認識であることはないのである．ただし，複合された抽象認識は充分に個物に固有な認識であることができる．

疑問 4 に対して

第四の疑問に対しては，類概念は決して或る一つの個物から抽象されない，と私は答える．更に，遠くからやってくるものについての議論に対しては，私は次のように答える．〈それは動物である〉と私が判断するのは，私が既に以前から類概念である，動物という概念を持っているからである．この概念によって私は，想起する知へと導かれるのである．それゆえもし私が以前に動物という類概念を持っていなかったとしたら，〈見られている事物は或るものである〉としか判断できなかったであろう．

もしあなたが，「どんな抽象認識が直知認識を媒介にして，第一に得られるのか」と問うならば，私は次のように答える．対象がより遠くにあるか，より近くにあるかによって，或る場合には〈存在するもの〉という概念のみが持たれるし，或る場合には類概念が持たれるし，或る場合には最下位の種概念が持たれる．ただし，〈存在するもの〉という概念は常に与えられている．なぜなら，対象が適切に近くに位置している時には，特殊な概念と〈存在するもの〉という概念とが同時に外界の個物から生ずるからである．

（知性によって第一に認識されるものは個物ではないとする）主要な議論に対しては，私は次のように答える*19)．知性に対等な第一のもの（primitas adaequationis）という意味では，普遍が知性の第一の対象である．しかし，認識の生成において第一のもの（primitas generationis）という意味では，普遍は知性の第一の対象ではない．

第14問題

我々の知性は現世の生の状態において，自らの活動を直知認識するか

（しないとする論）　前もって感覚の内に存在しなかったものが，知性によって認識されることはない*1)．しかるに，知性認識の働きは決して感覚の内に存在することがなかった．それゆえ，云々．
（反対の論）　抽象知は直知を前提している*2)．しかるに，知性による認識の働きは抽象認識される*3)．ゆえに，知性による認識の働きは直知認識される．

問いに対する解答
この問いに対して私は，「我々の知性は自らの活動を直知認識する」と答える．知性の認識の働きや意志の働きに関して，知性によって明証的に認識される非必然的な第一の命題，例えば「知性認識の働きが存在する」，「意志の働きが存在する」が形成される*4)．このような命題が形成されるのは，（1）知性認識の働きを直知認識することによるのか，（2）抽象認識することによるのか．もし（1）であるとしたら，我々の言わんと主張することが得られる．他方，（2）であることはない．抽象認識は現実の存在を切り離し，捨象しているからである．

　同じくまた*5)，経験による認識は直知なしにはありえない．しかるに，たとえすべての感覚的直知を欠いているとしても，人は知性の認識の働きを経験する．ゆえに，云々．

五つの反論に対して，第一の反論に対して
第一の反論*6)に対しては，「だからといって，無限な直知認識の活動が現実態において同時に存在するという結論が導かれることはない」と私は答える．

　このことの証明のために，私は次のように述べる．外界の事物を認識する真っ直ぐな知性認識の活動（actus rectus）と，自らの活動へと立ち返る知性認識の活動（actus reflexus）とが区別されないという見解を保持するならば*7)，石を

見ている活動は，それが存在する時に，自己自身によって直知されると言われうる．更に，石を直知認識する活動と石の概念とから構成される命題は，石を見る活動が実際に存在しない時には存続することが不可能であるが，これに対して，抽象認識から構成される別の命題は，たとえ石を見る活動が実際に存在していないとしても，存続することが可能であると言われうる[*8)]．

　他方，自らの活動へと立ち返る知性認識の活動は，外界の事物を認識する真っ直ぐな知性認識の活動から区別されるという見解が保持されるならば，私は次のように述べる．石を見ている自己の直知認識の活動は，他の直知によって直知認識されるが，最後には或る直知において止まるであろう．その直知は，妨げるものがない限り，更に別の直知によって直知認識されることが可能であるとしても，自然本性的には別の直知によって直知認識されることはないであろう．

　神のちからによるならば，無限に進行することを私は認める．しかし自然本性的に言うならば，それ以上直知認識されえない或る直知が存在するであろう．我々の知性は限られた能力であり，それゆえ或る一定の数の直知認識の活動を行なうことは可能であるが，それ以上の直知認識の活動を行なうことは不可能だからである．しかし，どの直知において止まるのか，私はわからない．おそらく，第二番目の直知認識[*9)]において止まるであろう．第二番目の直知自体が直知認識されることは，おそらく自然本性的には有り得ないからである．

第二の反論に対して

他の反論[*10)]に対しては，私は次のように答える．あなたが第一番目の直知認識と第二番目の直知認識とを同じ様に経験することができ，従って無限に進行するということはありえない．なぜなら，これ以上直知されえない或る直知において止まるからである．このことは，多くの直知認識の活動を行なうことができるが，それ以上行なうことはできない知性の限界による[*11)]．ただし，知性が自然本性的に同じ対象について複数の，少なくとも二つか三つの直知認識の活動を同時に持つことができることを，私は正しいと認める．

第三の反論に対して

他の反論[*12)]に対しては，私は次のように答える．「私は見ている」という命題に対して，私は明証的に肯定判断を下すことを認める．このような肯定判断は，見るという自己の認識活動・直知を直知認識することから生ずるのであると，私は答える．しかしこのことから，無限な直知認識の活動が同時に存在するであろう

という結論が導かれることはない．自然本性的に無限に進行することは有り得ないのであり，自然本性的に，それ自体は直知されえない，或る直知において止まる．「そこにおいて進行が止まっている直知を，私は直知認識する」という命題がたとえ形成されたとして，私はこの命題に明証的に肯定判断を下すことができない．

第四の反論に対して

他の反論*13)に対しては，もし第二の直知認識が心の中にあるとしたら，妨げるものがない限り，直知されることが可能であることを私は認める．しかし，もし私の心の中に第二の直知認識が第一の直知認識と共に存在するとしたら，私は第二の直知認識を直知することができない．なぜなら第一の認識活動は，第二の直知認識が直知されるのを妨げるからである．直知認識が知性の中にあるということによって，それが直知されることが可能であることが除去されることはないと私は主張する．もし直知認識が知性の中に単独で*14)存在するとしたら，直知認識は直知されることが可能だからである．しかし，直知認識が他の認識活動と共に，同時に存在することによって，それが直知されることが可能であることが除去される*15)．それゆえ私は，石を直知認識する活動を経験するが，その直知認識を直知する活動を経験しないと述べる．

アウグスティヌス『三位一体論』第11巻第8章の終わり*16)に挙げられている例が，この解答を支持する．そこにおいて彼は，「これらの活動は両立不可能ではないけれども，他の能力の活動によって注意を逸らされているがゆえに，読んだけれども，何を読んだのか分からない．聞いたけれども，何を聞いたのか分からないということがよくある」と述べている．同様にまた，見る活動と聞く活動は両立可能であるにもかかわらず，見ることに注意を向けている人は，たとえ聞いているとしても，自分が聞いていることを何も意識していないということがしばしば起こる．ここにおいて議論されている問題に関しても同様である．自然本性的にそこにおいて止まる最終の直知認識活動と，その最終の直知認識を直知する活動，あるいはその他の先行する直知認識を直知する活動は両立可能であるにもかかわらず，現世の生の状態においては，一方の活動が他方の活動を妨げることがありうる．

第五の反論に対して

他の反論*17)に対しては，私は次のように答える．石を認識している直知（1）

と，その第一の直知・自己の認識活動を直知認識している直知（2）によって，そして時にはおそらくこれらの直知と所有態として認識されている或る命題によって，私は自分が石を知性認識していることを確信する．

　例えば私が，〈自分が知性認識していること〉を経験によって確信するのは，石を直知している自己の認識活動を直知することからなのであるが，しかし私が〈石を知性認識していること〉を確信するのは，結果から原因へと推論することによってである．かつて別の機会に私が，火の存在によって，その結果として，煙が生ずるのを見たことから，私は煙によって火の存在を認識するようになる．ちょうどそれと同様に，石が私の知性に現前することによって，その結果として，今と同じような直知認識が私の内に生じたのを，私は経験したことがある．そこから，私は次のように推論する．結果は同じ種類のものである．それゆえ，同じ種類の原因からによって生じたのである．〔従って，私は石を知性認識している．〕これは，天使の語りに関して先に*18)説明されたのと同様である．ここで，所有態として認識されている命題とは，「同じ種類の結果はすべて，同じ種類の原因を持つ」という命題である．ただし私は，すべての場合に，「同じ種類の結果はすべて，同じ種類の原因を持つ」と述べるわけではない．

　（我々の知性は自らの活動を直知認識しないとする）主要な議論に対しては，私は次のように答える．アリストテレスが語っているのは，「外界の事物は如何なるものも，前もって感覚の内に存在しないならば，知性認識されない」ということである．彼によれば，これらのものは感覚される事物のみに限られる．それゆえ，これらのものに関しては，アリストテレスの権威ある文言は真である．しかし，精神的な事柄に関しては真ではない．

第 15 問題

我々の知性は現世の生の状態において，可感的な事物を直知認識するか

(しないとする論) 抽象認識を伴った感覚的直知認識だけで，可感的な事物を認識するのに充分である．それゆえ，知性的直知認識は不要である*1)．
(反対の論) 感覚が行なうことができるすべての完全性を，知性もまた行なうことができる．しかるに，可感的な事物を直知認識することは，感覚の行なうことができる完全性である．ゆえに，云々*2)．

問いに対する解答

この問いに対して私は，「我々の知性は可感的な事物を直知認識する」と答える．知性は，可感的な事物についての第一の非必然的命題を明証的に認識する．従って知性は，明証的にこのような複合的な知を生じさせるのに充分な，非複合的な知を有している．しかるに，可感的な事物についての抽象知は，このような複合的な知を生じさせるのに充分ではない．それゆえ，云々*3)．

七つの反論に対して，第一の反論に対して

第一の反論*4)に対しては，私は次のように答える．感覚的魂が知性的魂と同一の形相であるという見解を保持する場合には，感覚的直知認識が知性的魂の内に受容されると主張されるべきではない．感覚的直知認識は身体の内に，あるいは身体における，魂から派生した或る能力の内に受容されると主張されるべきである．なぜならもし仮に，感覚的直知認識が知性的魂の内に受容されるとしたら，身体から分離された魂も，少なくとも神のちからによって，五感のあらゆる感覚の働きを自らの内に持つことができることになるが，これは真であると考えられないからである．もしこのことが真であるとしたら，天使は或る自然本性的完全性を常に欠いていることになってしまう．物体的事物はこれらの形相の作動因であるから，天使もまた自然本性的にこのような形相を持つことが可能であると考

えられるからである*5).

　他方，私が信じている*6)ように，もし感覚的魂と知性的魂が別々の形相であるとしたら，その場合には，「感覚的直知認識は感覚的欲求の活動を生じさせるのに充分であるけれども，非必然的命題に肯定判断を下すのに充分なものではない」と答える．これら（感覚的欲求の場合と肯定判断を下す場合）は同じではない．感覚の働きの基体と感覚的欲求活動の基体は同一の形相だからである*7).

　もしあなたが，「知性的魂と感覚的魂は同じ場所にあるのではないか」と反論する*8)としたら，この反論は妥当ではない．数において同一のものが直知認識するものであり，且つ肯定判断を下すものでなければならないからである．

　頭や足で知性認識することに関する他の反論*9)に対しては，先に論じられたごとくである．

第二の反論に対して

他の反論*10)に対しては，私は次のように答える．感覚的直知認識と知性的直知認識の間の相違は，一部は理論によって，一部は経験によって我々に知られる．子供は感覚的に直知するが，知性的に直知しないことから，経験によって知られる．更にまた，身体から分離された魂は知性的直知認識を持つことができるが，感覚的直知認識を持つことができないということから，理論的に知られる．

第三の反論に対して

他の反論*11)に対しては，私は次のように答える．身体から分離された知性はこのような知性的直知認識を持つ．もしそうでなければ，身体から分離された魂は可感的事物について知を持つことができないことになるであろう．同じくまた，天使はこのような直知を持つことができる．ゆえに，分離された魂もこのような直知を持つことができる．

　第一証明*12)に対しては，分離された魂は，人々の心の秘密を自然本性的に直知することができるし，天使の精神の中の複合的認識や非複合的認識を直知することもできると私は答える．

　聖書*13)に関しては，「この聖書の文言は，事実上，分離された魂の自然本性的能力が神によってその活動を停止させられた場合について語っている」と私は答える．

第四の反論に対して

他の反論*14)に対しては，それでもなお天使は，次の二つの理由から語ることや照明を必要とすると私は答える．一つは，天使は自然本性的に知性認識できる事柄を自然本性的に知性認識することを，おそらく神によって許されていないからである．第二は，他の天使や分離された魂に啓示されていない多くの事柄が，或る天使に啓示されるからである．このことは先に*15)，天使の語りについて述べた際に論じられたごとくである．

第五の反論に対して

他の反論*16)に対しては，私は次のように答える．天使は自然本性的に神の直視や至福を獲得することができない．これは神によってのみ，生ずることができるものだからである．

更に*17)また，〈より少なく可知的なものを直知認識することができる．ゆえに，より多く可知的なものを直知認識することができる〉という推論も成立しない．それはちょうど，〈私の知性はより少なく可知的なものである白さを直知認識することができる．ゆえに，私の知性はより多く可知的なものである天使を直知認識することができる〉という推論が成立しないのと同様である．なぜなら天使を直知認識することが，自然本性的に私の内に生ずることは有り得ないからである．ここでの議論においても同じである．

第六の反論に対して

他の反論*18)に対しては，私は次のように答える．感覚的直知認識は，知性的直知認識の部分的原因であるが，しかし知性的*19)直知認識の媒介なしに，肯定判断を下す働きの部分的原因であることはない．複合的な知は，同じ基体の内の非複合的な知を前提としているからである*20)．それはちょうど，如何に感覚の内に直知が存在していようとも，知性の内の認識が先行しない限り，意志は自らの活動を生じさせることができないのと同様である．

第七の反論に対して

他の反論*21)に対しては，感覚的直知認識が感覚的欲求を基体として，そこにおいて存在することを，私は真であると認める．感覚と感覚的欲求は同一のものであり，一方を基体として，そこにおいて存在するものは何であれ，他方を基体として，そこにおいて存在するからである．

(我々の知性は可感的な事物を直知認識しないとする)主要な議論に対しては,私は次のように答える.感覚による直知認識だけでは不充分であり,知性による直知認識が必要とされる.

第16問題

意志が作動因として自由に自らの活動を生じさせるということは，充分に証明されることができるか[*1]

(証明されることができないとする論) 意志は自由であるが，能動的な因ではない．ゆえに，自由で能動的な因ではない．推論は明らかである．前件は，意志が受動的能力であることによって証明される．
(反対の論) 受動的なものは自由ではない．しかるに，意志は受動的な能力である．ゆえに，云々[*2]．
　この問いにおいて先ず第一に，私が何を自由と呼んでいるのかを説明し，第二に，この問いに対して答えられなくてはならぬ．

第一項
第一の事柄に関しては，次のことが知られなくてはならない．この能力以外には如何なる相違も存在しない[*3]にもかかわらず，それによって私が無差別に非必然的な仕方で矛盾対立するものの両方を措定し，同じ結果を生じさせることも，生じさせないこともできる能力を，私は「自由」と呼ぶ[*4]．

第二項，二つの難問
第二の事柄に関しては，二つの難問がある．第一は，「意志が自由である」ことが充分な仕方で証明されることができるかという問題である．第二は，意志が自由であると仮定された場合，「意志が能動的能力である」ことが充分な仕方で証明されることができるかという問題である．

第一の難問に関して
第一の難問に関しては，「意志が自由である」ことが何らかの論証によって証明されることはできないと私は答える．このことを証明しようとする論証はいずれも，結論と同じくらい不明な事柄を，あるいは結論よりも不明な事柄を前提とし

て用いることになるだろうからである．しかし，このことが経験によって明証的に認識されることはできる．たとえ理性が或ることを命ずるとしても，意志はそのことを欲することも欲しないことも可能であることを，人は経験するからである．

第二の難問に関して

第二の難問に関しては，私は証明されることができると答える．「意志が能動的能力である」ことは次のように証明される．働きを行なうのに充分な能力を備えた自然的能動者（activum naturale）*5)が，働きを受け取る状態にある受動者に近接し，妨げになるものが存在しない時には，必然的に活動が生ずる．しかるに，意志以外のすべての能動者は働きを行なうのに充分な能力を備えた自然的能動者であり，如何なる妨げになるものも存在しない．そして意志もまた，働きを行なうのに充分な状態を備えたものである．意志に反するものは存在しないし，働きを行なうのに必要とされる何らかの態勢を欠いていることもない．それゆえ，云々*6)．

もしあなたが，「意志は活動を生じさせるのではなく，自由に或るものを受動することができる能力である」と異論を唱えるとしたら，今なされた議論が直接にこれに反論する．それゆえ私は，この異論を省略する．

疑問

しかし，この場合にも疑問*7)が生ずる．能動者が或る時間の間，現実態に対して本質的に可能態においてある場合，他の如何なる外的な能動者もなしに，自らを可能態から現実態へと移行させることは不可能である．しかるに意志は，或る時間の間，意志の働きに対して本質的に可能態においてありうるものである．それゆえ意志が，自らを現実態へと導くことは不可能である．

疑問に対して

私は次のように答える*8)．前提で述べられていることは，物体的なものであれ霊的なものであれ，自然的能動者の場合には真であるが，しかし自由な能動者（agens liberum）の場合には，意志のように明らかな例外がある．なぜなら，たとえ対象が認識されて意志の前に現前し，意志の活動のために必要とされる他のすべてのことも或る時間の間存続するとしても，意志は自己の活動を引き起こさない*9)ことが有り得るし，またその後で，他の如何なる外的な能動者の働き

も受けずに，自らによって自己の活動を引き起こすことも有り得るからである．このことはすべて，意志の自由による．

　（証明されることができないとする）主要な議論に対しては，私は次のように答える．同じものが同じものに対して能動的であり，受動的であることが有り得る*10)．これらのことは何ら矛盾しない．

第 17 問題

物事において偶然（casus）や偶運（fortuna）を保持するために，意志が自由であることを措定すべきであるか

（措定すべきではないとする論）『自然学』第 2 巻*1)によれば，無生物においても偶然は存在する．しかるに，無生物において意志は存在しない．それゆえ，云々．
（反対の論）　純粋に自然本性的原因においては，偶然も偶運もない．ゆえに，云々．

　この問いにおいて私は先ず第一に，意志の自由なしには，偶然も偶運もありえないことを示すであろう．第二に，これら偶然や偶運が意志の自由によって，どのように保持されるかを示すであろう．

第一項

第一の事柄に関しては，意志以外の能動者はすべて，その自然本性に従って活動すると仮定した上で，私は次のように議論する．避けられない必然的なものとして起こる事柄は，偶然によって起こるのでも，偶運によって起こるのでもない．しかるに，自由な能動者によってではなく，自然本性的な能動者によって起こる事柄はすべて，避けられない必然的なものとして起こる．ゆえに，云々．大前提は『自然学』第 2 巻*2)から明らかであり，小前提も明白である．

　更に，阻止されることが不可能である，あるいは不可能であった事柄は，偶然によって起こるのでも，偶運によって起こるのでもない．しかるに，純粋に自然本性的な単数の能動者，あるいは複数の能動者によって起こる事柄はすべて，自由な能動者が同時に働く場合を除けば，阻止されることが不可能である，あるいは不可能であった．ゆえに，このような事柄は，偶然によって起こるのでも，偶運によって起こるのでもない．大前提は『自然学』第 2 巻*3)から明らかであり，小前提は次のように証明される．もし仮にこのような事柄が，それが生ずる前に阻止されることが可能である，あるいは可能であったとしたら，例えば木に生ず

る火が，それが生ずる前に阻止されることが可能であったとしたら，このことは（1）火を木に近づけないことによって，火が生ずることを阻止する自由な能動者によるのか．この場合には，「意志は自由な能動者である」という我々の言わんと意図したことが得られる．意志以外に，自由なものはないからである*4)．あるいは，このことは（2）純粋に自然本性的な能動者によるのか．この場合には，活動は自由な能動者に依存していないのであるから，もし純粋に自然本性的な能動者が，火の生ずるのを阻止することが可能であるとしたら，自然本性的な能動者は，必然的で避けられないこととして，火が生ずるのを阻止するであろう．従って，火が生ずることは不可能であることになる．それゆえ反対に，もし純粋に自然本性的な能動者によって火が生ずる，あるいは生ずることが可能であるとしたら，火が生ずることが阻止されることは不可能である，あるいは不可能であったことになる．かくして，起こる事柄はすべて必然的に起こり，起こらない事柄はすべて，それらが起こることが不可能であることになる．

第二項

第一の事柄に関しては，私は次のように述べる．偶運は，自由な能動者の意図から外れて*5)或る結果が，①自然本性的な原因と自由な原因とによって，あるいは②二つの自由な原因によって引き起こされることによる．第①の例は，或る人が植物を植えるために土を掘っていて，自らの意図に反して宝物を見つける場合である．第②の例は，或る人が友人に会うために広場に行って，借金を返す負債者に出会う場合である*6)．

　他方，偶然は，直接的には複数の自然本性的な原因が共同して働くことによって引き起こされうるが，しかし間接的，部分的には常に自由な原因によって引き起こされるものである．それゆえ，或る時間月蝕が起こるとしても，我々は「それが偶然に起こる」とは言わないのと同様に，或る年に夏の土用（sub cane）*7)に雨が降るとしても，我々は「それが偶然に起こる」とは言わない．どちらの場合にも，全く意志の活動なしに結果が引き起こされるからである．しかし，或る結果（A）が直接に自由な原因によって生じ，そしてその結果（A）が自然本性的な原因として，他の自然本性的な原因と共同して他の結果（B）を生じさせる場合には，この結果（B）は偶然に引き起こされている*8)．例えば，或る人が自らの意志によって布を馬の上に置き，その馬が火のそばの干草へと走って，布が火の中に落ち，焼失する場合である．この布の焼失は偶然に生じたものである．なぜなら布の焼失は，直接的には自然本性的な原因である火と馬とによって引

起こされるが，しかし間接的には，意志によって布を馬の上に置く人によって引き起こされているからである．もし彼が布を置かなかったなら，布はこのように焼失しなかったからである．

異論
しかし，これに反論して，（一）偶然は，或る結果がまれにしか生起しないことから生ずる*9)．しかるに，純粋に自然本性的な原因においては，結果がまれにしか起こらないということはない．それゆえ，云々．

（二）偶然は，結果が自然本性の意図から外れて生起することから生ずる*10)．しかるに，自然本性的な原因においては，結果が自然本性の意図から外れて起こるということはない．それゆえ，云々．

異論に対する解答
これらの第一に対しては，私は次のように答える．結果がまれにしか生起しないということが，偶然を成立させるのではない．或る原因が，いつでもそのことを避けることができるといった仕方で非必然的に他の原因と結合し，これら複数の原因から或る結果がまれに生ずるというふうに，或る原因から或る事柄が生ずる場合に，偶然が成立する．

第二に対しては，私は次のように答える．偶然な結果は，直接的な自然本性的原因の意図から外れているのではなく，間接的な自由な原因の意図から外れて起こるのである*11)．

もしあなたが，「だとすると，先に述べられた*12)ことに基づくならば，偶然は常に偶運を前提としていることになる」と主張するとしたら，これに対して私は，「このような結論が導かれることはない」と答える．むしろ正しくは，偶然は常に自由な能動者の働きを前提としているという結論が導かれるべきである．自由な能動者からは，意図された結果以外のことは生じていないが，しかし，その意図された結果から，もし自由な意志的能動者の働きが先行していなかったならば，決して生じなかったであろう他の結果が或る時に帰結するということが時には起こるからである．このことは，先に挙げられた例*13)において明らかである．

（措定すべきでないとする）主要な議論に対する解答は，上述のことから明白である*14)．

第 18 問題

徳や知識は他から独立して存在する
性質（qualitas absoluta）であるか

（独立して存在する性質ではないとする論）『範疇論』*1)において，知識は関係の類に属すると言われている．それゆえ，云々．
（反対の論）　徳や知識は働きの根源である*2)．しかるに，『自然学』第5巻*3)に述べられているごとく，関係は働きの根源でも，働きの終点でもない．

問いに対する解答

この問いに対して私は，徳や知識は他から独立して存在する性質であると答える．なぜなら，すべてのものは他から独立して存在する性質であるか，実体であるか，いずれかである*4)．しかるに，徳や知識は実体ではない．それゆえ，それらは性質である．

更に*5)，①以前にできなかった或る働きを行なうことができるようになり，且つ②その働きを受け取るものの側に何の相違もないとしたら，そのようなものはすべて，以前には持っていなかった，或る独立して存在するもの（res absoluta）を持っている．あるいは，以前に持っていた，或る独立して存在するもの（res absoluta）を失っている．しかるに，①このような習得態（ハビトゥス）*6)を持つ知性や意志が，以前にできなかった或る働きを行なうことができるようになることは，経験によって明らかである．且つ，②その働きを受け取るものの側，すなわち知性や意志において何の相違もない*7)．これらの習得態を受容すること以外には，場所の変化もその他の変化もないからである．それゆえ，云々．

更にまた，引き起こされた活動は，他から独立して存在する性質である．ゆえに，習得態も他から独立して存在する性質である．この推論は明白である．習得態が，働きの原因だからである．前件も，諸々の功業のゆえに我々が持つであろう至福*8)という活動において明らかである．

もしあなたが,「至福は関係である.至福は,魂と神の本質との結合だからである」と反論する*9)としたら,これに対して私は次のように答える.魂は矛盾対立するものの一方から他方へと移行する.魂は最初至福ではなく,後で至福になるからである.このような移行が,場所の移動や時間の推移によって生ずることはありえない.この場合,或るものが失われてはいないのであるから,或るものが獲得されている.それゆえ,このような移行は関係ではない.このような移行は,独立して存在するものの獲得を前提としているからである.従って,或る独立して存在するものが獲得されている.

疑　問

しかし,ここにおいて一つの疑問がある.この疑問のゆえに,この問いが提起されたのである.アリストテレスは『自然学』第7巻*10)の中で,「知識や徳においては,変化は存在しない」ことを証明して,次のように議論している.或るものとの関わりにおいてある (ad aliquid) ものには,変化は存在しない.しかるに,知識や徳は或るものとの関わりにおいてあるものである.ゆえに,云々.アリストテレスは,(1)「知識や徳が関係である」と理解しているのか.この場合には,証明しようと提示したことが得られる.あるいは,(2)「知識や徳が関係を根拠づける基礎や基体である」と理解しているのであろうか.しかし,その場合には,議論は妥当でない.もしこのような意味で議論するとしたら,白も色といったようなものもまた,或るものとの関わりにおいてあることになるからである.

疑問に対して

一つには,私は次のように答える.同所に関して,註釈者アヴェロエス*11)は「アリストテレスはプラトンの見解に従ってこのことを言っているのであって,自らの見解に従って言っているのではない」と述べている.

　いま一つには,私は次のように答える.この言明〔「或るものとの関わりにおいてあるもの (ad aliquid) には,変化は存在しない」〕*12)は特称命題であって,全称命題ではない.アリストテレスは,性質の第一の種類に属するすべての形相が或るものとの関わりにおいてあるもの (ad aliquid) であると言おうとしているのではなく,「知識は或るものとの関わりにおいてあるものである」「徳は或るものとの関わりにおいてあるものである」といった特称命題について述べているのだからである.この場合アリストテレスは,(1) 以前には徳の行為ではなかった或る行為が,行為自体の側には如何なる変化もなしに*13),徳の行為となる

ことが有り得ることを述べようと意図しているのである．同じくまた（2），「知る」ということを，或る真なることに同意するすべての行為を意味するものとして広い意味に解する場合には，以前には知る行為ではなかった或る行為が，行為自体の側には如何なる変化もなしに，知る行為となることが有り得る．

（1）の例．或る人が最初，虚栄心のゆえに教会へ向かう．この歩行は悪徳である．しかし，その後，同じ歩行するという行為が存続し，彼が自らの意図を変えて，神のゆえに教会へ行くことを欲するとしたら，この歩行は徳である．しかしここでは，歩行という行為自体には何の変化もない．

知性の活動に関しても同様であり，それは例えば意志が最初，虚栄心のゆえに学ぶように知性に命令し，次に，神を敬うがゆえにその活動を続けるように命令する場合である．この学ぶという知性の活動は最初，悪徳であり，次に徳である．しかし，知性そのものの側には何の変化もない．変化があるのは，意志においてだけである．

或る意志の活動に関しても同様であり，それは例えば意志が善い目的のためでも，悪い目的のためでもなく，無条件に教会へ向かうように或る人に命令し，その後で，この第一の意志の活動が存続したままで，更に意志が神を敬い賞賛するために教会へ向かうように或る人に命令する場合である．この場合，意志によって命ぜられた第一の活動は最初，善くも悪くもない中立な活動であり，次に有徳な活動である．意志は新たな活動を引き起こしているけれども，この第一の意志の活動そのものには何の変化もない[*14]．

（2）の例．「ソクラテスが座っている」という命題に私は同意しており，実際には真ではないが，私はこの命題が真であると思っているとしよう．我々はこのように仮定した上で，次のように述べる．もし，このような同意という行為がそのまま存続し，そしてその後でソクラテスが座っているのを私が見るとしたら，私は今「ソクラテスが座っている」という命題を知っているが，以前にはこの命題を知っていなかったということになる[*15]．しかし，同意する行為そのものには何の変化もない．私は，この節でのアリストテレスをこのように理解する．

（徳や知識は他から独立して存在する性質ではないとする）主要な議論に対しては，私は次のように答える．〔知識が関係の類に属すると言われているのは，〕「知識」や「徳」という名前が，関係を表わす名前だからである[*16]．アリストテレスはこのような意味で理解している．

第 19 問題

霊は煉獄の火によって罰を受けるか

（受けることはないとする論）　アウグスティヌス『創世記逐語註解*1)』によれば，物体が霊に働きかけることはない．
（反対の論）　聖書*2)がこれに対立する．

問いに対する解答
この問いに対して私は，霊は煉獄の火によって罰を受けると答える．しかし，このことは証明されることができない．聖書や聖なる者達の言葉から知られるのみである．

四つの疑問
ここにおいていくつかの疑問が生ずる．第一の疑問は次のごとくである．霊は火によってどのようにして罰を受けるのか．
　第二の疑問は次のごとくである．煉獄や地獄の火において，霊の欲しない事柄が生ずる原因は何か．
　第三の疑問は次のごとくである．煉獄と地獄の両方において，霊が欲しない直接の対象とは何であるか．
　第四の疑問は次のごとくである．煉獄と地獄の両方において，火は霊に何を生じさせるのか．

第一の疑問に対して
これらのうちの第一の疑問に対しては，私は次のように答える．煉獄と地獄の両方において，霊は以下のごとくに罰を受ける．すなわち，霊は自らの意志に反して火の内に拘留され，それを欲しないことから，霊の意志のうちに苦痛や苦しみが帰結する．このような苦しみを伴った，霊の欲しない事柄が煉獄の罰であり，

同様に地獄の罰である．ただし，一方は一時的であり，他方は永遠である．

第二の疑問に対して
第二の疑問に対しては，もし人が敢えてこの疑問に答えるとするならば，霊の欲しない事柄は全面的に神によって生じ，保持されると言われることができよう．このことは理に適っていると考えられる．神は功績に対する報償の全面的な原因であるのと同様に，罪業に対する罰の全面的な原因だからである[*3]．それによって，何故霊が欲しない事柄を消滅させることができないのかが容易に知られることができる．このことは，霊のちからの及ばないことだからである[*4]．

あるいは，煉獄と地獄の両方における霊の欲しない事柄は，霊の意志によって生じ，保持されるとも言えるであろうが，しかしすべての未来の出来事を直視する神は，霊の意志が自らの活動を停止しようとする時を明確に認識し，霊が活動を停止するのを妨げることによって，前もってこのことが起こらないようにする．従ってこの場合にも，神が霊の欲しない事柄を全面的に保持している．それゆえ，神が前もって起こらないようにしていない場合に限り，霊の意志は自らの活動を停止することができる．

もしあなたが，「霊の意志は少なくとも自由に，欲しない事柄を生じさせる．従って，それを生じさせないこともできるはずである」と主張するとしたら，次のように答えられうる．自然本性的な仕方においてならば[*5]，霊の意志は生じさせ保持する．その場合には，何の困難もない．更に，霊の意志は自由に生じさせると言われることもできる．しかし，霊の意志が生じさせることができない場合[*6]には，神が代りに生じさせ保持する．

第三の疑問に対して
第三の疑問に対しては，次のように答えられることができる．煉獄に存在する霊が欲しない直接の対象は，①そのゆえに罰せられる，罪である．それによって神を害し，罰を受ける罪を犯したことを，霊は欲していなかったからである．更に②たとえそれが神の御意であるとしても，霊はこの場所にいることを欲しない．これらから霊の内に苦しみが生ずるのであり，これら二つが煉獄での罰を構成する．

他方，地獄に存在する霊が欲しない対象は多様であると考えられる．例えばそれは，①霊を罰するゆえに，神を拒絶する行為である．同じくまた，②霊は至福を失ったことを苦痛に思い，それを欲しない．また，③出て行くことを禁じられ

た，このような場所にいることを霊は欲しない．これは火によってではなく，神によって禁じられたことである．このような，そこから帰結する苦しみを伴った，霊の欲しない事柄が地獄の罰である．更にまた，おそらく霊は，至福に値しなかったがゆえに，自己自身を憎むであろう．それはちょうど，自らの罪のゆえに，人が自己自身を不快に思うのと同様である．

第四の疑問と主要な議論に対して

第四の疑問，及び（霊は煉獄の火によって罰を受けることはないとする）主要な議論に対しては，私は次のように答える[*7]．霊や魂が，例えば熱といったような或る物体的性質を受けとることによって，火から働きを受けるということはない．そうではなくて，火が対象となって，火についての直知認識や抽象認識を，霊や魂の内に生じさせ，その直視から拒絶や憎しみや苦しみが帰結するという仕方で，霊や魂は火から働きを受けるのである．

第 20 問題

外に表われた行為（actus exterior）は
それ自身に固有な道徳的善や悪を持つか

（持つという賛成の論）　外に表われた行為は善であるが，内面的な行為（actus interior）の善によって善なのではない．それゆえ，内面的な行為の善と異なった善によって，善である．

（反対の論）　自然本性的行為（actus naturalis）が，それ自身に固有な善によって道徳的に善であることはない．しかるに，外に表われた行為はすべて，自然本性的な行為である[1]．それゆえ，云々．

スコトゥスの見解，第一証明

この問いに関してスコトゥスは，『自由討論集』第 18 問題の中で，外に表われた行為はそれ自身に固有な道徳的善や悪を持つと述べている．このことは第一に，次のように証明される[2]．異なった罪は，別々の否定的な掟によって禁じられる．しかるに，外に表われた行為と内面的な行為は，別々の掟によって禁じられている．それゆえ，外に表われた行為と内面的な行為は異なった罪である．従って，外に表われた行為と内面的な行為は異なった善や悪を持つ．

第二証明

更に[3]，アウグスティヌスは『三位一体論』第 13 巻第 5 章あるいは第 14 章[4]の中で，「意志のみによってすべての人は悲惨にされるが，悪しき意志の欲望を満たす力によってより一層悲惨になる．たしかに悪しき欲求を持つことによって人は悲惨になるが，彼が不正に欲したものを何も所有できなかった場合には，その悲惨さはより小さいであろう[5]」と述べている．

第三証明

更に[6]，行為の道徳的善とは，正しい理（ことわり）の命令に従って，行為に

属すべきすべての事柄を完全に備えている状態である．しかるに，正しい理（ことわり）に従って外に表われた行為に属すべきすべての事柄を完全に備えている状態と，正しい理（ことわり）に従って内面的行為に属すべきすべての事柄を完全に備えている状態は異なる．それゆえ，一方の行為の善は，他方の行為の善と異なる．

第四証明
更にまた*7)，内面的な行為と外に表われた行為が合わさった場合のほうが，一方が単独の場合よりもより重く罰せられる．あるいは単独では，外に表われた行為のほうが内面的な行為よりも重く罰せられる．それゆえ，外に表われた行為のほうがより悪い．

オッカム自身の解答
しかし私は，このような見解を持たない．それゆえ先ず第一に，この問いの意味が理解されなくてはならぬ．第二に，この問いに対して答えられなくてはならぬ．

第一項
第一の事柄に関しては，私は次のように述べる．ここでの問いは，内面的な行為と外に表われた行為の実体についての問い，すなわち行為の実体が互いに異なるかという問いであると理解されるべきではない．それらが互いに異なる行為であることは明白だからである．更に，本質的善性についての問い，すなわち外に表われた行為は，意志による行為が善や悪であるのと同じ様に，たとえ他のすべての行為が存在しなくても，本質的に善や悪であるかという問いであると理解されるべきでもない．外に表われた行為が本質的に善や悪でないことは明白だからである．すべての外に表われた行為は，狂人や気違いによって引き起こされうるが，彼等はその場合，如何なる有徳な行為も持つことができないからである．更に，ここでの問いは，異なった基体における内面的行為と外に表われた行為についての問いではなく，同一の基体における内面的行為と外に表われた行為についての問いであると理解されるべきである*8)．更にまた，異なった時間における同一の基体についての問いではなく，同じ時間における同一の基体についての問いであると理解されるべきである．

それゆえ，ここでの問いの意味は次のように理解される．善き内面的な行為が引き起こされ，それに従って外に表われる行為が引き起こされる場合に，内面的

な行為に従うことによって、外に表われた行為は行為以外に何らかのものを受け取る、あるいは獲得するのか[*9]。

第二項、オッカムの第一証明

問いの意味をこのように理解したうえで、外に表われた行為が何らかのものを受け取る、あるいは獲得することはないことを、私は以下のごとくに証明する。もし仮に何らかのものを受け取る、あるいは獲得するとしたら、この道徳的善は(1)外に表われた行為そのものであるか、あるいは(2)外に表われた行為以外のものであるか、いずれかである。しかし、(1)外に表われた行為そのものであることはない。なぜなら、今善であるのと同じ外に表われた行為が、悪であることも有り得るからである。このことは例えば、神を敬うために、あるいは虚栄心のゆえに教会へと歩く行為に関して明らかなごとくである。それゆえ、(2)この善は外に表われた行為以外のものである。だとすると、(2-①)この善は外に表われた行為を基体として、その内に存在するのか、あるいは、(2-②)そうではないのか。もし(2-②)そうではないとしたら、この善は内面的な行為にほかならない[*10]。他方、(2-①)もしこの善が外に表われた行為を基体として、その内に存在すると主張されるとしたら、これに対して私は次のように反論する。この善が、外に表われた行為に内属する性質であることはできない。更にまた、何らかの関係(respectus)であることもできない。(理由1)他の箇所[*11]で明らかになるであろうごとく、このような関係は指定されるべきではないからである。(理由2)もし仮にこのような関係が指定されるとしたら、外に表われた行為は内面的な行為に従って引き起こされるのであるから、そのような関係とは、外に表われた行為が内面的な行為に従属し依存する関係(respectus conformitatis et dependentiae)である。しかし、このような関係は、内面的な行為によって、自然的原因が働きを受けるものに近づけられる行為にのみ適合である。例えば、神を敬うために教会の蠟燭に火が灯ることを意志が命令し、そして火が蠟燭に近づけられるならば、火の行動は必然的に意志の内面的な行為に従っている。同様に、人間の意志がロバに教会を汚物でよごすように命令し、ロバが教会に近づけられ、何も妨げられないとしたら、ロバの行為は必然的に意志の内面的な行為に従っており、ロバの外に表われた行為がそれ自身に固有な道徳的善悪を持つことはない。提示された問題においてもそうである。しかし家畜やロバや火の行動は、同一の基体内の内面的行為と外に表われた行為の場合と類似していないのであるから、同一の基体に属する外に表われた行為が内面的な行為に

従属する関係を持つことはない．

オッカムの第二証明
更に，同一の外に表われた行為が最初，善い内面的な行為によって命令され，後で悪い内面的な行為によって保持されるとしよう．この場合，外に表われた行為において或るものが失われているのか，あるいは何も失われていないのかと私は問う．もし何も失われていないとすれば，我々の言わんと意図したことが得られる．すなわち，道徳的な善は内面的な行為と区別された何らかのものではない．他方，或るものが失われているとすれば，そのものとは何であるかと私は問う．それは，他から独立したものであるのか，関係的なものであるのか．かくして私は，前と同じ様に*[12]議論する．

オッカムの第三証明
更に，如何なる行為も，それが間接的にであれ直接的にであれ，意志のちからの範囲内にない場合には悪徳ではない．しかるに，もし或る人が自らの意志によって絶壁へと身を投げ，落下の途中で悔い改め後悔し，落下することを無条件に欲せず，できることなら元に戻りたいと願うとしたら，落下を欲しない行為は徳であり，功績に値する．更に落下している行為も，それを悔い改める時には悪徳ではない．落下している行為は，意志のちからの範囲内にない，意志のちからの及ばないことだからである．もし仮に落下する行為が悪徳であるとしたら，この人は同時に徳を有する者であり，悪徳な者であることになってしまう．落下する行為という外に表われた行為のゆえに断罪されるべきであり，悔い改めるという内面的な行為のゆえに救われるべきだからである*[13]．

オッカムの第四証明
更にまた*[14]，或る行為を行なう者が，功績に値する仕方でその行為を拒む時には，その行為がその者に罪として帰せられることはない．しかるに，落下する者は墜落を憎んでいる．それゆえ，云々．

オッカムの第五証明
更に，等しい功績に対しては等しい報償が与えられるべきであり，すべての道徳的に善い行為は何らかの報償を持つ．それゆえ，二人の人間がいて，それらのうちの一方は外に表われる行為を行なうことができず，他方は外に表われる行為を

知泉書館

出版案内

2025.8 ver. 66

新刊

精神指導の規則 〔知泉学術叢書38〕

フッサール現象学批判 他人と私の間

倫理学講義 第二巻

倫理学講義 第三巻

霊性の人間学

古典の挑戦 第2版 古代ギリシア・ローマ研究ナビ

ルネサンス教育論集 〈イタリア・ルネサンス古典シリーズ〉〔知泉学術叢書39〕

書のひととき 中国書道史漫歩

偶然性と実存 実存思想論集 XL (40号)

経済学史研究 67巻1号

Ad fontes Sapientiae

〒113-0033 東京都文京区本郷1-13-2
Tel : 03-3814-6161／Fax : 03-3814-6166
http://www.chisen.co.jp
＊表示はすべて本体価格です。消費税が別途加算されます。
＊これから刊行するものは時期・タイトル等を変更する場合があります。

精神指導の規則

ルネ・デカルト著／山田弘明訳 〔知泉学術叢書〕

学院の卒業後に兵役やヨーロッパ遍歴をへた若きデカルトが、それまでに行なってきた数学や自然学の研究を踏まえ、自身の学問観とその方法論をまとめた学問探求の方法論『規則論』は、デカルト哲学の「原点」である。50年ぶりの新訳・決定版。

【目次】 精神指導の規則(規則Ⅰ～ⅩⅩⅠ) 付録 デカルト『方法序説』第二部 『ベークマンの日記』 アルノー/ニコル『ポール・ロワイヤル論理学』第2版 ポワソン『デカルト『方法序説』注解』 バイエ『デカルト氏の生涯』 『学芸雑誌』 訳者解説

ISBN978-4-86285-439-1
新書判246頁・3000円

フッサール現象学批判 他人と私の間

村上勝三著

フッサール現象学によれば、在るかどうか、真であるかどうか、善いかどうかは「私」の経験に依存する。本書はデカルト哲学を参照軸として、こうした相対主義を正面から批判する。極めて相対主義的で利己主義的な現代社会の風潮に一石を投ずる哲学研究である。

【目次】 フッサール現象学の存在論的前提 「スペチエス」と「ノエキエス」について 「スペチエス」概念のその後 フッサールのロック「観念」説への批判 「超越」と「還元」 「還元」と「エポケー」 『形式的論理学と超越論的論理学』における「相互主観性」 デカルト哲学批判―『デカルト的省察』と『危機書』 『デカルト的省察』と『危機書』の閉ざされた宇宙

ISBN978-4-86285-438-4
A5判272頁・4500円

倫理学講義　第二巻

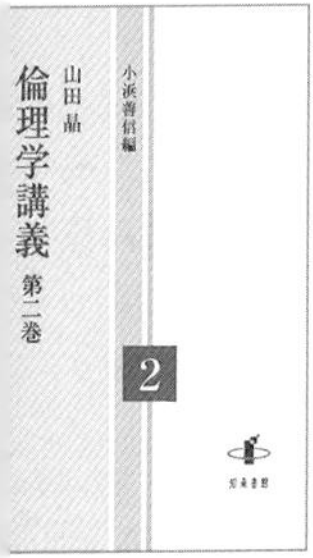

山田晶著／小浜善信編

愛の諸相について語られ，自明性と多義性という両面性と愛の意味を知るために愛の諸形態として三つの見方を考える。プラトン『饗宴』の「エロス」，アリストテレス『ニコマコス倫理学』の「ピリア」，『新約聖書』の「アガペー」のうち「エロス」を中心に考察。

【目次】　愛の諸形態―エロス愛について(13章＋補講)　愛の経験(14章)　好きと嫌い(19章)　プラトンのエロス論(28章)　「あなた方の父」なる神(1.「あなた方の父」なる神/2. イエスと群衆)(23章)

ISBN978-4-86285-434-6
六判416頁・3500円

倫理学講義　第三巻

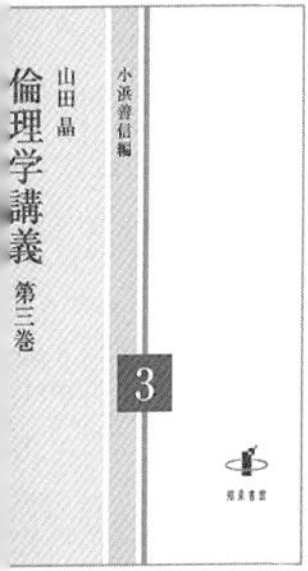

山田晶著／小浜善信編

本巻では主にキリスト教の愛の思想である「アガペー」の豊かで深い意味を明らかにし，エロスとピリア，アガペーの三つの愛の交流を語る。旧約や新約に出てくる有名な物語を紹介し，神とイエスにより示される愛について，分かり易く説明した名講義。

【目次】　アガペーとエロス(15章)　キリスト教的愛について―自分のように人を愛するとは？　三つの愛,エロス,アガペー,愛の交わり(24章)　二つの掟,特に第二の掟について生じる諸問題の考察(24章)　律法における倫理(9章)　キリスト教と愛(11章)　自分のように人を愛するとはいかなることか(13章)　二つの掟と新しい掟(19章)

ISBN978-4-86285-440-7
六判488頁・3500円

霊性の人間学

金子晴勇著

オリゲネス以来「感性・理性・霊性」の三分法と展開した「霊性」を，その認識機能によって把握明するため，カント『純粋理性批判』の認識論のと，カッシーラーの象徴主義の方法を活用。「霊を通して人間のあり方，人間とは何かを解明する。

【目次】霊性の機能 心のアンテナ 宗教に固有な法則性 自然的素質 感得能力 感得作用 知性的認識力 超越機能 法 三段階 受容機能と変容機能 段階的発展 自己存在の媒介機能と統合機能 守護霊の媒介作用 心身の統合作用 機能と愛のわざ 無からの創造 霊性と愛のわざ 論理 逆超過 人間とは何か 脱中心性 人間から人格への霊的な 他

ISBN978-4-86285-435-3
四六判232頁・2600円

古典の挑戦　第2版　古代ギリシア・ローマ研究

葛西康徳／V.カサート／吉川 斉／末吉未来

21世紀の今，古代ギリシア・ローマを学ぶ意義は何内外の一流の研究者が西洋古典学の魅力に斬り込好評を博した初版に7章分を増補した充実の第2版

【目次】記憶と再現 ギリシアは東からやって来た？ ホメ問題に挑む ギリシア抒情詩，復元の挑戦 「悲劇」は悲しいかか？ 喜劇を真面目に読む ローマで観る演劇 ヘレニズムの彩り アウグストゥスと詩人たち ローマでギリシアを主る 素材と受容 古典ができるまで 蘇るパピルス 壺絵と歴史の中のギリシア美術 聞く神話，見る神話 ローマ神話がれかた ギリシアを翻訳して 古代演劇を日本で研究「イソップ」の渡来と帰化 思想と人間 哲学がうまれる よること 歴史を創ること ギリシア人の法と裁判 ローマ人と法文化 ギリシア教 踊る合唱隊 古典古代の人類学 妥るギリシア人 結びに代えて

ISBN978-4-86285-436-0
菊判748頁・5300円

ネサンス教育論集 〈イタリア・ルネサンス古典シリーズ〉〔知泉学術叢書39〕

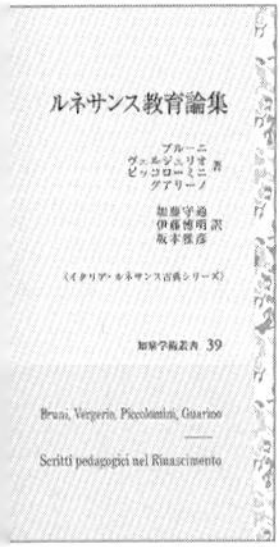

ブルーニ, ヴェルジェリオ, ピッコローミニ, グアリーノ著
加藤守通, 伊藤博明, 坂本雅彦訳

15世紀初頭の北イタリアでは，人文主義の勃興とともに新しい教育機関が設けられ，教育論・学習論が次々と執筆された。本書はその代表的著作を訳出する。近代教育の基盤であるルネサンス教育思想の必読文献。

【目次】 ブルーニ『教養書簡集』 ヴェルジェリオ『自由な青少年にふさわしい性格と学問についての本』 ブルーニ『学問と文才について』 ピッコローミニ『子どもの教育について』 グアリーノ『教授と学習の順序について』 解説(近代教育論の源流/ブックハンターたち/ペトラルカの功績/人文主義とは何か/ギリシア語学習の時代/引用の共同体/本書の構成)

ISBN978-4-86285-441-4
菊判420頁・5000円

書のひととき 中国書道史漫歩

辻井京雲著

書家で書学者の著者が，中国学の幅広い教養と，大英博物館や故宮博物院における出土資料の実見や簡牘資料の研究を土台に，殷時代の甲骨文から隋唐までの伝世作品を取り上げ，用具や書体の変遷とともに，軽妙な語り口で描く中国書道史。貴重な図版も多数収録。

【目次】 先秦 蒼頡造字伝説 文字か符合か―新石器時代・陶文 秦漢 文字の力―秦・廿六年青銅詔版銘 碑はここに始まる―秦・泰山刻石 三国・晋・五胡十六国 隷書から楷書へ―三国の書 壁に文あり―三国・三体石経 南北朝 二王の退風―宋・斉・王慈「柏酒帖」「汝比可帖」 北碑を髣髴とさせる逸品―梁・瘞鶴銘 隋唐 墨光のなまめかしさ―隋・智永「真草千字文」 自信と自尊―唐・太宗「温泉銘」, 他(計112話・コラム7)

ISBN978-4-86285-437-7
四六判524頁＋口絵4頁・2700円

偶然性と実存　実存思想論集 XL（40号）

実存思想協会編

【目次】偶然性と実存　趣意文（石井砂母亜）/シーシュポスのが意味するもの—九鬼、カミュ、運命、幸福（古田徹也）/実存のと偶然性—ハイデガー、九鬼、フランクの示唆を手がかりに（古敬）/偶然性と実存—邂逅における救済の意味をめぐって（石井亜）/Why Be Ethical?—バーナード・ウィリアムズの「倫理」概手掛かりにして（脇坂真弥）　応募論文　解釈学的真理と修辞学ぐる問い—ガダマーにおける「真理らしさ」および「明証性」のを手がかりに（土方苑子）/他者としての技術—ドン・アイディける人間と技術の関係（増田隼人）/ジジェクの悪論と政治の主民主主義から「浮浪者」へ（高橋若木）　書評　牧野英二著『京都とディルタイ哲学』（稲田知己）/杉山直樹著『精神の場所』（中原子）/松丸啓子著『ヤスパースの精神医学の哲学』（岡田聡）/茂牧著『否定神学と「形而上学の克服」』（上田圭委子）/池田喬著『ハガーと現代現象学』（丸山文隆）/森一郎著『アーレントと赦しの性』/快読　ニーチェ『ツァラトゥストラはこう言った』（竹内綱押山詩緒里著『〈砂漠〉の中で生きるために』（小石川和永）/竹本著『サルトル「特異的普遍」の哲学』（赤阪辰太郎）

ISBN978-4-86285-972-3
A5判200頁・2000円

経済学史研究　67巻1号

経済学史学会編

【目次】論文　ヴェルナー・ゾンバルトの資本主義精神形成史「理解」的方法と論証構造（渡邊碩）　English Translation Se Japanese Economic Thought <5> YAMAGATA Banto *Great Knowledge*（山片蟠桃『夢ノ代』）, with an introduction by suo Takatsuki, John D'Amico, and Taro Hisamatsu (*Translate Yasuo Takatsuki, John D'Amico, and Taro Hisamatsu*)　シリ〈フランスの経済学〉・1　新シリーズに寄せて（編集委員会）紀フランス経済学とその思想的コンテキスト—奢侈論争を中（米田昇平）　ケネー「経済問題」における価格上昇の効果（志）　第9回経済学史学会義賞受賞記念講演　藤田菜々子「社会くった経済学者たち—スウェーデン・モデルの構想から展開第22回経済学史学会研究奨励賞について　書評（Christian rke/Jean-Pierre Potier/木村雄一/布施豪嗣/佐藤滋正/中谷武井弘格/隅田聡一郎/柴田徳太郎/中久保邦夫）

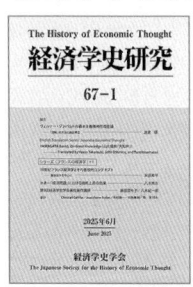

ISBN978-4-86285-973-0
B5判136頁・3000円

行なうことができ，それを実行しており，しかし彼等は等しい内面的な行為を持っていると仮定しよう．その場合，彼等について私は次のように問う．彼等は等しい道徳的な善を持つのか，あるいは持たないのか．もし等しい道徳的な善を持つとすれば，我々の言わんと意図したことが得られる．もし等しい道徳的な善を持たないとすれば，等しい神への愛の徳に，等しい報償が与えられるべきではないことになってしまう．

もしあなたが，「花冠は純潔を守る処女には与えられることになっているが，彼女達と等しい神への愛の徳を持つ他の者，例えば証聖者には与えられない」と言うならば，

これは妥当ではない．花冠は倫理的な徳そのものに与えられるべきものではないからである．花冠は或る特定の肉体の完全性（処女性）を有する者に与えられるべきものである．このことは，理性の使用以前に死んだ場合の処女に関して明らかである．彼女には花冠が与えられることになっているからである．

オッカムの第六証明

アウグスティヌスは『自由意志について』のなかで[*15]，「欲情が姦淫における悪であることを，あなたが理解するためには，次のことを考えるとよい．人が他人の妻と同衾する機会は今すぐにはないとしても，彼はそれを欲していて，実行する可能性が彼に与えられるならば，すぐにでも実行されるであろうことが何らかの仕方で明らかである場合，彼は現行犯で捕えられる時に劣らず，罪人である」と述べている．

スコトゥスの証明に対して，第一証明に対して

反対の論の第一に対しては，一つには次のように答えられることができる[*16]．異なった行為であるがゆえに別々の掟が定められているが，しかし一方の行為は，他方の悪しき行為によって原因されることによってのみ悪である．それゆえ，一つの掟によって内面的な行為が禁じられ，他の掟によって内面的な行為と外に表われた行為の両方が禁じられているのである．時には外に表われた行為が内面的な行為を増大させ，それによって人はよりいっそう内面的な行為に喜びを感ずることがあるからである．以上述べられた意味においてならば，異なった悪しき行為が存在し，同様に異なった罪が存在することを私は容認する．

いま一つには，次のように答えられることもできる[*17]．別々の掟が定められているのは，「外に表われた行為にしか罪が存在しない」と考えている愚かな

人々に，過ちを犯す機会が与えられないようにするためである．

第二証明に対して
アウグスティヌスからの他の議論に対しては，次のように答える．アウグスティヌスはおそらく，内面的な事柄を見ずに，外面的な事柄にのみ目を向け，外面的な外に表われた行為によって躓き罪を犯す人々の悲惨さについて語っているのである．それゆえ，或る行為を実行することによって人は，もしその行為を実行しなかったならば犯すことのなかった多くの罪を犯す．人は自ら罪を犯し，更に隣人をも躓かせることになるからである．あるいは，内面的な行為は常に多くの場合，外に表われた行為が引き起こされる時に増大すると言うこともできよう[18]．

第三証明に対して
他の議論に対しては，私は次のように答える．正しい理（ことわり）に従う，行為の付随的な状況の正しさを完全に備えた状態（integritas circumstantiarum）は，外に表われた行為に帰属すべきではなく，内面的な行為にのみ帰属すべきである[19]．外に表われた行為は単に善き内面的な行為を作動因として，それによって引き起こされるべきであり，外に表われた行為が正しさを完全に備えた別の状態を持つことはない．

第四証明に対して
最後の議論に対しては，私は次のように答える[20]．外に表われた行為が引き起こされる時に内面的な行為が増大する場合を除けば，内面的な行為と外に表われた行為が合わさった場合のほうが，内面的な行為が単独の場合よりも神によってより重く罰せられることはない．しかし，外に表われた行為は人間の定める法によって，内面的な行為よりもより重く罰せられる．それが公共の社会を破壊するより大きな誘因となるという理由から，人間の定める法がより軽い罪をより重く罰することがしばしばあるからである．例えば，羊を盗むことと，他人を中傷することがその例である．これらのうちの最初のほうが二番目よりもより軽い罪であるが，人間においては，最初のほうが二番目よりもより重く罰せられる．しかし，神の面前においてはそうではない．このことのためには，更に他の多くの例が挙げられるが，ここでは省略する．

　（外に表われた行為はそれ自身に固有な道徳的善悪を持つとする）主要な議論に対しては，私は次のように答える．外に表われた行為は，自然本性的行為とし

ての自らに固有な善によって善であるが，しかし道徳的には，あるいはその原因という観点から言うならば，外に表われた行為は内面的な行為の善によって善である．外に表われた行為は，いわば外部からの名前においてのみ善なのだからである．かくして，主要な議論に対する解答は明らかである．

訳者註解

第 1 問題

1) アリストテレス『形而上学』第 12 巻第 10 章，1076a4．
2) 第 8 - 9 章，276a18-279b3．
3) ニケア信経．デンツィンガー編 36（125）．
4) オッカム『センテンチア註解』第 1 巻第 2 区分第 9 問題（OThII, p. 313, lin. 18-19），第 3 区分第 4 問題（OTh II, pp. 432-442）を参照．
5) オッカム『センテンチア註解』第 1 巻第 2 区分第 10 問題を参照．
   Quantum ad secundum articulum dico quod <u>est tantum unum ens simpliciter primum</u>, quamvis contra protervientes sit difficile hoc probare. Adduco tamen unam rationem istius Doctoris ad istam conclusionem: quia quandocumque est aliquod commune habens plura contenta, aut illa contenta distinguuntur specie, aut solo numero, et ita <u>si essent duo dii sic distinguerentur</u>. Sed non specie, quia tunc esset verisimile quod <u>unus esset perfectior alio, et per consequens ille non esset Deus</u>. (OTh II, p. 356, lin. 14- p. 357, lin. 1)
6) 何故，第二の記述「神は，そ̇れ̇よ̇り̇もより善いもの，より完全であるものが存在しないものである」に基づいて「神」を理解する場合，「神が一である」ことが明証的に証明されることができないのか．その理由は，第二結論でオッカムが述べているような証明法が，第二の記述に基づく限り成功しないからである．二つの神 a と b が存在すると仮定した場合，第二の記述に基づくならば，
   ① a よりも完全であるものは存在しない．
   ② b よりも完全であるものは存在しない．
が帰結する．しかし，(1) と (2) から，「神が一である」という結論が導き出されることはできない．神が a と b の複数存在するとしても，(1) と (2) は成立するからである．
7) オッカム『センテンチア註解』第 1 巻第 3 区分第 5 問題（OTh II, p. 456, lin. 7-10）を参照．
8) スコトゥスは『命題集註解（オルディナチオ）』第 1 巻第 2 区分第 1 部第 3 問題において，「神がただ一つであることは自然本性的理性によって論証可能である」と主張し，それを七つの途によって証明している．
   165 Opinio propria —— Videtur tamen quod illa unitas posset naturali ratione ostendi, et hoc sumendo viam: primo ex infinito intellectus, secundo ex infinito voluntate, tertio ex infinita bonitate, quarto ex ratione infinitae potentiae, quinto ex ratione infiniti absolute, sexto ex ratione necesse esse, septimo ex ratione omnipotentiae.
   165 スコトゥス自身の意見——神が一であることは，自然本性的理性によって示されることができると考えられる．このことは次の途（via）を取ることによって示される．第一は，無限な知性ということからである．第二は，無限な意志ということからである．第三は，無限な善ということからである．第四は，無限なちからという観点からである．第五は，絶対的に無限という観点からである．第六は，必

然的存在という観点からである，第七は，全能という観点からである．(Scotus, *Ordinatio* I, Dist. 2, Pars 1, Q. 3, 165: Vaticana II, p. 226, lin. 5-10)
スコトゥスは第一の途において次のように議論している．

166 Prima via, ex infinito intellectu── ①Ex parte intellectus infiniti arguitur sic, primo: intellectus infinitus cognoscit intelligibile quodcumque perfectissime quantum est intelligibile in se; igitur si sunt Dii, sint a et b, ②a cognoscit b perfectissime, quantum scilicet b est cognoscibile. Sed hoc est impossibile. Probatio, quia ③aut cognoscit b per essentiam b, aut non. Si non, et b est cognoscibile per essentiam, igitur non cognoscit b perfectissime et quantum scilicet est cognoscibile. Nihil enim cognoscibile per essentiam perfectissime cognoscitur nisi cognoscitur per essentiam suam, vel per aliquid perfectius includens essentiam suam quam ipsa sit in se; essentia autem b in nullo perfectius includitur quam in b, quia tunc b non esset Deus. ④Si autem cognoscit b per essentiam ipsius b, ergo actus ipsius a est posterius naturaliter essentia ipsius b, et ita a non erit Deus. Quod autem actus ipsius a sit posterior ipso b, probatio, quia omnis actus cognoscendi qui non est idem obiecto, est posterior obiecto; neque enim prior neque simul natura est actus cum aliquo alio ab actu, quia tunc actus posset intelligi sine obiecto, sicut e converso.

166 第一の途は，無限な知性ということからである．──①無限な知性という側から，第一に次のように議論される．無限な知性は，知性認識の対象となる如何なるものも，それがそれ自体において可知的である限りにおいて，最も完全な仕方で認識する．それゆえ，もし仮に複数の神，aとbが存在するとしたら，bが認識されることが可能である限りにおいて，②aはbを最も完全な仕方で認識することになるであろう．しかし，これは不可能である．(証明) ③aはbを，(一) bの本質によって認識するのか，あるいは (二) そうではないのか．もし (二) bは本質によって認識されることが可能であるのに，aはbをbの本質によって認識していないとしたら，bが認識されることが可能である限りにおいて，aはbを最も完全な仕方で認識していない．本質によって認識されることが可能なものbが，その本質によって認識されていないとしたら，bは最も完全な仕方で認識されてはいないからである．あるいはbが，その本質を含み，bの内にある本質よりもより完全なものによって認識されていないとしたら，bは最も完全な仕方で認識されていない．しかしbの本質が，bよりも完全なものの内に含まれていることはないからである．もしbの本質が，bよりも完全なものの内に含まれているとしたら，bは神でないことになるであろう．他方，(一) ④もしaがbを，bの本質によって認識するとしたら，aの認識活動はbの本質よりも本性的により後であることになる．だとすると，aは神でないことになるであろう．aの認識活動がbよりもより後であることは，次のように証明される．その対象と同一でない，すべての認識活動は，その対象よりもより後である．活動が活動以外のものよりも本性的により前であることも，本性的に同時であることもない．もし，本性的により前である，あるいは

訳者註解（第1問題） 111

本性的に同時であるとしたら，活動がその対象なしに理解されることが可能であることになるであろう．また逆に，対象が活動なしに理解されることが可能であることになるであろう．(*Scotus, Ordinatio* I, Dist. 2, Pars1, Q. 3, 166: Vaticana II, p. 226, lin. 11- p. 227, lin. 15)
オッカムは，このスコトゥスの第一の途の議論の下線部①の箇所を批判している．
9) オッカムは，前註8で引用されたスコトゥスの第一の途の議論の下線部②の箇所を批判している．
10) 或る事物についての単意語から成る，肯定的で単一で固有な知と，そうでない知との相違に関しては，『大論理学』第III部-2，第29-30章（拙訳『オッカム「大論理学」註解IV』創文社，2005年，223-228頁）を参照．
11) オッカムは『大論理学』第III部-2，第38章（拙訳『オッカム「大論理学」註解IV』創文社，2005年，246-247頁），『センテンチア註解』第1巻第3区分第2問題 (*Scriptum in Librum Primum Sententiarum. Ordinatio.* Liber I, Dist. 3, Q. II; OTh II, pp. 393-417) において，「現在の状態すなわち途上の旅人である我々人間は，単意語から成る，肯定的で単一で固有な知で神を直知認識することができない．我々が神について持つ概念は複合語であり，併意語だからである」と述べている．このオッカムの主張に関しては，Harry Klocker, S. J., *William of Ockham and the Divine Freedom,* Marquette University Press, 2nd ed. 1996, pp. 64-71 を参照．
この箇所でのオッカムの議論は次のような構成になっている．
[I] スコトゥスのテキストの下線部③の箇所「a は b を，b の本質によって認識する」(**a** cognoscit **b** per essentiam **b**) の「よって」'per' を (3) の意味で解するならば，
① 神 a が神 b を，神 b の本質によって認識することはない（オッカムの議論では省略されている）．
② 更にまた，我々人間が神 b の本質を，単意語から成る，肯定的で単一で固有な知で認識することもできない．従って，(3) の意味で解されるならば，スコトゥスのテキストの下線部③の箇所は誤っている (OTh IX, p. 4, lin. 84- p. 5, lin. 90)．
[II] ただし，「a は b を，a の本質によって認識する」ということは真として認められるべきである．神 a は，神 b についての単意語から成る，肯定的で単一で固有な知を有しているからである．あるいは，神 b についての固有で単一な知と同等な知を有しているからである (OTh IX, p. 5, lin. 90-93)．オッカムは先ず，このような同等の知が我々人間においても見出される例を挙げる (OTh IX, p. 5, lin. 93-100)．次にオッカムは，神 a が一つの単一な認識によって，自己と神 b を認識する場合に，このような同等な知が見出されると述べている (OTh IX, p. 5, lin. 100-106)．
12) すなわち，神 a の認識活動がまさに，……．英語訳註4 (*Quodlibetal Questions*, V. 1, translated by Alfred J. Freddoso & Francis E. Kelley. New Haven, CT. Yale Univesity Press, 1991, p. 8, note4) が述べているごとく，ここにおいてオッカムは，神 a とその認識活動を同一なものとして記述している．

13) 全集版は 'sicut si **a** essent duae cognitiones' となっているが，多くの写本に従い下線部を 'sicut si in **a** essent duae cognitiones' と読む．
14) オッカムは，前註 8 で引用されたスコトゥスの第一の途の議論の下線部④の箇所を批判している．
15) アリストテレス『分析論後書』第 2 巻第 16 章 98b17 を参照．
16) 「神 a は神 b を a の本質によって認識し，a は，a と b の二つを同時に認識する」という反論に対してスコトゥスは，第二の議論を提出している．

 168 Secundo ex parte intellectus arguitur sic: ①<u>actus idem non potest habere duo obiecta adaequata;</u> **a** est obiectum adaequatum suae intellectioni, et **b** esset adaequatum eidem si **a** posset intelligere **b**; ergo impossibile est quod **a** intelligat unica intellectione simul perfecte **a** et **b**. Si **a** habeat intellectiones realiter distinctas, ergo non est Deus. ②<u>Maior patet, quia aliter actus adaequaretur obiecto quo subtracto non minus quietaretur et adaequaretur</u>, et ita frustra esset tale obiectum.

 168 第二に，知性の側から次のように議論される．①<u>同一の活動が二つの適合した対象を持つことはできない</u>．しかるに，a は自らの知性認識の活動に適合した対象であり，また a が b を知性認識することができるとすれば，b もまた同一の知性認識活動に適合した対象である．それゆえ，a が一つの知性認識の活動によって，a と b を同時に完全な仕方で知性認識することは不可能である．更に，もし a が実在的に異なる複数の知性認識の活動を持つとしたら，a は神ではない．②<u>大前提［同一の活動が二つの適合した対象を持つことはできない］は明らかである．そうでないとしたら活動は，たとえそれが除去されたとしても活動が同じ様に停止し，適合するごとき対象に適合することになってしまう</u>．このような対象は不要である．
(Scotus, *Ordinatio* I, Dist. 2, Pars 1, Q. 3, 168: Vaticana II, p. 228, lin. 3-10)
オッカムは，このスコトゥスの第二の議論の下線部①の箇所を批判している．
17) オッカム『センテンチア註解』第 1 巻第 3 区分第 1 問題

 Ideo dico aliter ad quaestionem. Et primo distinguo de primo obiecto intellectus, quia quoddam potest intelligi esse primum obiectum intellectus vel primitate generationis, et est illud quod terminat primum actum intelligendi; vel <u>potest esse primum primitate adaequationis, et tunc esset illud quod praedicaretur de omnibus per se intelligibilibus</u>, qualiter tamen hoc esset intelligendum, dictum est prius; vel <u>potest esse primum primitate perfectionis</u>, et est perfectissimum intelligibile ab intellectu. (OTh II, p. 388, lin. 21- p. 389, lin. 4)

『センテンチア註解』第 1 巻第 35 区分第 3 問題

 Istis suppositis dico primo quod Deus est primum obiectum primitate perfectionis; secundo quod non est <u>primum primitate adaequationis</u>, illo modo quo loquitur Philosophus de primitate, I *Posteriorum*, tertio quod est <u>primum primitate adaequationis secundum perfectionem;</u> quarto quod non est primum

primitate originis.
　Primum est manifestum, quia nihil est perfectius Deo, et ipsum est perfectissimum. —— Secundum etiam patet, quia illud est primum primitate adaequationis illo modo est illud quod praedicatur per se de quolibet quod est per se apprehensibile; sed Deus non est huiusmodi; igitur etc. —— Tertium patet, quia nihil est aeque perfectum sicut intellectio divina nisi solus Deus. (OTh IV, p. 455, lin. 1-12)
を参照．
18) 全集版では'commune per praedicationem omni obiecto apprehensibili a tali potentia'となっているが，写本 D (Giessae, Bibl. Universitatis 733)，F (Gottingae, Bibl. Universitatis, theol. 118)，及び Strasbourg 1491 (Unveränderter Nachdruck der Ausgabe, Louvain 1962, Minerva GMBH・Frankfurt/Main 1981) に従い，'aeque praedicabile de omni obiecto apprehensibili a tali potentia'と読む．直訳すれば，「適合した対象とは，このような能力によって把捉されることが可能なあらゆる対象に共通に述語づけられることができるものである」と訳される．英語訳註5 (Ibidem, p. 8, note 5) が述べているごとく，適合した対象（obiectum adaequatum）をその完全性に基づいて解する場合には，例えば知性能力によって把捉される対象のうち最も完全な対象が「知性能力に適合した対象」と呼ばれる．他方，適合した対象を述語づけに基づいて解する場合には，知性能力によって把捉されることが可能なあらゆる対象——最も完全な最上位のものから，最下位のものまで，あらゆる把捉されることが可能な対象——が，「知性能力に適合した対象」と呼ばれる．
19) すなわち，註16で述べたごとく，「神aは神bをaの本質によって認識し，aは，aとbの二つを同時に認識する」という仮定に基づくならば．
20) オッカムは，前註16で引用されたスコトゥスの第一の途のための第二の議論の下線部②の箇所を批判している．
21) スコトゥスは第二の途において次のように議論している．
　169 Secunda via, ex infinita voluntate —— Quantum ad secundam viam arguitur sic: ③voluntas infinita est recta, ergo diligit quodlibet diligibile quantum est diligibile; si **b** est alius Deus, ④est diligendus in infinitum (cum sit bonum infinitum) et infinite a voluntate sic potente diligere; ergo ①voluntas **a** diligit **b** infinite. Sed hoc est impossibile, quia ②**a** naturaliter diligit plus se quam **b**. Probatio: ⑤quilibet enim naturaliter diligit plus esse suum quam esse alterius cuius non est pars vel effectus; **a** autem nihil est ipsius **b** nec ut pars nec ut effectus; ergo plus diligit **a** se naturaliter quam ipsum **b**. Sed ⑥voluntas libera quando est recta conformatur voluntati naturali, alioquin voluntas naturalis non esset semper recta; ergo **a** si habet istam voluntatem rectam, actu elicito plus diligit se quam **b**; ergo non **b** infinite.
　169 第二の途は，無限な意志ということからである．——第二の途においては，次のように議論される．③無限な意志は正しいものであり，それゆえ愛されるべき

如何なるものをも，それが愛されるべきものである限りにおいて愛する．しかるに，もし仮にｂがもう一つの神であるとしたら，(ｂは無限な善であるのだから)<u>④ｂは無限に愛されるべきものであり</u>，そして神ａの意志は無限に愛することが可能なものであるのだから，従って<u>①ａの意志はｂを無限に愛することになるであろう</u>．しかし，これは不可能である．<u>②ａは本性的に，ｂよりもより多く，自己を愛するからである</u>．(証明)<u>⑤如何なるものも</u>，それが他者の部分であるとか，他者の結果であるような場合を別にして，<u>本性的に (naturaliter) 他者の存在よりもより多く，自己の存在を愛する</u>．しかるにａは部分としてｂに属するものでも，結果としてｂに属するものでもない．それゆえ，ａは本性的に，ｂよりもより多く，自己を愛する．ところで<u>⑥自由意志は，それが正しい時には，本性的意志と合致する</u>．もしそうでないとしたら，本性的意志は必ずしも常に正しいとは限らないことになってしまうであろう．それゆえ，ａが正しい意志を持つとしたら，引き起こされた活動によって，ａはｂよりもより多く自己を愛する．従って，ａの意志がｂを無限に愛することはない．(Scotus, *Ordinatio* I, Dist. 2, Pars1, Q. 3, 169: Vaticana II, p. 228, lin. 11- p. 229, lin. 11)

22) オッカムは，前註21で引用されたスコトゥスの第二の途の議論の下線部①の箇所を批判している．
23) 「神は自己以外のものを認識しない」と主張した代表的な哲学者として，オッカムは『センテンチア註解』第1巻第35区分第2問題の中でアヴェロエスを挙げている．

　　Circa primum est <u>opinio Commentatoris</u> quod non tantum non posit probari <u>Deum intelligere alia a se</u>, immo etiam quod nec intelligit alia a se. (OTh IV, p. 434, lin. 19-21)

アリストテレス『形而上学』第12巻第9章の「神の理性は自らを思惟する．……言いかえれば，その思惟は，思惟の思惟である」(1074b33-35) に対するアヴェロエス『アリストテレス形而上学註解』第12巻第51註解 *Aristotelis Opera Cum Averrois Commentariis* (Frankfurt, Minerva, 1962, a Photostat of the 1562-1574 edition) vol. 8, 335D-337Cを参照．

24) オッカムは，スコトゥスの第二の途の議論の下線部②の箇所を批判している．
25) オッカムは，スコトゥスの第二の途の議論の下線部③の箇所を批判している．
26) 「<u>内包的に無限である</u>」(infinitus　<u>intensive</u>) ことは，「外延的に無限である」(infinitus <u>extensive</u>) ことと対立する．外延的に無限であることは，その拡がりや大きさや数において無限なことであり，内包的に無限とは，その強さの度合いにおいて無限なことである．本書の第7巻の，次の箇所を参照せよ．

　　supposito quod Deus intelligat distincte infinita, tunc virtute illius rationis tantum debet concludi quod Deus sit infinitae virtutis <u>extensive, non intensive</u>, quia tantum concluditur quod unica cognitio Dei terminatur ad infinita obiecta extensive. (Ockham, *Quodlibeta Septem*, Quodlibet VII, Quaestio 12; OTh IX, p. 747, lin. 45-49)

sed forte tantum habet veritatem de intellectionibus diversis diversorum obiectorum, et de maioritate perfectionis extentive, non intensive, sicut totus ignis est perfectior parte extensive. (Ockham, *Quodlibeta Septem*, Quodlibet VII, Quaestio 12; OTh IX, p. 748, lin. 55-57)
non tamen facerent aliquod infinitum nisi extensive, scilicet secundum multitudinem, nisi aliqua una esset per se infinita intensive, quod est impossibile. Unde sic continere eminenter duas intellectiones aequales non est maioris perfectionis intensive quam continere unam tantum. Et ideo licet habere tales infinitas intellectiones esset infinitae perfectionis extensive, non intensive, non sequitur quod habere unam quae repraesentat distinctius omnia quae repraesentantur per illas infinitas sit infinitae perfectionis intensive, sed tantum extensive, scilicet respectu obiectorum. (Ockham, *Quodlibeta Septem*, Quodlibet VII, Quaestio 12; OTh IX, p. 748, lin. 63-72)
Aut igitur intelligit de infinitate intensiva, et habetur propositum; aut extensiva, et tunc assumit falsum, quia sol et omnia corpora caelestia habent virtutem infinitam in duratione. (Ockham, *Quodlibeta Septem*, Quodlibet VII, Quaestio 16; OTh IX, p. 762, lin. 6-9)

27) オッカムは，スコトゥスの第二の途の議論の下線部④の箇所を批判している．
28) オッカムは，スコトゥスの第二の途の議論の下線部②の箇所を批判している．
29) オッカムは，スコトゥスの第二の途の議論の下線部⑤の箇所を批判している．
30) オッカムは，スコトゥスの第二の途の議論の下線部⑥の箇所を批判している．
31) すなわち，もし自由意志が本性的意志と合致するとしたら，私の意志は本性的に神を無限に愛するのであるから，私の自由意志も無限に神を愛することになるであろう．
32) スコトゥスは更に，第二の議論を提出している．
  170 Secundo sic de voluntate: aut ①a fruitur b, aut utitur; si utitur eo, ergo habet a voluntatem inordinatam; ②si fruitur b et fruitur a, ergo a est beatus in duobus obiectis quorum neutrum dependet ab alio, quia ④sicut a beatus est in se, sic et in b. Sed consequens est impossibile, quia nihil potest esse actu beatum in duobus obiectis beatificantibus totalibus; ③probatio, quia altero* destructo nihilominus esset beatus; ergo in neutron est beatus.
    *) Vaticana 版では'utroque'となっているが，写本 Γ^L (Valentiae, bibl. eccl. cathedr., 92) に従い，'altero' と読む．
  170 第二に，意志の側から次のように議論される．①aはbを享受するのか，あるいはaはbを用いるのか．もしaがbを用いるとしたら，aは無秩序な意志を持つことになる．他方，②もしaがbを享受し，同時にa自身を享受しているのだとしたら，両方とも他方に依存しない二つの対象において，aは至福であることになる．④aはbにおいて至福であり，且つ自己自身において至福だからである．しかし，後件〔aは二つの対象において至福である〕は不可能である．或るものが活

動によって，そのもの全体を至福にする二つの対象において至福であることは不可能だからである．③ (証明) なぜなら，その場合には，たとえ二つの対象のどちらか一方が消滅するとしても，或るものは至福であることになるからである．それゆえ，或るものが二つの両方の対象において至福であることはない．(Scotus, *Ordinatio* I, Dist. 2, Pars 1, Q. 3, 170: Vaticana II, p. 229, lin. 12- p. 230, lin. 4)

33) オッカムは，前註32で引用されたスコトゥスの第二の議論の下線部①の箇所を批判している．

【スコトゥスの議論】
「ただ一つの神しか存在しない」ことを証明するスコトゥスの第二の議論は次のように解される．もし仮に複数の神aとbが存在し，aがbを愛するとしたら，aはbを享受する (frui) のか，あるいはaはbを用いる (uti) のか．(1) aはbを用いることはない．或るものを用いるとは，そのものを目的への手だてにすることであり，しかるにbは神であり，究極目的だからである．それゆえ，aがbを用いるとしたら，aは無秩序な意志を持つことになる．他方，(2) aがbを享受することもない．なぜなら，aがbを享受するとは，aがbを愛し，愛する意志の究極目的であるbにおいて休らうことである．その場合，神であるaは，自己自身とbを享受し，同時に二つの対象において至福であることになるが，これは不可能である．それゆえ，複数の神が存在することはない．

【オッカムの批判】
これに対して，オッカムの次のように反論する．そもそも「神aが自己自身以外のbを愛する」ということ自体が，我々人間の自然本性的理性によって論証されることが不可能であり，それゆえ「aがbを用いる」ということも，「aがbを享受する」ということも自然本性的理性によって論証されることができない．

34) オッカムは，前註32で引用されたスコトゥスの第二の議論の下線部②の箇所を批判している．すなわち，「aが自己自身以外のものを愛する」ことが仮定された場合，aが二つの対象において至福であることは何ら不可能なことではない．「aが一つの活動によって，二つの対象を享受し至福である」ことをオッカムは真として認める．

35) オッカムは，スコトゥスの第二の議論の下線部③の箇所を批判している．
36) オッカムは，スコトゥスの第二の議論の下線部④の箇所を批判している．
37) オッカムは，スコトゥスの第二の議論の下線部④の箇所を批判している．
38) スコトゥスは第三の途において次のように議論している．

171 Tertia via, ex infinita bonitate —— De tertia via, scilicet de ratione infiniti boni, arguitur sic: voluntas ordinate potest appetere maius bonum et magis amare maius bonum; sed plura bona infinita, si sint possibilia, plus includunt bonitatis quam unum infinitum; ergo ①voluntas ordinate plus posset amare plura infinita quam unum, et per consequens ②in nullo uno bono infinito quietaretur. Sed hoc est contra rationem boni—quod sit infinitum et non quietativum cuiuscumque voluntatis.

171 第三の途は，無限な善ということからである．——第三の途，すなわち無限な善という観点から，次のように議論される．意志は正しく，より大きな善を欲求し，より大きな善をより多く愛することができる．しかるに，もし仮に複数の無限な善が存在することが可能であるとしたら，複数の無限な善は，一つの無限な善よりもより多くの善を含む．それゆえ，①意志は正しく，一つの無限な善よりもより多く，複数の無限な善を愛することがありうる．従って②意志は，一つの無限な善において停止しないことになる．しかし，こうしたこと——それが無限でありながら，何であれ或る意志を停止させる力を持たないということは，善の特質に反する．(Scotus, *Ordinatio* I, Dist. 2, Pars 1, Q. 3, 171: Vaticana II, p. 230, lin. 5-12)
オッカムの言う結論は，下線部①に見出される．
39) オッカムは，前註38で引用されたスコトゥスの議論の下線部②の箇所を批判している．
40) スコトゥスは第四の途において次のように議論している．

172 Quarta via, ex infinita potentia —— Quantum ad quartam viam, de potentia infinita, arguo sic: non possunt esse duae ①causae totales eiusdem effectus in eodem ordine causae②; sed infinita potentia est causa totalis respectu cuiuscumque effectus in ratione primae causae, ergo nulla alia potest esse in ratione causae primae respectu alicuius effectus, et ita nulla alia causa, infinita in potentia.

173 Primam propsitionem probo, quia tunc posset aliquid esse causa alicuius a quo illud non dependeret. ③Probatio: **a** nullo aliquid dependet essentialiter quo non exsistente nihil minus esset; sed si **c** habet duas causas totales, **a** et **b**, et in eodem ordine, utroque eorum non exsistente nihil minus esset ipsum **c** ab alterno eorum, quia non exsistente **a** nihil minus est ipsum **c** ab ipso **b**, et non exsistente **b** nihil minus est **c** ab **a**.

172 第四の途は，無限なちからということからである．——無限なちからに関する第四の途において，私は次のように議論する．同じ原因の序列において，同一の結果に対して，二つの①全面的原因（causae totales）があることは不可能である②．しかるに無限なちからは，第一原因という側面から，何であれ或る結果に対して全面的原因となる．それゆえ他のものが，第一原因という側面から，或る同一の結果に対して原因であることは不可能である．従って，ちからにおいて無限な，他の原因が存在することはない．

173 第一命題〔同じ原因の序列において，同一の結果に対して，二つの全面的原因があることは不可能である〕を，私は証明する．なぜなら，同一の結果に対して，二つの全面的原因があるとすると，或るもの（c）はそのもの（aあるいはb）に依存していないのに，或るもの（aあるいはb）が或るもの（c）の原因であることになってしまうからである．③（証明）或るもの（aあるいはb）が存在していないのに，それにもかかわらず或るもの（c）が存在するとするならば，或るもの（c）は本質的にそのもの（aあるいはb）に依存していない．しかるに，もしcが

二つの全面的原因aとbを，同じ原因の序列において持つとするならば，それらaとbの一方がたとえ存在しないとしても，それにもかかわらずcはそれらのもう一方に依存するであろう．aが存在しないとしても，それにもかかわらずcはbに依存するのであり，bが存在しないとしても，それにもかかわらずcはaに依存するからである．(Scotus, *Ordinatio* I, Dist. 2, Pars 1, Q. 3, 172-173: Vaticana II, p. 230, lin. 13- p. 231, lin. 9)

41) オッカムは，前註40で引用されたスコトゥスの議論の①の箇所を問題にしている．

42) オッカムは『センテンチア註解』(Reportatio) 第2巻第4問題においても同様に，全面的原因を二通りに区分して，スコトゥスを批判している．

causa totalis est illa qua posita, omni alio circumscripto, ponitur effectus si sit totalis causa de facto, vel potest poni si sit causa totalis de possibili. ……

Nec illud est verum quod dicit Ioannes, quod causa totalis est illa qua posita ponitur effectus, et qua non posita non potest poni. Quia, sicut alias dictum est, idem effectus potest habere duas causas totales; et si una destruatur, nihilominus potest causari per aliam. Sed sicut dictum est, causa totalis est illa qua posita, omni alio circumscripto, potest poni effectus. (OTh V, p. 63, lin. 19- p. 64, lin. 6)

43) 「絶対的原因」(causa praecisa) と「充分なる原因」(causa sufficiens) の相違に関しては，Léon Baudry, Lexique Philosophique de Guillaume D'Ockham, P. Lethielleux, Éditeur, Paris, 1957, p. 39 を参照．「絶対的原因」(causa praecisa) とは，他の原因を排除し，専らただそれだけが結果の原因 (cause exclusive) である場合である．他方，充分なる全面的原因とは，他の協力なしにそれだけで充分に結果を生じさせるものである．この相違は重要である．なぜなら「絶対的原因」(causa praecisa) という意味での全面的原因の場合には，結果はただ一つの全面的原因しか持つことができない．しかし，「充分なる原因」(causa sufficiens) という意味での全面的原因の場合には，結果は複数の全面的原因を持つことができるからである．

44) オッカムは，前註40で引用されたスコトゥスの議論の②の箇所を批判している．

45) オッカムは同様の議論を『センテンチア註解』第3巻第1問題においても行なっている．

[Contra Opinionem Scoti]

……Iuxta hoc tunc arguo: possible est quod duae causae activae sint approximatae alicui passivo summe disposito quarum utraque nata est causare formam vel effectum in summo gradu. Exemplum: si ponatur duo soles quorum uterque est sufficiens causare tantum lumen in aëre quantum aër potest recipere. Similiter, si duo ignes ponantur aequales in virtute activa et aequaliter approximentur eidem materiae dispositae. Isto posito, sicut possible est, tunc certum est quod idem effectus simul causabitur ab utroque, —— idem dico effectus numero ——, quia ex quo utraque causa est sufficiens

ad producendum totum effectum, ……
　［スコトゥスの見解に対する反論］
……このことに基づいて，私は次のように議論する．両方とも最高度に形相や結果を生じさせる本性を有する二つの能動的原因が，最高度に働きを受動する状態にあるものに近接しているということがありうる．例えば二つの太陽が措定され，それらの両方とも，空気が受け入れることのできるだけの大量の光を空気の中に生じさせるのに充分な原因である場合である．能動的ちからにおいて等しい二つの火が措定され，それらが，働きを受動する状態にある同一の物質に対して等しい近さに置かれる場合も同様である．以上のことがありうることとして仮定されるならば，同一の結果が同時に，二つのものによって原因されることになるであろうことは確かである——私はここでは，数において同一の結果の意味で述べている——．なぜなら，両方の原因は，結果全体を生じさせるのに充分なものだからである．(Ockham, *Quaestiones in Librum Tertium Sententiarum Reportatio*, Quaest. 1; OTh VI, p. 19, lin. 11- p. 20, lin. 5)

更に，『センテンチア註解』第1巻序，第11問題においては次のように述べられている．

sicut non est inconveniens quod eiusdem rei sint plures causae efficientes proprie dictae quarum quaelibet est sufficiens inter causas, sicut calor potest produci ab igne sine sole et a sole sine igne, ita non est inconveniens quod eiusdem rei sint plures causae finales ita quod quaelibet illarum sit sufficiens in illo ordine causandi.

同一のものに，厳密な意味で言われた複数の作動因が存在し，それらのいずれも充分なる原因であることは何ら不都合ではない．例えば熱は，太陽なしに火のみによって生ずることがありうるのであり，また火なしに太陽のみによって生ずることがありうる．同様に同一のものに，複数の目的因が存在し，それらのいずれも原因の系列において充分なるものであることは何ら不都合ではない．(Ockham, *Scriptum in Librum Sententiarum Ordinatio*, Liber I, Prol. Q. XI; OTh I, p. 309, lin. 17-22)

以上のオッカムのテキストを考慮に入れるならば，スコトゥスに対するオッカムの批判は次のように理解される．

【スコトゥスの議論——註40で引用されたテキスト173での証明】
同一の結果cに対して，二つの全面的原因aとbが存在することは不可能である．(証明) なぜなら，もし仮に二つの全面的原因が存在するとしたら，たとえaが存在しないとしても，結果cは生ずる．もう一つの全面的原因bが結果cを生じさせるからである．この場合，結果cはaに依存していないのに，aがcの全面的な原因であることになるが，これは偽である．それゆえ，同一の結果cに対して，二つの全面的原因aとbが存在することは不可能である．

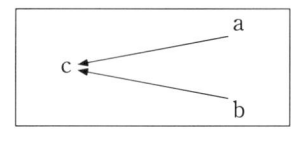

【オッカムの批判】

これに対してオッカムは，太陽と火の例を出して反論している．例えば（例1），熱するちからが等しい二つの火が，物質cに対して等しい近さに置かれた場合，二つの火が同時に，物質の熱cの全面的原因である．（例2）太陽と火が同時に物質を熱する場合，二つの原因が同時に物質の熱cの全面的原因である．（例3）二つの太陽が措定された場合，二つの太陽が同時に，空気中の光の全面的原因である．それゆえ，数において同一の結果が，同時に二つの全面的原因を持つことはありうる．

更に，スコトゥスが挙げているような〈aが存在しないとしても，結果cが生ずる〉ケースについて，「たとえc−a間に依存関係が存在していないとしても，aはcの充分なる原因である」とオッカムは答えている．例えば二つの火aとbのうちの，たとえaが存在せず，bのみによって物質の熱cが生ずるとしても，火aは充分に物質の熱cを生じさせることが可能だからである．あるいは『センテンチア註解』第1巻序，第11問題で言われているごとく，たとえ太陽aが存在せず，火bのみによって物質の熱cが生ずるとしても，太陽aは充分に物質の熱cを生じさせることが可能だからである．または，たとえ火aが存在せず，太陽bのみによって物質の熱cが生ずるとしても，火aは充分に物質の熱cを生じさせることが可能だからである．更に，たとえ太陽aが存在せず，太陽bのみによって空気中の光cが生ずるとしても，太陽aは充分に空気中の光cを生じさせることが可能だからである．

46) オッカムは，前註40で引用されたスコトゥスの議論の下線部③の箇所を批判している．
47) スコトゥスは更に，第四の途のための第二の議論を提出している．

174 Iuxta illud arguitur de unitate cuiuscumque primi in quacumque primitate praedicata: ①nihil enim est excessum a duobus primo excedentibus, vel finitum essentialiter ordinatur ad duos primos fines; esset enim aliquid ad finem, quo non exsistente nihil minus esset finitum, ut prius argutum est, et excessum esset essentialiter ab aliquo, quo non exsistente nihil minus haberet essentiale excedens quo mensuraretur essentialiter, et a quo acciperet suam perefectionem essentialiter, quod est impossibile; ergo impossibile est *1)alicuius finiti duos esse fines primos, vel*2) alicuius excessi duo prima eminentia.

*1) Vaticana版では 'aliquorum duorum finitorum' となっているが，π版 (edition Penketh Thomae, Venetiis 1477-1478)，β版 (edition Philippi de Bagnacavallo, Venetiis 1497)，ν版 (edition Waddingi Lucae, Lugduni 1639, et iterum a Vives Ludovico Parisiis 1893-1894 typis impressa) その他に従い，'alicuius finiti' と読む．

*2) Vaticana版では 'duorum excessorum' となっているが，π版，β版，ν版その他に従い，'alicuius excessi' と読む．

174 以上のことに基づいて，上述の如何なる第一義性においても，〈第一であるものは一つである〉ことが次のように論証される．①或るものが，第一義的にそれの上位にある二つのものに対して下位に位置することはない．あるいは，目的へと

向けられているものが，それの第一の二つの目的へと本質的に秩序づけられていることもない．なぜなら，〔二つの目的へと秩序づけられているとしたら，〕先に議論されたごとく (173)，目的へと向けられているものが，たとえ目的が存在しないとしても，それにもかかわらず目的へと向けられていることになるであろう．同様に，〔或るものが，第一義的にそれの上位にある二つのものに対して下位に位置するとしたら，〕本質的に或るものの下位に位置するものが，たとえ上位のものが存在しないとしても，それにもかかわらず本質的に上位にあるものを持ち，その上位のものによって本質的に規準を与えられ，その上位のものから本質的に完全性を受け取ることになるであろう．しかし，このことは不可能だからである．それゆえ，目的へと向けられているものに，第一の二つの目的が存在するということはありえない．あるいは，下位に位置しているものに，第一義的にそれの上位にある二つのものが存在するということもありえない．(Scotus, *Ordinatio* I, Dist. 2, Pars 1, Q. 3, 174: Vaticana II, p. 231, lin. 10- p. 232, lin. 3)

48) 例えば先に挙げられた，太陽や火の場合のごとくに．
49) オッカムは，前註47で引用されたスコトゥスの議論の①の箇所を批判している．
50) スコトゥスは第五の途において次のように議論している．

　　175　Quinta via, ex infinito absolute —— De quinta via dico quod ①infinitum non potest excedi, et arguo sic: ②quaecumque perfectio potest numerari in diversis, plus perfectionis habet in pluribus quam in uno, sicut dicitur VIII De Trinitate cap. 1; igitur infinitum omnino in pluribus numerari non potest.
　　175　第五の途は，絶対的に無限であるということからである．——第五の途において，私は次のように論証する．①無限（である神）は，それが超え出られることが不可能なものである．しかるに，②およそ，さまざまな異なるものにおいて複数存在しうるものは，『三位一体論』第8巻第1章で述べられているごとく，一つのものにおいてよりも複数のものにおいて，より大きな完全性を持つ．それゆえ，無限（である神）は，決して複数存在することができない．(Scotus, ibidem, n. 175: Vaticana II, p. 232, lin. 4-8)

51) 全集版では 'infinitum exceditur' となっているが，写本 C (Bibl. Apost. Vaticana, lat. 956)，写本 D (Giessae, Bibl. Universitatis 733)，F (Gottingae, Bibl. Universitatis, theol. 118)，及び Strasbourg 1491 (Unveränderter Nachdruck der Ausgabe, Louvain 1962, Minerva GMBH・Frankfurt/Main 1981) に従い，'in infinitum excederet' と読む．この箇所でオッカムは，前註50で引用されたスコトゥスの第五の途の議論の下線部①の箇所を批判している．
52) 全集版では 'infinitum potest excedi' となっているが，写本 E (Bibl. Apost. Vaticana, Chigi B. VI. 93) に従い，'in infinitum potest excedere' と読む．この箇所でオッカムは，前註50で引用されたスコトゥスの第五の途の議論の下線部②の箇所について議論している．
53) スコトゥスは第六の途において次のように議論している．

　　176　Sexta via, ex necesse esse —— De sexta via primo arguo sic: ①species plurificabilis scilicet in individuis non determinatur ex se ad certum numerum individuorum, sed quantum est ex se compatitur infinitatem individuorum, sicut patet in speciebus omnibus corruptibilibus; ergo ②<u>si ratio'necesse esse' sit plurificabilis in individuis, non determinat se ad certum numerum, sed compatitur infinitatem quantum est ex se</u>. Sed si possent esse infinita necesse esse, sunt infinita necesse esse; ergo etc. Consequens est falsum, ergo et antecedens ex quo sequitur.

176　第六の途は，必然的存在ということからである．——第六の途において，私は次のように論証する．①<u>諸々の個体へと多数化されることが可能な種的形相は，それ自体においては，その個体の数が一定に決められていない</u>．このような種的形相には，それ自体においては，無限な数の個体が適合する．このことは，すべての可滅的な種的形相において明らかなごとくである．従って，②<u>もし「必然的存在」という特質が諸々の個体へと多数化されることが可能であるとするならば，その個体の数は一定に決まっていず，それ自体においては，無限な数の個体がそれに適合する</u>．しかるに，もし無限なものが必然的存在でありうるとしたら，無限に多くの個物が必然的存在であることになってしまう．それゆえ，云々．後件は偽であり，それゆえ，後件がそこから帰結する前件も偽である．(Scotus, ibidem, n. 176: Vaticana II, p. 232, lin. 9-17)

54)　この箇所でオッカムは，前註53で引用されたスコトゥスの第六の途の議論の下線部①の箇所を批判している．
55)　前註53で引用されたスコトゥスの第六の途の議論の下線部②を指す．
56)　スコトゥスは更に，第六の途のための第二の議論を提出している．

177　Secundo arguo sic, et iuxta istam viam: ①<u>si sint plura necesse esse, aliquibus perfectionibus realibus distinguuntur; sint illae **a** et **b**</u>. Tunc sic: aut illa duo distincta per **a** et **b** sunt formaliter necesse esse per **a** et per **b**, aut non. Si non, ergo **a** non est ratio formalis essendi necessario, nec **b** per consequens: nec ergo ea includens est necessarium primo, quia includit aliquam entitatem quae non est formaliter necessitas essendi nec necessaria ex se. Si autem illa sint formaliter necesse esse per **a** et **b**, et praeter hoc utrumque est necesse esse per illud in quo convenit unum cum alio, ergo utrumque habet in se duas rationes quarum utraque formaliter est necesse esse, sed hoc est impossibile, …………

177　第二に，この第六の途に基づいて私は次のように論証する．①<u>もし仮に複数の事物が必然的存在であるとしたら，これらは或る実在的な完全性によって異なる．その完全性がaとbであるとせよ</u>．この場合，これらaとbとによって異なる二つの事物は，（1）aとbとによって形相的に必然的存在であるのか，あるいは（2）そうではないのか．もし（2）そうではないとしたら，aは必然的に存在することの形相的根拠ではない．従ってbも，必然的に存在することの形相的根拠ではない．だとすると，それらaとbを含んでいる事物は第一に必然的なもので

はないことになってしまう．なぜなら，形相的に存在の必然性ではなく，それ自体においても必然ではない或る存在性（aとb）を，事物は含んでいるからである．他方，(1) 事物がaとbとによって形相的に必然的存在であるとしたら，両方の事物はこれ（aあるいはb）以外に，そこにおいて一方aが他方bと一致する或るものによって必然的存在であることになる．それゆえ両方の事物は，それらのどちらも形相的に必然的存在である二つの特質を自らの内に持つことになるであろう．しかし，このことは不可能である．……（Scotus, ibidem, n. 177: Vaticana II, p. 233, lin. 1-11）

すなわちスコトゥスは，神が必然的な存在であることから，「神はただ一つのみ存在する」ことを次のように論証している．もし仮に二つの無限な神AとBが存在するとしたら，これら二つの神は，神Aが完全性aを持つことによって，神Bが完全性bを持つことによって異なっていると考えられる（a≠b）．この場合，神A，Bはそれぞれ（1）完全性aとbによって必然的存在であるのか，あるいは（2）そうではないのか．いずれの選択肢を選んだとしても，不都合なことが生ずる．なぜなら，もし（2）であるとしたら，aもbも必然的に存在することの形相的根拠ではないのであるから，それらを含む神A+a，B+bは第一に必然的なものでないことになってしまう．それらaやbを含まない事物のほうがより必然的なものだからである．しかし，これは神が第一に必然的な存在であるということに反する．それゆえ，選択肢（2）は偽である．他方，選択肢（1）を選んだとしても，不都合なことが生ずる．なぜならaとbが，神AとBが必然的に存在することの形相的根拠であるとしたら，a≠bであるのだから，そこにおいてaとbが一致する，aとbに共通な特質αによって神AとBは必然的存在であることになる．だとすると，神Aはaとαという二つの特質を自らの内に持ち，それによって必然的存在であることになる．同様に，神Bはbとαという二つの特質を自らの内に持ち，それによって必然的存在であることになる．これは不可能である．それゆえ，選択肢（1）も偽である．従って，二つの無限な神AとBが存在するという仮定が誤っている．

57）オッカムは，前註56で引用されたスコトゥスの議論の下線部①の箇所を批判している．〈事物Aが事物Bと実在的に一致し，同時にまた異なるとしたら，事物Aは事物Bと，それらとは別な或るものCにおいて一致する〉というスコトゥスの考えに対するオッカムの同様の批判は，スコトゥスの個体化の理論へのオッカムの批判の中にも見出される．『センテンチア註解』第1巻第2区分第6問題 OTh II, p. 211, lin. 21- p. 212, lin. 14; p. 220, lin. 17- p. 222, lin. 11（オッカム著，渋谷訳『スコトゥス「個体化の理論」への批判——センテンチア註解, L. 1, D. 2, Q. 6』ラテン語対訳版，知泉書館，2004年，98-101頁，114-119頁）．渋谷著『オッカム「大論理学」の研究』創文社，1997年，83-96頁を参照．

58）スコトゥスは前註56で引用されたテキストよりも前の箇所においても神の一性を論じており，そこでも前註56のテキストの下線部①の箇所と同じ議論を行なっている．

　　　Primo sic, quia si duae naturae sunt necesse esse, aliquibus rationibus propriis realibus distinguuntur, et dicantur **a** et **b**. ……

第一に次のように議論される．もし二つの本性が必然的存在であるとしたら，これらは或る実在的な固有な特質によって異なる．これら固有な特質がaとbと呼ばれる．……（*Ordinatio*, I, d. 2, p. 1, qq. 1-2, n. 71; Vaticana, II, p. 171, lin. 12-13）

このスコトゥスの議論に対して，オッカムは『センテンチア註解』第1巻第2区分第10問題の中で同様の批判を行なっている．

tamen prima ratio simpliciter non valet, quia prima ratio fundatur in ista propositione'quandocumque aliqua convenient et different, per aliud convenient et per aliud different, et per consequens utrumque illorum includit rationem communem in qua convenient et propriam per quam distinguuntur'. Et ista propositio ostensa est esse falsa, quia duo individua simplicia se ipsis —— sine omni distinctione —— convenient et different.

しかしこの最初の議論は全く妥当ではない．なぜならこの最初の議論は，「或る事物が一致し，同時にまた異なる場合には常に，それらの事物は或るものによって一致し，別なものによって異なる．従って，これらの事物の両方とも，そこにおいて事物が一致する共通の特質と，それによって事物が異なる固有性を含んでいる」という命題に基づいているからである．この命題は偽であることが示されている．二つの単一な個体はそれら自身によって（se ipsis）——如何なる区別もなしに——，一致し異なるのだからである．（Ockham, *Scriptum in I Sentent.*, d. 2, q. X; OTh II, p. 350, lin. 17- p. 351, lin. 3）

59) スコトゥスは第七の途において次のように議論している．

178 Septima via, ex omnipotentia —— De septima via, scilicet omnipotentia, videtur quod non sit per rationem naturalem demonstrabile, quia omnipotentia —— ut alias patebit —— non potest conclude ratione naturali ut catholici intelligent omnipotentiam, nec concluditur ex ratione infinitae potentiae.

179 Tamen ex omnipotentia credita arguitur sic propositum: ①<u>si **a** est omnipotens</u>, ergo potest facere circa quodcumque aliud ipsum esse vel non esse, et ita posset destruere **b**, et ita ④<u>faceret **b** nullipotentem</u>, et sic sequitur quod **b** non est Deus.

180 Ista ratio non valet sicut quidam respondent ad eam, quia **b** non est obiectum omnipotentiae, quia omnipotentia pro obiecto respicit possible; **b** autem ponebatur necessarium sicut **a**. Ideo arguitur aliter, declarando sic rationem Richardi II *De Trinitate* cap. 17: sicut omnipotens per suum velle potest producere quodcumque possible, ita suo nolle potest impedire vel destruere omne possible; sed si **a** est omnipotens, potest velle omnia alia a se esse, et ita suo velle ipsa in esse producere. ②<u>Non necesse est autem quod **b** velit omnia illa esse quae vult **a**</u>, quia ③<u>voluntas **b** contingenter se habet ad illa, sicut voluntas **a** ad illa quae **b** vult</u>, si est Deus. Si autem **b** nolit illa esse, ergo

nullum illorum est. Ergo si sint duo omnipotentes, ④uterque illorum faceret alium nullipotentem, non destruendo illum, sed prohibendo per suum nolle esse volitorum ab alio.

178 第七の途は，全能ということからである．――第七の途において，すなわち全能に関しては，それは自然本性的理性によって論証不可能であると考えられる．なぜなら――他の箇所で明らかになるであろうごとく――，公教の信者達が全能ということを理解している意味での全能は，自然本性的理性によって論証の結論として導き出されることはできないからである．更に全能ということは，能力の無限という観点から結論として導き出されることもできない．

179 しかし，全能ということが信じられるとしたら，そのことに基づいて，ここにおいて提示された事柄は次のように論証される．①もしaが全能であるとしたら，他の如何なるものに関しても，それが存在する，あるいは存在しないようにすることができる．それゆえaは，bを消滅させ，④bを無能力にすることができる．かくして，bは神でないことが帰結する．

180 ただし，或る人々がこの議論に対して答えているごとく，この議論は強力ではない．bは全能の働きの対象ではないからである．なぜなら全能は，その対象として可能な事柄に関わるのであるが，bはaと同様に必然なものとして措定されたのだからである．それゆえ，リカルドゥス『三位一体論』第2巻第17章の論を述べることによって，別の仕方で次のように論証される．全能な者は自らが欲することによって，可能な事柄をことごとく生じさせることができるのと同様に，自らが欲しないことによってあらゆる可能な事柄を妨げ，消滅させることができる．従って①もしaが全能であるならば，aは自己以外のすべてのものが存在することを欲し，それらを欲することによって，それらを生じさせることができる．しかるに，②aが欲するすべての事柄を，bが欲するということは必然ではない．なぜなら③bの意志は，bが神であるならば，aが欲する事柄に対して非必然的な仕方で関わるのであり，同様にaの意志は，aが神であるならば，bが欲する事柄に対して非必然的な仕方で関わるからである．従ってもしbが，aの欲する事柄が存在することを欲しないとするならば，それらの事柄のいずれも存在しない．それゆえ，④もし二つの全能な者が存在するとするならば，彼等の両方とも，他方を消滅させるのではなく，他方によって意志された事柄の存在を欲しないことによって妨げ，他方を無能力にすることになるであろう．(Scotus, ibidem, nn. 178-180: Vaticana II, p. 234, lin. 3- p. 235, lin. 10)

60) オッカムは，前註59で引用されたスコトゥスの議論の下線部①の箇所を批判している．

61) オッカム『センテンチア註解』第1巻序第2問題（OTh I, p. 105），第1巻第42区分単一問題（OTh IV, p. 617, lin. 5-21）を参照．

62) オッカムは，前註59で引用されたスコトゥスの議論の下線部の箇所②を批判している．

63) オッカムは，前註59で引用されたスコトゥスの議論の下線部の箇所③を批判し

ている．
64) オッカムは，前註 59 で引用されたスコトゥスの議論の下線部の箇所④を批判している．
65) 第一問題冒頭の，「ただ一つの神のみが存在するが自然本性的理性によって証明される」ことに賛成する論を指す．

第 2 問題
1) アリストテレス『形而上学』第 4 巻第 3 章 1005b19-20．
2) ここでの「或る人々」とは例えばスコトゥスを指すと考えられる．オッカムは『センテンチア註解』第 1 巻第 2 区分第 11 問題の中で，スコトゥス『命題集註解（オルディナチオ）』第 1 巻第 2 区分第 2 部第 4 問題 390（VaticanaII, p. 349, lin. 23- p. 350, lin. 2) を引用して次のように述べている．
　　[OPINIO SCOTI]
　Tertia opinio est quod essentia et relatio sunt una res, nec tamen sunt eadem omnibus modis ex natura rei, sed ex natura rei habent aliquem modum non-identitatis, et ista non-identitas sufficit ad distinctionem realem inter supposita divina. Quod autem sit aliqua talis non-identitas inter relationem et essentiam probatur sic, nec credo quod sit aliud argumentum efficax ad istam conclusionem.
　Arguitur igitur sic:《Primum suppositum habet realiter entitatem communicabilem, alioquin non posset eam communicare; habet etiam realiter entitatem incommunicabilem》; igitur ibi est aliqua entitas incommunicabilis et aliqua communicabilis. Sed contradictoria non possunt verificari nisi propter aliquam distinctionem vel non-identitatem, igitur inter essentiam divinam quae est communicabilis et relationem quae ex natura rei non est communicabilis oportet ponere aliquem modum non-identitatis.
　　[スコトゥスの見解]
　第三の見解は次のごとくである．神の本質と関係は一つのもの（res）である．しかし，それらは実在の側において（ex natura rei），すべての様態において同じであるわけではなく，それらは実在の側において或る非同一性の様態を持つ．この非同一性は，神の主体の内に何らかの実在的な相違を成立させるのに充分なものである．関係と神の本質の間に，このような非同一性が存在することは次のように証明される．私は，これ以外の論証は，このような結論を導くのに有効であるとは考えない．
　論証は以下のごとくである．「第一の主体は実在的に或る共通な存在性を有している．さもなければ，存在性を共有することは不可能だからである．更に第一の主体は実在的に非共通な存在性を有している」(Scotus, *Ordinatio* I, d. 2, p. 2, q. 4, n. 390; Vaticana II, p. 349, lin. 23- p. 350, lin. 2)．それゆえ，そこには或る非共通な存在性と共通な存在性が存在する．しかるに，こうした矛盾した事柄が真に述語づ

けられうるのは，何らかの相違，すなわち非同一性のゆえである．従って，共通な神の本質と，実在の側において（ex natura rei）共通でない関係との間には，或る非同一性の様態を措定しなくてはならぬ．(Ockham, *Scriptum in I Sentent*., d. 2, q. XI; OTh II, p. 363, lin. 4-19)

3) ここで批判されている，五つの議論が誰のものであるかは不明である．ただ，第二問題に対するオッカムの解答「第一の意味では神の本質と関係（例えば父性）は実在の側において相違しない」に反対する議論であることは明らかである．

4) 代示は個体代示と単純代示と質料代示とに区分される．オッカム『大論理学』第Ⅰ部第64章（拙訳『オッカム「大論理学」註解Ⅱ』創文社，2000年，76-78頁）を参照．

5) すなわちオッカムが，[問いに対する解答]の中で述べた，本来的な意味での「実在の側における相違」と，非本来的な意味での「実在の側における相違」の区別．

6) オッカム『大論理学』第Ⅲ部-4第11章（拙訳『オッカム「大論理学」註解Ⅴ』創文社，2003年，255-263頁）を参照．

7) ここでの議論は次のように整理されることができる．
   【第二の議論】
   （Ⅰ）「本質は三つのペルソナである」
   （Ⅱ）「父性は三つのペルソナではない」
の命題の主語は，全く同一のものを表示している．ゆえに，これらの命題（Ⅰ）と（Ⅱ）は矛盾する．
   【第二の議論に対するオッカムの解答】
矛盾するという結論を導き出すためには，命題の主語が全く同一のものを表示しているだけでなく，全く同一のものを代示していることが必要とされる．しかし，「本質」と「父性」は全く同じものを代示しているわけではない．従って，第二議論の結論は帰結しない．
   （異論②）
もしこれらの命題の主語が同じものを代示していないとすれば，これらの命題の主語は別なものを代示している．
   （異論②に対するオッカムの解答）
神の本質と父性は別なものではない．ゆえに後件は偽であり，推論は妥当ではない．

8) 異論②に対するオッカムの解答（OTh IX, p. 14, lin. 64-70）を参照．

9) 第三の議論は次のごとき議論であると推測される．
   【第三の議論】
矛盾対立する事柄は，同一のものに真に述語づけられることはない．しかるに，「父性は三つのペルソナではない」，「本質は三つのペルソナである」というように，矛盾対立する事柄が父性と本質とに真に述語づけられる．ゆえに父性と本質は，本来の第一の意味で実在の側において相違する．
   【第三の議論に対するオッカムの解答】
これに対して，オッカムは「外界のもの（res）が命題の主語や述語であることはな

い」と主張し,もの (res) と語 (terminus) とを区別することによって解答している.矛盾対立する事柄が述語づけられるのは,「父性」と「本質」という語である.「本質」と「父性」は全く同じものを代示しているわけではないからである.他方,外界のもの (res) としては,神の本質と父性は同じものである.「外界のもの (res) が命題の主語や述語であることはない」と言うオッカムの主張は,本書第3巻第12問題,『大論理学』第Ⅰ部第15章 OPh I, p. 53, lin. 100-103 (拙訳『オッカム「大論理学」註解Ⅰ』創文社, 1999年, 55-56頁),『アリストテレス自然学問題集』第2問題 OPh VI, p. 399, lin. 15-18 (拙訳, 哲学11, 哲学書房, 1990年, 106頁) その他においても見出される.

10) 英語訳註14 (Ibidem, p. 16, note14) は,ここでオッカムが批判している議論がどのようなものであったのか再構成することが困難であると述べているが,訳者は第四の議論を次のごとき議論であると解する.
【第四の議論】
「本質は父性である」と言うように,「父性」は「本質」に,自体的な述語づけの第一の仕方においても,第二の仕方においても述語づけられない (本書第2巻第4問題, OTh IX, p. 126, lin. 86- p. 127, lin. 90 を参照). 従って,父性と本質は,本来の第一の意味で実在の側において相違する.
【第四の議論に対するオッカムの解答】
これに対してオッカムは,「自体的な述語づけの仕方の相違は,外界の実在的事物の側の相違は帰結しない.自体的な述語づけの仕方の相違からは,「父性」と「本質」という概念の代示の相違が帰結する」と答えている.

11) 全集版では 'sine distibctione in secundo modo dicendi per se' となっているが, X版 (Parisiis 1487/8 その他に従い, 'sine distinctione a parte rei' と読む.

12) 第五の議論は次のごとき議論であると解される.
【第五の議論】
次の否定的推論〈本質は子性である.しかるに,父性は子性ではない.ゆえに,父性は本質ではない〉が成立する.ゆえに,父性と本質は,本来の第一の意味で実在の側において相違する.
【第五の議論に対するオッカムの解答】
これに対してオッカムは,このような推論は誤謬推理であり,属性による誤謬が存在すると答えている.オッカム『大論理学』第Ⅲ部-4第11章 (拙訳『オッカム「大論理学」註解Ⅴ』創文社, 1999年, 258-260頁) を参照.

13) Walter Chatton, *Reportatio super Sententias*, I, d. 2, q. 5, art. 1, edited by Joseph C. Wey and Girard J. Etzkorn, Pontifical Institute of Medieval Studies, 2002, Studies and Texts 141, pp. 180-182. を参照.

14) 第一のチャトンの議論は,彼の『センテンチア註解』第1巻第2区分第5問題第1項11に見出される.
　　[Contra argumenta Ockham]
　11 Arguo igitur contra primum modum dicendi. Ista opinio arguit non-

identitatem illam in Patre inter essentiam et paternitatem ex hoc quod aliquid convenit uni quod non alteri. Sed si ex hoc procedat, videtur quod debeat accipere distinctionem realem magis, ①quia distinctio quae debet argui per separabilitatem aliquorum, si illa separabelitas sit realis, magis debet argui esse realis quam alia. Sed in proposito, quod essentia est Filius et paternitas non est Filius, arguitur ex reali separabilitate seu distinctione suppositorum, igitur vel nullam vel realem debes concludere distinctionem.

［オッカムの議論に反対して］
11 それゆえ、オッカムの最初の議論の仕方に反対して、私は次のように論ずる。オッカムの見解は、御父の内の本質と父性との間に非同一性が存在することを、或るものが一方に帰属し、他方に帰属しないことから議論している。しかし、このことから議論を進めるのであれば、むしろオッカムは両者の間に実在的相違 (distinctio realis) を認めるべきであると思われる。①なぜなら相違が、両者が分離可能であること (separabilitas) から議論されるべきものであり、そして分離可能性が実在的なものであるとしたら、他の相違よりも実在的な相違が存在すると論じられるべきである。しかるに、ここで議論されている事柄においては、本質は御子であり、父性は御子ではないのであり、実在的な分離可能性すなわち主体の間の相違から議論されている。それゆえ、あなた（オッカム）は実在的な相違が存在すると結論すべきである。あるいは、如何なる相違も結論すべきではない。(Walter Chatton, *Reportatio super Sententias*, I, d. 2, q. 5, art. 1, n. 11, ed. cit., p. 180, lin. 1-11)

チャトンのテキストで述べられているオッカムの最初の議論とは、オッカムが『センテンチア註解』第1巻第2区分第11問題で行なっている議論を指す。そこにおいてオッカムは、(1) ペルソナ相互の間には実在的な相違を認めるが、(2) 御父、父性と神の本質の間には、実在的な相違 (distinctio realis) を認めず、実在の側に、より小さな形相的相違・非同一性 (formalis distinctio) のみを認める。＊

＊) 実在的相違と形相的相違の区別、スコトゥスの形相的相違に対するオッカムの態度に関しては、オッカム『センテンチア註解』第1巻第2区分第6問題 OTh II, pp. 160-224 (拙訳『スコトゥス「個体化の理論」への批判』知泉書館、2004年)、オッカム『大論理学』第I部第16章 OPh I, pp. 54-57 (拙訳『オッカム「大論理学」註解I』創文社、1999年、56-59頁、及び註解21, 183頁)、第II部第2章 OPh I, pp. 253-254 (拙訳『オッカム「大論理学」註解III』創文社、2001年、19-20頁、及び註解32-37, 151頁)、及び拙著『オッカム「大論理学」の研究』第2章、創文社、1997年、49-117頁を参照。オッカムは被造物においては形相的相違を認めない。しかし本書で述べられているごとく、神の三位一体論においては、オッカムは本質と関係（例えば父性）との間に形相的相違を認める。

オッカムは次のように述べている。
est aliquis modus non-identitatis inter naturam divinam et suppositum. Et potest dici, secundum bonum intellectum, quod distinguuntur formaliter, quamvis non realiter. Hoc confirmo sic: quandocumque aliqua sunt idem

omnibus modis ex natura rei, quidquid competit uni competit alteri, nisi aliquis modus grammaticalis vel logicalis impediat; sed posito quod Pater habeat omnes modos grammaticales et logicales consimiles quales habet hoc nomen 'essentia', adhuc haec est vera 'essentia est Filius', et haec similiter est vera 'Pater non est Filius'. Igitur quod illud idem negeretur de Parte et affirmetur de essentia non potest hoc contingere propter aliquam diversitatem modorum grammaticalium vel logicalium, igitur praecise hoc erit ratione alicuius modi non-identitatis inter illud quod significatur per Patrem et illud quod significatur per essentiam; igitur inter Patrem et essentiam est ex natura rei aliquis modus non-identitatis.

神の本性と主体の間には，非同一性の或る様式が存在する．健全な知性に基づくならば，神の本性と主体は実在的に（realiter）相違するのではなく，形相的に（formaliter）相違すると言われることができるのである．このことを私は次のように確証する．或る文法や論理の形式が妨げない限り，或るもの（A，B）が実在の側において全く同じものである時には常に，それらの一方（A）に帰属するものはすべて，他方（B）に帰属する．しかるに，「本質」という名前が持つのと類似したあらゆる文法や論理の形式を，「御父」が持つとしても，依然として「本質は御子である」という命題は真であり，同様に「御父は御子ではない」という命題も真である．それゆえ，同じものが御父について否定され，本質について肯定されることは，文法や論理の形式の相違のゆえに生ずることではありえない．従って，このことはまさに，「御父」によって表示されるものと，「本質」によって表示されるものとの間に非同一性の或る様式が存在するが故に生ずることであるだろう．それゆえ御父と本質の間には，実在の側において非同一性の或る様式が存在する．
(Ockham, *Scriptum in I Sentent.*, d. 2, q. XI; OTh II, p. 364, lin. 8-22)

このオッカムの主張に反対してチャトンは，先に引用された『センテンチア註解』第1巻第2区分第5問題第1項11の中で，御父のうちの本質と父性との間には形相的相違ではなく，実在的相違を措定すべきであると述べている．これに対してオッカムは，本書『七巻本自由討論集』のこの箇所で，チャトンの議論に対する解答を行なっている．

15) オッカムは，前註14で引用されたチャトンの第一の議論の下線部①の箇所を批判している．

16) ここでの「実在的相違」(distinctio realis) を，英語訳 (*Quodlibetal Queations*, V. 1, translated by Alfred Freddoso & Francis E. Kelley. New Haven, CT. Yale Univesity Press, 1991, p. 16) は 'the real distinction [among the persons] ' （三つのペルソナ相互の間の実在的相違）と解しているが，著訳者はこの読み方を採らない．著訳者は，チャトンの第一の議論に対するオッカムの解答を次のように理解する．

【解答1】チャトンは前註79で引用されたテキストの下線部①で，あたかも私が本質と父性との分離可能性に基づいて議論しているかのごとくに述べているが，そうではない．私はペルソナ相互の実在的相違に基づいて議論しているのである．

訳者註解（第2問題）　　　　　　　　　131

【解答2】図のごとく，

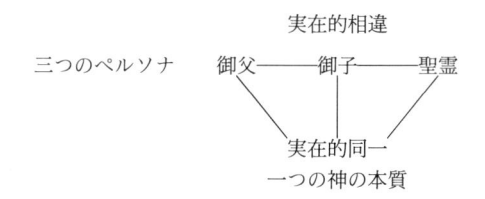

　　　　　　　　　　　　　実在的相違
　　　三つのペルソナ　　御父―――御子―――聖霊
　　　　　　　　　　　　　　　＼　　｜　　／
　　　　　　　　　　　　　　　実在的同一
　　　　　　　　　　　　　　一つの神の本質

　①ペルソナ相互の間の実在的相違と②ペルソナと神の本質との実在的同一性とから，御父（Pater）のペルソナの内の，父性（paternitas）という関係と神の本質との間の実在的相違が帰結することはない．より小さい，形相的相違が存在すると考えるべきである．無論この場合，より明らかな媒名辞による証明は存在しない．より明確な事柄から不明確な事柄への推論があるのみである．

　【解答3】チャトンの主張のように，もし仮に関係（父性）と神の本質との間の非同一性が分離可能であることに基づいて論じられるとしたら，分離可能であることは実在的な相違であるのだから，ペルソナどうしの間と同様に，神の本質と関係との間にも実在的な相違が存在することが論じられるべきであろう．しかし私は，分離可能性に基づいて議論しているのではない．著訳者が「〔それらが分離可能であることに基づく〕実在的相違によって論じられるとしたら，」と訳したのは，以上の理由による．

17)　第二のチャトンの議論は，彼の『センテンチア註解』第1巻第2区分第5問題第1項12に見出される．

　　12　Confirmatur, quia <u>maior esset non-identitas quae sufficeret ad ①realem separabilitatem aliquorum, et cum hoc ad non-identitatem per se primo modo eorundem, quam quae sufficeret ad alterum tantum</u>②; sed non-identitatem per se primo modo inter Patrem et Filium requireretur illa non-identitas inter essentiam et paternitatem, si argumentum tuum procedat. Igitur magis requiritur ad separabilitatem realem Patris et Filii non esse personalem; vel maiorem debes arguere vel nullam.

　　12　（1）<u>①或るものどもが実在的に分離可能であり，且つ（2）自体的に第一の仕方で非同一であるために必要とされる非同一性は，単にこれら（1）と（2）のどちらか一方のためにのみ必要とされる非同一性よりもより大きい</u>②．しかるに，もしあなたの議論がこのまま進むならば，御父と御子が自体的に第一の仕方で非同一であるためには，神の本質と父との間の非同一性が要求される．それゆえ，御父と御子が実在的に分離可能であり，御父が御子のペルソナでないためには，より大きな非同一性が要求される．それゆえ，あなた（オッカム）はより大きな非同一性が存在すると議論すべきである．あるいは，如何なる非同一性についても議論すべきではない．(Walter Chatton, ibidem, n. 12, ed. cit., p. 180, lin. 12-20)

18)　オッカムは前註17で引用されたチャトンの第二の議論の下線部①の箇所を批判

している。「より大きな相違」とは，形相的相違よりもより大きな相違，すなわち実在的相違（distinctio realis）のことである。

19) オッカムは前註17で引用されたチャトンの第二の議論の下線部②の箇所を議論している。

20) 第三のチャトンの議論は，彼の『センテンチア註解』第1巻第2区分第5問題第1項13に見出される。

13 Item, confirmatur, quia paternitas non est illa identitate reali eadem essentiae ………, igitur debes concludere distinctionem oppositam illi identitati reali; sed distinctio vel non-identitas opposita identitati reali est distinctio vel non-identitas realis, illam igitur vel nullam concludere debes.

13 同様に，以上のことは次のように確証される。実在的同一性においては，父性は神の本質と同一でないとすると，あなた（オッカム）は，これらの間に実在的同一性と反対対立する相違が存在すると結論すべきである。しかるに，実在的同一性と反対対立する相違・非同一性とは，実在的相違・非同一性に他ならない。それゆえ，あなた（オッカム）は実在的相違・非同一性が存在すると結論すべきである。あるいは，如何なる相違も結論すべきではない。(Walter Chatton, ibidem, n. 13, ed. cit., p. 180, lin. 21-26)

21) チャトンの議論は，彼の『センテンチア註解』第1巻第2区分第5問題第1項15に見出される。

15 Item, aut vitas ponere non-identitatem realem propter simplicitatem, et hoc non oportet, quia tres personae sunt una res simplicissima, et tamen differunt realiter; aut propter convenientiam salvandam, et hoc non oportet, quia ad hoc sufficit quod sunt idem per circumlocutionem; aut tertio ponis illam parvam non-identitatem, ne contradictoria conveniant eidem omnino, et hoc non oporteret, quia non sunt contradictoria.

15 同様に，あなた（オッカム）はペルソナの単一性のゆえに，実在的非同一性を措定することを避けるのか。しかし，そうすべきではない。三つのペルソナは最も単一なものであり，それでいて実在的に相違するのだからである。あるいは，一致することを保持するためであるのか。しかし，そうすべきでもない。そのためには，迂言（circumlocutio）*を用いることによって同一であるということだけで充分であるからである。あるいは第三の理由として，矛盾する事柄が全く同一なものに帰属しないようにするために，あなたは小さな非同一性を措定するのか。しかし，そうすべきでもない。それらは矛盾しないからである。(Walter Chatton, ibidem, n. 15, ed. cit., p. 181, lin. 1-8)

*) 迂言（circumlocutio）を用いるとは，例えば 'paternitas est communicabilis'（「父性は共通である」）という偽である命題を，'paternitas est illa res quae est communicabilis'（「父性は共通であるところのものである」）という真である命題に変えること，'Pater est Filius'（「御父は御子である」）という偽である命題を，'Pater est illa res quae est Filius'（「御父は御子であるところのものである」）という真である命題に変えることである。オッカム『センテンチア

註解』第1巻第2区分第11問題（OTh II, p. 374）を参照．
22) もし神の本質と関係（父性）との間に実在的相違（realis distinctio）が措定されるとしたら，図のごとくに，

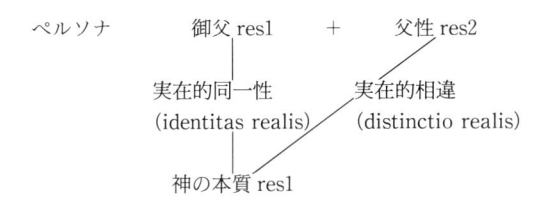

    ペルソナ   御父 res1 + 父性 res2
          実在的同一性   実在的相違
          (identitas realis) (distinctio realis)
         神の本質 res1

御父というペルソナと神の本質は実在的に同一（identitas realis）なもの res1 であり，他方神の本質と関係（父性）は実在的に相違（realis distinctio）し，別々のもの res1 と res2 であるのだから，ペルソナは二つの実在的なもの res1 と res2 とから複合されていることになるであろう．

23) 相反するとか，矛盾するということに言及しているチャトンの三つの議論とは，彼の『センテンチア註解』第1巻第2区分第5問題第1項17-19を指す．チャトンは次のように述べている．

 17 Sed quod in re de facto in eadem persona nulla sit non-identitas, non plus quam deitatis ad se, probo multipliciter. Quia <u>non esse deitatem, aut aeque primo repugnat et contradicit in re paternitati sicut essentiae</u>, et propositum; aut non, et tunc non esse deitatem esset sibi a parte rei magis compossibile quam deitati; et tunc esset obiectum aliquo modo utibile, et non fruibile sicut deitas. Et multas alia sequuntur incovenientia.

 17 神性と神自身との間に非同一性が存在しないのと同様に，実在の側において現実に同じペルソナの内に如何なる非同一性も存在しないことを，私は多くの仕方で証明する．（ⅰ）<u>外界の実在的な事物の側において，神性でないことは，神の本質と父性とに等しく第一に相反し，矛盾するのか</u>．もしそうであるとしたら，私の意図したことが得られる．あるいは（ⅱ）神性でないことは，神の本質と父性とに等しく第一に相反し，矛盾するのではないのか．もし等しく第一に矛盾するのではないとしたら，その場合には，外界の実在的な事物の側において，神性でないことは，神性であること（神の本質）よりもむしろ，父性と両立可能であることになるであろう．しかしその場合には父性は，神性のように享受されるべき対象ではなく，或る意味で用いられるべき対象であることになってしまうであろう．更に，その他多くの不都合なことが帰結することになる．

 18 Confirmo, sicut ALIAS in materia de attributis, quia necesse esse et non necesse esse contradicunt. Quaero igitur utrum non necesse esse aeque primo repugnet repugnantia reali paternitati sicut deitati; et cum primo non repugnet nisi uni, ista erunt unum omnino. Si non, tunc persona divina non est ex se simpliciter et summe necesse esse.

18 以上のことは，次のように確証される．神に帰属されるべき属性に関する他の箇所で述べたごとく，必然であることと，必然でないことは矛盾する．それゆえ私は，（ⅰ）実在的に相反するという意味で，必然でないことは，神性と父性とに等しく第一に相反するのかと問う．もし神性と父性とに等しく第一に相反するとすれば，第一に相反するものとは一つのものであるのだから，それら（神性と父性）は全く同一のものである．あるいは（ⅱ）もし神性と父性とに等しく第一に相反するのではないとしたら，神のペルソナは自体的単一で最も必然的な存在でないことになってしまうであろう．(Walter Chatton, ibidem, n. 17-18, ed. cit., p. 181, lin. 17-30)

24) オッカムは前註23で引用されたチャトン『センテンチア註解』第1巻第2区分第5問題第1項17の議論の下線部の箇所を批判している．

25) 全集版のテキストでは 'conceptus pro re' となっているが，Strasbourg 1491 (Unveränderter Nachdruck der Ausgabe, Louvain 1962, Minerva GMBH・Frankfurt/Main 1981) に従い，'conceptus stantes pro re' というように下線部 'stantes' を補って読む．

26) 全集版のテキストでは 'ratione rei, non rei quae repugnat enti' となっているが，写本D (Giessae, Bibl. Universitatis 733), F (Gottingae, Bibl. Universitatis, theol. 118), 及びStrasbourg 1491 (Unveränderter Nachdruck der Ausgabe, Louvain 1962, Minerva GMBH・Frankfurt/Main 1981) に従い，'non ratione rei quae repugnat enti' と読む．

27) オッカム『大論理学』第Ⅰ部第66章；拙訳『オッカム「大論理学」註解Ⅱ』創文社，2000年，83-84頁を参照．例えば，「人間は笑うことができるものである」と言うように，笑うことができるもの」（A）が「人間」（B）に述語づけられる時に，（ⅰ）「人間」（B）の概念の内に含まれ，Bが述語づけられるどんなもの（プラトン，ソクラテス）にも，「笑うことができるもの」（A）が帰属し，更に（ⅱ）「人間」（B）が述語づけられない如何なるものにも，「笑うことができるもの」（A）が帰属しない時，「笑うことができるもの」（A）は「人間」（B）に第一に帰属すると言われる．

28) すなわち，或るもの（A）が或るもの（B）に第一に相反すると言われるのは，（ⅰ）Bが述語づけられるどんなものにも，Aが相反し，（ⅱ）Bが述語づけられないどんなものにも，Aが相反しない場合である．それゆえ，「神性でない」は「神性である」に第一に相反する．条件の（ⅰ）と（ⅱ）を満たすからである．これに対して，「神性でない」が「父性」に第一に相反することはない．条件（ⅰ）を満たすが，（ⅱ）を満たすことができないからである．「神性でない」は，「父性」が述語づけられない御子に相反するからである．

29) しかし無論，前註14で述べられたごとく，オッカムがここで措定している「形相的相違」とは単に語や概念の側の相違ではない．外界の実在の側の相違である．オッカム『大論理学』第Ⅱ部第2章OPh I, pp. 253-254；拙訳『オッカム「大論理学」註解Ⅲ』創文社，2001年，19-20頁，及び註解32-37を参照．

30) この議論は，前註13で挙げた Walter Chatton, *Reportatio super Sententias*, I, d. 2, q. 5, art. 1, edited by Joseph C. Wey and Girard J. Etzkorn, Pontifical Institute of Medieval Studies, 2002, Studies and Texts 141, pp. 180-182 に見出すことができない．

第3問題

1) 全集版では 'non, nisi per praedicationem' となっているが，幾つかの写本に従い下線部を省略して読む．「御父性」(paternitas) という抽象語と「御父」(Pater) という具象語が同義語であり，名前において相違しないことは，オッカム『大論理学』第I部第6章（拙訳『オッカム「大論理学」註解I』創文社，1999年，20頁），第I部第72章（拙訳『オッカム「大論理学」註解II』創文社，2000年，105頁）においても述べられている．
2) オッカムは『センテンチア註解』第1巻第2区分第1問題においても同様のことを述べている．

Unde universaliter dico quod nunquam de aliquibus verificatur distingui formaliter nisi propter distinctionem realem, quando scilicet de uno illorum vere dicitur quod est aliqua res et de reliquo vere dicitur quod non est illa res, sicut relatio et essentia distinguuntur formaliter, puta essentia et paternitas, quia videlicet essentia est filiatio et paternitas est filiatio; sicut similiter essentia et Filius distinguuntur formaliter, quia essentia est Pater et Filius non est Pater. Immo distingui formaliter non est aliud, sicut ego teneo distinctionem formalem, et hoc est quid nominis ipsius, scilicet quid unum illorum est aliqua res absoluta vel relativa et alterum non est illa res, sicut essentia est Filius et Pater non est Filius, ideo essentia et Pater distinguuntur formaliter, ex quo sunt una res, quia essentia est Pater. Et quando est hoc possibile invenire, tunc est ponenda distinctio formalis, quia nihil aliud voco distingui formaliter; et quando non est possibile, tunc non est ponenda. (Ockham, *Scriptum in I Sentent.*, d. 2, q. I; OTh II, p. 19, lin. 3-18)

3) 例えば，御父性と御父が相違することに賛成する主要な議論において用いられていた「御父性は御父の内に内在する」という命題がそうである．「AはBの内に内在する」という命題の動詞「の内に内在する」は，相違を示す動詞だからである．或るものが自己自身の内に内在することはないのであるからである．
4) ここでの議論は，チャトンの『センテンチア註解』第1巻第2区分第5問題第2項に見出される．

Secundus articulus est inquirere an personae ④se totis distinguantur et se totis conveniant.

41　Et est opinio quod non, pro qua arguitur multipliciter. ⋯⋯⋯⋯⋯⋯⋯

42　Item, tunc non essent ①in Patre generatio et spiratio activa; nihil enim esset tunc in Patre nisi quo conveniret cum Filio, quia non ②generatione activa conveniret cum eo, sed tantum spiratione activa et essentialibus; tunc etiam ③eodem distingueretur Pater a Filio et a Spiritu Sancto, quod non est verum, quia ⑤a Filio non distinguitur per spirationem activam, et tamen a Spiritu Sancto per eam distinguitur.

43 Item, [tunc] illud non est verum in Praefatione "et in personis proprietas".
....

45 Item, "non eo Pater quo Deus".
46 Item, "omne relativum est aliquid, excepto relativo".
47 Item, tunc persona esset absoluta sicut essentia.

　第二項は，ペルソナが④それ全体によって相違し，それ全体によって一致するのかを探求する．

41　「ペルソナはそれ全体によって相違し，それ全体によって一致するのではない」と主張する見解がある．この見解のために，次のように多くの仕方で議論される．……

42　同じくまた，［もしペルソナがそれ全体によって相違し，それ全体によって一致するとしたら，］①御父の内に能動的な生みと能動的霊発の両方が存在することがなくなってしまうであろう．なぜならその時には，それによって御父が御子と一致するもの以外には何も御父の内に存在しないからである．②能動的な生みによって御父は御子と一致するのではなく，ただ能動的霊発と本質とによって御父は御子と一致するのだからである．更にその場合には，③同じものによって，御父は御子と相違し，また聖霊と相違することになるが，これは真ではない．⑤能動的霊発によって御父は御子と相違するのではなく，能動的霊発によって御父は聖霊と相違するのだからである．

43　同じくまた，［もしペルソナがそれ全体によって相違し，それ全体によって一致するとしたら，］その時には，ミサの序誦において「それぞれのペルソナの内に，固有性がある」と言われていることは真ではないことになる．
....

45　同じくまた，「神であるから，御父であるのではない」（アウグスティヌス『三位一体論』第7巻第6章11）

46　同じくまた，「すべての関係的なものは，関係が除外されても，或るものである」（アウグスティヌス『三位一体論』第7巻第1章2）

47　同じくまた，［もしペルソナがそれ全体によって相違し，それ全体によって一致するとしたら，］その時には，ペルソナは本質と同様に，関係的でないもの（res absoluta）であることになってしまう．(Walter Chatton, *Reportatio super Sententias*, I, d. 2, q. 5, art. 2, n. 41-47, ed. cit., p. 188, lin. 15- p. 189, lin. 7)

ただし，これらの議論はチャトンのものではなく，チャトン自身が反論している或る人の議論である．これらの議論の論者は，御父と御父性を区別し，（1）御父というペルソナは本質と能動的な生み（御父性）から構成され，（2）御父の内に，御子を生む能動的な生みと，聖霊を発出する能動的霊発が存在し，（3）能動的な生みとい

う部分によって，御父は御子と相違し，（4）能動的霊発という部分によって，御父は御子と一致し，聖霊と相違すると主張する．他方，御父がその部分によってではなく，全体によって他のペルソナと相違し，一致するとすれば，御父の内に能動的な生みと能動的霊発の両方が存在することは否定される．
5) オッカムは前註4で引用された42の議論の下線部①の箇所を批判している．
6) 三位相互内在性とは，父・子・聖霊の三位は各々その固有性によって区別されるが，しかし「御子の内に御父が存在する」（『ヨハネ福音書』第14章第10節）のように，父・子・聖霊の三位が相互に内在するという説である．
7) 前註4で引用された42の議論の下線部②の箇所を参照．
8) オッカムは前註4で引用された42の議論の下線部③の箇所を批判している．
9) 前註4で引用された42の議論の下線部④の箇所を参照．すなわち，御父の内にその部分として存在する，能動的な生みと能動的霊発とによって，御子と聖霊の両方のペルソナと相違するのではない．
10) 前註4で引用された42の議論の下線部⑤の箇所を参照．
11) オッカムは前註4で引用された43の議論を批判している．ここで引用されているミサの序誦とは，聖三位一体の聖祭のためのミサの序誦である（Praefatio pro Missa in Festo SS. Trinitatis, *Missale Romanum* ed. Pii V）．御父性（paternitas），御子性（filiatio），発出（processio）が，ペルソナを構成する固有性として，「ペルソナ的固有性」（proprietas personalis）と呼ばれる．それゆえ，43の議論の論者は，「御父というペルソナの内に，御父性という固有性がある」のであるから，御父と御父性は相違すると主張する．
12) オッカムは前註4で引用された45の議論を批判している．ただし，アウグスティヌスの本文と，45の議論での引用と，更にオッカムの解答との間には大きな相違があると考えられる．【Ⅰ】オッカムは前註4で引用された45の議論を批判している．アウグスティヌスは『三位一体論』第7巻第6章11（ラテン教父全集42巻943）の中で，① substantia Patris ipse Pater est, non quo Pater est, sed quo est;（「御父の実体は，御父であるからではなく，存在するから御父御自身である」）と述べている．しかし，このアウグスティヌスの文言は，「御父と御父性は相違する」という45の議論の主張の論拠にはならない．【Ⅱ】45の議論の論者は，上述のアウグスティヌスの文言を，② non eo Pater quo Deus というように不正確に引用し，おそらく「神であるから，御父であるのではない」と読み，それゆえ〈御父であるためには，御父性が必要である〉と主張していると推定される．【Ⅲ】更にオッカムの解答では，上述のアウグスティヌスの文言は③ non eo Deus est sapientia quo Pater（「神が御父であるから，神が智慧であるのではない」）というように，'Pater' と 'Deus' が置き換えられ，'sapientia' が付け加えられる変更がなされている．
13) ここでの「智慧」は，御子のことである．
14) オッカムは前註4で引用された46の議論を批判している．ここでのアウグスティヌスの文言はラテン教父全集935から引用されている．46の議論の論旨は以下のごとくである．主人なる人間は，たとえ主人という関係が除外されても，人間それ自

体が或るものであり，実体である．同様に御父は，たとえ御父性という関係が除外されても，或るものである．従って，御父と御父性は相違する．
15) オッカムは前註4で引用された47の議論を批判している．
16) ここでの第一から第三の議論は，チャトンの『センテンチア註解』第1巻第2区分第5問題第3項に見出される．ただし，これらの議論はチャトンのものではなく，チャトン自身が反論している或る人の議論である．
17) オッカムが批判しているのは，チャトンの『センテンチア註解』第1巻第2区分第5問題第3項60の議論である．

Tertius articulus est investigare utrum omne quod in una persona est, sit in alia.

60　Et est opinio quod non, et probatur quadrupliciter. Primo sic: quia nisi aliquid esset in persona prima quod non in secunda, non alio modo esset prima persona Pater quam secunda, quia contradictio est quod paternitas sit in aliquo essentialiter quin illud cui sic inest sit Pater, sicut contradictio est quod albedo sit in aliquo quin illud sit album; igitur cum consequens sit falsum, erit et antecedens.

　第三項は，或るペルソナの内に存在するものがすべて，他のペルソナの内に存在するかどうかを探求する．

60　内在しないという見解が主張されるのであり，それは四通りの仕方で証明される．第一は以下のごとくである．もし第一のペルソナの内に存在するものが第二のペルソナの内に存在するとしたら，第一のペルソナが御父であるのと同様に，第二のペルソナも御父であることになってしまう．御父性が或るものの内に本質的に存在し，しかし御父性が内在しているものが御父でないということは矛盾しているからである．それはちょうど，白さが或るものの内に存在し，しかしそのものが白いものではないということが矛盾しているのと同様である．従って，後件（第一のペルソナが御父であるのと同様に，第二のペルソナも御父である）が偽であるのだから，前件（第一のペルソナの内に存在するものが第二のペルソナの内に存在する）も偽である．(Walter Chatton, *Reportatio super Sententias*, I, d. 2, q. 5, art. 3, n. 60, ed. cit., p. 191, lin. 14-22)

この議論に対して，オッカムは次のように答える．御父性が御父を構成する要素ではないのであるから，御父性が御父と相違することはない．従って，「御父性が御父の内に内在する」という60の議論は誤っている．ただし前註6で述べられたごとく，三位相互内在性によって，御父性（御父）は御子の内に内在する．

18) オッカムが批判しているのは，チャトンの『センテンチア註解』第1巻第2区分第5問題第3項61の議論である．

61　Item, impossibile est quod productio activa et passiva respectu eiusdem sint in eadem persona, quia tunc non appareret quin sicut producitur ab alio, ita produceretur a se; igitur productio activa Filii non est in Filio sicut passiva.

61　同様に，同じものに関する能動的産出と受動的産出が，同じペルソナの内に

存在することは不可能である．なぜならその場合には，他のものによって産出されるごとくに，自らによって産出されることがないということが明白でないことになってしまうからである．それゆえ御子の能動的産出が，受動的産出と同様に，御子の内に存在することはない．(Walter Chatton, ibidem, n. 61, ed. cit., p. 191, lin. 23-26)

19) 61の議論は次のように主張する．

或るペルソナの内に存在するものがすべて，他のペルソナの内に存在すると仮定するならば，例えば御父の内に存在する，御子を産出する能動的産出も御子の内にも存在することになるであろう．それゆえ，同じ御子のペルソナの内に，能動的産出と受動的産出が存在することになるが，これは不可能である．ゆえに，仮定された前提は偽である．

【オッカムの解答】
61の議論が述べているごとく，能動的産出と受動的産出が同じペルソナの内に存在することはない．更にまた，別々のペルソナの内に存在することもない．なぜなら先に能動的生みに関して述べられたごとく，能動的産出や受動的産出はペルソナと相違しないのであるから，能動的産出や受動的産出がペルソナの内に存在することはないからである．

20) オッカムがここで批判しているのは，チャトンの『センテンチア註解』第1巻第2区分第5問題第3項61の議論である．

63 Item, quando aliquid convenit uni et repugnat alteri, oportet aliquid ponere in illo cui convenit vel in illo cui repugnat, quare magis possit uni convenire vel repugnare quam alteri; sed esse ingenitum convenit Patri et repugnat Filio; igitur aliquid est in Patre quod non in Filio, vel e converso.

63 同様に，或るものが一方（A）に適合し，他方（B）に反する場合には，或るものを，それが適合するところのAの内に措定すべきであるか，それが反するところのBの内に措定すべきか，いずれかでなくてはならぬ．或るものは，他方よりも一方により適合する，あるいはより反することが有り得るのだからである．しかるに，生まれざるものであるということは御父に適合し，御子に反する．それゆえ，或るものは御父の内に存在し，御子の内に存在しない．あるいは，その逆である．(Walter Chatton, ibidem, n. 63, ed. cit., p. 192, lin. 6-10)

21) 【63の議論】63の議論では，下線部で述べられているごとく，〈或るものがAに適合し，Bに反する．ゆえに，或るものはAの内に存在し，Bの内に存在しない．あるいは，その逆である〉というように推論が行なわれている．

【オッカムの解答】これに対してオッカムは，63の議論で行なわれている推論そのものを否定する．例えば或るものが白さに適合し，黒さに反するとしても，或るものが白さの内に存在し，黒さの内に存在しないということはない．むしろ，「或るものは白であり，黒ではない」と言われるべきである．同様に，生まれざるものであるということが御父に適合し，御子に反する場合には，63の議論のごとく，「生まれざるものであることは御父の内に存在し，御子の内に存在しない」と言うべきではない．

むしろ，「御父は生まれざるもの（御父性）であり，御子は生まれざるもの（御父性）ではない」と言われるべきである．生まれざるもの（御父性）は，御父と相違しないからである．

22) オッカムはここでもう一度前に戻って，前註4で引用されたチャトンの『センテンチア註解』第1巻第2区分第5問題第2項の議論を批判している．下線部④を参照．
23) 全集版では 'distinguitur' となっているが，幾つかの写本に従い，'distinguuntur' と読む．
24) 第1章，3－第2章，4，ラテン教父全集42巻846-847．オッカムは次のように主張する．御父と御子のペルソナ間の一致や相違を，ペルソナの内にその部分を認めずに理解しようとする私（オッカム）の解釈は，アウグスティヌスにも見出されるものであり，正しい．例えば『ヨハネ福音書』第5巻第26節「御父は御子にもまた，生命を彼自身（御子）の内に持たせ給えり」（Pater dedit Filio vitam habere in seipso）という文言は，文字通りに解されるならば，生命（vita）が御子の部分であることを意味している．しかしアウグスティヌスは『三位一体論』の中で，この文言を「御父は，生命なる御子を生み給うた」（Pater genuit Filium, qui est vita）というように，御子と生命は同一であると解釈している．
25) 第11，12章，ラテン教父全集42巻836-840．

第4問題

1) パリ司教エティエンヌ・タンピエ，1277年の禁令，哲学上の誤謬219．
離在的実体は，実体に即してはいずれの場所にも存在しない．もしこれが，実体は場所の内には存在しないという意味で理解されるなら，誤りである．しかしながら，もしも実体が場所において存在することの根拠であるということが理解されているなら，それが実体に即してはいずれの場所にも存在しないということが真である．
(H. Denifle/É. Chatelain, *Chartularium Universitatis Parisiensis*, I, n. 473, Error 219, Paris 1899, p. 555；八木雄二・矢玉俊彦訳『中世思想原典集成13，盛期スコラ学』平凡社，1993年，657頁)
2) オッカムは場所の定義を，アリストテレス『自然学』第4巻第4章212a5-6τὸ πέρας τοῦ περιέχοντος σώματος から採っており，次のように註解している．

Et ideo quando dicit Philosophus quod locus est ultimum corporis continentis, debet sic intelligi: locus est corpus cuius quaelibet pars ultima continguatur locato. Et vocatur hic ultima pars quaelibet pars quae tangit aliud corpus. Sicut si sit corpus, puta aqua in vase, quaelibet pars aquae quae tangit vas vocatur hic ultima, ……. Sed dicitur ultima, quia tangit aliud ab aqua, ita quod inter ipsam et aliud corpus ab aqua et partibus eius non est aliquod medium, …….

それゆえ，アリストテレスが「場所とは，事物を取り囲むものの境界面である」と述べる時には，次のように理解されなくてはならぬ．場所とは，それのどの境界的部分も，場所を占めている事物に接しているものである．ここにおいては，他の

事物に接しているどの部分も,「境界的部分」と呼ばれる。それはちょうど,或るもの例えば容器の中に水があるとしたら,容器に接している水のどの部分も「境界」と呼ばれるのに似ている。……それが「境界」と呼ばれるのは,水が,水以外の事物と接しており,水と水以外の事物やその部分との間に如何なるものも介在していないからである。(Ockham, *Expositio in Libros Physicorum Aristotelis*, Lib. IV, Cap. 6; OPh V, p. 56, lin. 32- p. 57, lin. 42)
3) ここでの議論は次のように整理される。
【オッカムの議論 OTh IX, p. 24, lin. 9-14】
場所とは,その場所を占めている物体を取り囲むものの境界的部分である(アリストテレス『自然学』第4巻第4章)。その境界的部分を AB とすると,図のごとく AB は,更に AC と BC に分割可能であり,更にまた BC は,CD と BD に分割可能である。

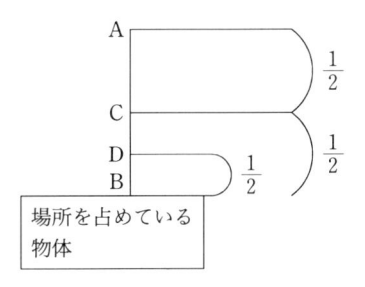

それゆえ厳密に言うならば,境界的部分 AB は,その場所を占めている物体に接していない多くの部分(AC, CD)を有することになる。
【反論 OTh IX, p. 24, lin. 15-18】
このオッカムの議論に対して,次の反論が提出される。そうだとすると,AB が境界的部分なのではなく,その部分の部分である BD が第一に,事物に接する境界的部分であり,場所であるとすべきではないのか。
【オッカムの解答 OTh IX, p. 24, lin. 19- p. 45】
オッカムは「境界的部分」の意味を二つに区分して解答している。第一の意味では,AB, AC, BC, CD, BD……すべてが「境界的部分」と呼ばれるのであり,この場合には無限に多くの境界的部分が存在することになる。第二の意味では,他のどの部分よりもより後に,最終的に事物に接する部分が「境界的部分」と呼ばれる。しかし,この場合には,如何なる部分も境界的部分ではない。仮に BD が境界的部分であるとしても,その部分は依然として分割可能であり,BD の部分 BE のほうがより最終的に事物に接していることになるからである。
4) 前註3の図を参照。
5) 劃域的な仕方においてと,限定的な仕方においての区別は,トマス・アクィナス『神学大全』第1部第52問題第2項主文においても見出される。

Sic igitur patet quod diversimode esse in loco convenit corpori, et angero, et Deo. Nam corpus est in loco circumscriptive: quia commensuratur loco. Angelus autem non circumscriptive, cum non commensuretur loco, sed definitive: quia ita est in uno loco, quod non in alio. Deus autem neque circumscriptive neque definitive: quia est ubique.
　　かくして，だから，場所においてあるということが，物体と天使と神とでは，その適合する仕方がそれぞれ異なっていることが知られる．すなわち，物体が場所においてあるのは，劃域的 circumscriptive な仕方においてである．（物体は場所と尺度を同じくするものなるがゆえに——．）だが，天使の場合は劃域的な仕方においてではなく（天使は場所と尺度を同じくするものではないがゆえに），限定的 definitive な仕方においてなのである．（或る一つの場所においてあり，他の場所においてあらぬがゆえに——．）神の場合には，これに対して，劃域的な仕方においてでもなければ，限定的な仕方においてでもないのである．（神はどこにも存在しているのであるから——．）(Thomas Aquinas, *Summa Theologiae* I. q. 52, art. 2, corpus；日下昭夫訳，創文社，神学大全第4冊，1973年，169-170頁)

6) オッカムは本書第4巻第21問題においても，同様の議論を行なっている．
　　Circa primum dico quod esse in loco circumscriptive est aliquid ese in loco sic quod totum sit in toto loco et pars sit in parte loci. Sed esse in loco definitive est totum esse in toto loco et totum esse in qualibet parte loci, sicut angelus est in loco, et corpus Christi in Eucharistia; et anima intellectiva sic est in toto corpore et in qualibet parte, licet non sicut in loco.
　　第一に関しては，私は次のように述べる．劃域的な仕方で場所においてあるとは，①そのもの全体がその場所全体においてあり，②そのものの部分がその場所の部分においてあるという仕方で，或るものが場所においてあることである．他方，或るものが限定的な仕方においてあるとは，①そのもの全体がその場所全体においてあり，且つ②そのもの全体がその場所のどの部分においてもあることである．例えば天使が場所においてある，キリストの身体が聖体においてあるのは，このような仕方においてである．更に知性的魂も，身体を場所とするわけではないが，このような仕方で身体全体においてあり，且つそのどの部分においてもある．(OTh IX, p. 400, lin. 14- p. 401, lin. 19)

7) すなわち，天使は，天使を取り囲むもの（場所）全体にも，その部分（AB）にも現在する．しかし天使は，天使を取り囲む場所の部分である AB の，更にその部分（AC, BC）に現在するということはない．天使を取り囲む場所の任意の部分（AB）を取り挙げよう．図のごとく，

```
    A ⎫
      ⎬
    C ⎨
      ⎬
    B ⎭
    ┌──┐
    │天使│
    └──┘
```

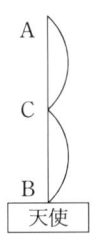

もしこの部分 (AB) が AC と BC へと分割されるならば,天使は一方の半分 (AC) には現在していないことになるからである.

8) ここで挙げられている四つの疑問のうち三つは,チャトンの『センテンチア註解』第2巻第2区分第5問題第2項に見出される.

　　[Dubium 4]
　　Item, aut coexsistit loco et corpori divisibili vel indivisibili[①]; et si divisibili, aut semper aequali aut in majori et minori indifferenter.

　　[Dubium 5]
　　Item, aut maiori et maiori in infinitum, ita quod non sit dare maximum cui potest naturaliter coexistere[②], e tunc esset virtutis. infinitae.
　　………

　　[Dubium 8]
　　Item, tunc infiniti angeli possent coexsistere, et unus in medio alterius, et transire per medium alterius sine resistentia[③].

　　[疑問4]
　　天使は分割可能な場所や物体とともにあるのか,あるいは分割不可能な場所や物体とともにあるのか[①].もし分割可能な場所や物体とともにあるとしたら,常に等しい場所や物体とともにあるのか,あるいはより大きな場所や物体にも,より小さな場所や物体にも,区別なくともにあるのか.

　　[疑問5]
　　あるいは天使は,無限により一層大きな場所とともにあるのか.そうだとすると,天使が本性的にともにあることのできる最大の場所を定めることができない[②].その場合には,天使は無限な力を持っていることになる.
　　……

　　[疑問8]
　　その場合には,無限な天使がともにあることが可能であり,或る天使は他の天使の中間にあり,如何なる抵抗もなしに[③],他の天使の場所を中間点にして,それを通過することができることになる.(Walter Chatton, *Reportatio super Sententias*, II, d. 2, q. 5, art. 2, edited by Joseph C. Wey and Girard J. Etzkorn, Pontifical Institute of Medieval Studies, 2004, Studies and Texts 148, pp. 166-167)

9) 前註で引用されたチャトンのテキストの［疑問4］に対応する．
10) チャトンのテキストの［疑問5］に対応する．
11) オッカムの第三の疑問に対応する疑問を，前註8で引用されたチャトンのテキストの中に見出すことはできない．しかし同じ疑問が，トマス・アクィナス『神学大全』第1部第52問題第3項においても議論されている．
12) 前註8で引用されたチャトンのテキストの［疑問8］に対応する．更に同じ疑問が，トマス・アクィナス『神学大全』第1部第53問題第2項においても議論されている．
13) 前註128で引用されたチャトンのテキストの［疑問4］の下線部①を参照．
14) すなわち第一の疑問，OTh IX, p. 27, lin. 77-78で行なわれている〈もし場所が分割可能であるとしたら，天使は場所全体よりも，場所の部分とともにあることになるであろう〉という推論を，オッカムは否定する．
15) 前註8で引用されたチャトンのテキストの［疑問5］の下線部②を参照．
16) なぜなら天使は場所を占めている事物に現在し，物体を包むものであると考えられるからである．
17) オッカム『アリストテレス自然学註解』第4巻第9章§1（OPh V, p. 103, lin. 41 - p. 106, lin. 142）を参照．そこにおいてオッカムは，アリストテレス『自然学』第4巻第5章の「二つの物体が同じ場所においてあることは必然ではない」(212b25)という説に反対して，「実体と性質，形相と質料といった二つの物体が同時に同じ場所においてあることは何ら不適切ではない」と主張する．同じ疑問が，前註131で述べたごとく，トマス・アクィナス『神学大全』第1部第52問題第3項においても議論されているが，トマスは「二つの天使が同時に同じ場所においてあることは不可能である」と，オッカムと異なる結論を述べている．
18) 同じ疑問は，トマス・アクィナス『神学大全』第1部第52問題第2項においても議論されている．
19) すなわち，天使に相応しい場所をABとすると，図のごとく

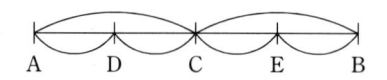

A　　D　　C　　E　　B

ABはその諸部分であるAC, BC, AD, CD, CE, BEへと分割可能であるのだから，天使は同時に連続した複数の場所にいることが可能である．
20) 天使と知性的魂との比較は，トマス・アクィナス『神学大全』第1部第52問題第1項においても見出される．
    amina enim in corpore ut continens, et non ut contenta. Et similiter angelus dicitur esse in loco corporeo, non ut contentem, sed ut continens aliquo modo. 魂が身体においてあるのも，「包むもの」としてであって，「包まれるもの」としてではないのである．天使が物体的な場所においてあるといわれるのは，やはりこれと同じく，「包まれるもの」としてではなく，かえって，何らかの仕方における

「包むもの」としてなのである．(Thomas Aquinas, *Summa Theologiae* I. q. 52, art. 1, corpus；日下昭夫訳，神学大全第4冊，創文社，1973年，166頁)
前註6で述べているごとくオッカムも同様に，知性的魂と天使を，限定的な仕方においてあるものの例として挙げている．

　　　　　　　限定的仕方において現在する
　　　　　　天使　　――――――――――場所
　　　　　知性的魂　　――――――――――身体

知性的魂は，非連続な複数の身体の場所に同時にいることができない．従って，天使の場合にも，非連続な複数の場所に同時にいることができない．
21)　前註8で引用されたチャトンのテキストの［疑問8］の下線部③を参照．

第5問題

1) 同じ疑問は，トマス・アクィナス『神学大全』第1部第53問題第1項においても議論されている．
2) この箇所での，場所的運動についてのオッカムの定義「場所的運動とは，場所に連続して存在する事物が，中断することなく，異なった場所に次々に継次的に存在することである」(motus localis est coexistentia successiva, sine quiete media, alicuius continue existentis in loco diversis locis) はわかりにくい．しかし上述の定義は，『アリストテレス自然学註解』第3巻第2章の中では，次のように言い換えられている．

　　De moto enim locali patet. Ponendo enim quod corpus sit primo in uno loco et postea in alio loco et sic procedendo sine omni quiete ………
　　場所的運動に関しては明らかである．なぜなら，物体が最初に或る場所において存在し，その後で別の場所において存在し，このように何ら中断することなく，次から次へと進むならば，……… (Ockham, *Expositio in Libros Physicorum Aristotelis*, Lib. III, Cap. 2; OPh IV, p. 432, lin. 59-61)

　　Unde per hoc quod corpus primo est in **a**, non ponitur aliqua alia res ab **a**; similiter per hoc quod primo non est in **b**, non ponitur aliqua alia res a **b** et a corpore; similiter per hoc quod corpus secundo est in **b**, non ponitur aliqua alia res a **b** et corpore. Et sic precedendo de aliis patet evidenter quod praeter corpus et partes loci et ceteras res permanentes non oportet ponere aliam rem, sed oportet ponere quod corpus aliquando sit in illo loco et in qualibet parte loci et aliquando non sit. Et hoc est moveri localiter: primo habere unum locum, nulla alia re tunc posita, postea habere sine quiete media alium locum ……. Et per consequens praeter istas res permanentes non est aliqua alia res, sed solum oportet addere quod corpus non est simul in illis locis et quod non quievit in illis locis.
　　それゆえ，物体が最初にaにおいて存在することによって，a以外のものが措定されることはない．同様に，物体が最初にbにおいて存在しないことによって，b

と物体以外のものが措定されることはない．同じくまた，物体が次にｂにおいて存在することによって，ｂと物体以外のものが措定されることはない．かくして，次から次へと進む場合に，他のものにおいても，物体と場所の諸部分とその他の持続する事物以外には何も措定すべきではないことは明らかであり，ただ物体は或る時にはこの場所においても，場所のどの部分においても存在し，また或る時には存在しないということを措定すべきである．物体は最初に或る場所を持ち，その時にはそれ以外のものは措定されず，その後で中断することなく，他の場所を持つ………ことが，場所的運動である．従って，持続する事物以外には何も存在しないのであり，ただ物体が同時にこれらの場所に存在するのではないこと，物体はこれらの場所において停止していなかったということを付け加えなくてはならない．
(Ockham, *Expositio in Libros Physicorum Aristotelis*, Lib. III, Cap. 2; OPh IV, p. 433, lin. 72-84)

更にオッカムは，『アリストテレス自然学問題集』第22問題の中でも次のように述べている．

Et tamen praeter corpus et locum non requiritur alia res, sed requiritur quod corpus primo sit in **a** loco et non in **b**, et postea sit in **b**, et sic deinceps sine quiete. Sed per hoc quod corpus primo est in **a** non ponitur alia res ab **a** in corpore, et per hoc quod non est in **b** non ponitur alia res a **b** in corpore. Unde moveri localiter est primo habere unum locum, nulla alia re tunc posita, et postea habere alium locum sine quiete media, et hoc sine omni alia re praeter locum et corpus.

［場所的運動のためには］，物体と場所以外には如何なるものも必要とされないのであり，ただ〈物体が最初に場所ａにおいて存在し，ｂにおいて存在せず，その後でｂにおいて存在し，以下中断することなく，異なった場所に次々に存在する〉ということが必要とされる．しかし，物体が最初にａにおいて存在するということによって，物体の内にａ以外のものが措定されることはないし，物体がｂにおいて存在しないことによって，物体の内にｂ以外のものが措定されることもない．それゆえ場所的運動とは，物体が最初に或る場所を持ち，その時にはそれ以外のものは措定されず，その後で中断することなく，他の場所を持ち，その時には場所と物体以外には全く何もないことである．(Ockham, *Quaestiones in Libros Physicorum Aristotelis*, Quaestio 22; OPh VI, p. 453, lin. 31-38)

以上のオッカムのテキストから，この箇所でのオッカムの定義「場所的運動とは，場所に連続して存在する事物が，中断することなく，異なった場所に次々に継次的に存在することである」は次のように解される．図のごとく，

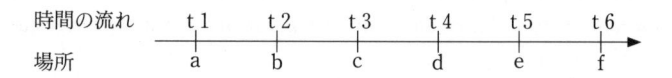

```
時間の流れ   t1   t2   t3   t4   t5   t6
場所         a    b    c    d    e    f
```

場所ａ−ｆに連続して存在する事物 Δ が場所ａからｆへと移動し，場所的運動を行な

訳者註解（第5問題） 147

うとは，事物Δが最初に，時間t1に場所aにおいて存在し，その後時間t2に場所bにおいて存在し，その後時間t3に場所cにおいて存在し，このように中断することなく，事物Δが異なった場所に次々に存在することである．このことが，'co-existentia successiva'（次々に継次的に異なった場所に，異なった時間に共存する）と呼ばれている．
3) この疑問に対してオッカムは，『大論理学』第I部第46章において，「運動は持続する事物と実在的に別なものではない」と述べていた（OPh I, p. 147, lin. 40-41）．拙訳『大論理学註解II』創文社，2000年，21頁，及び訳者註解，範疇，註解50，138-139頁を参照．
4) アリストテレス『自然学』第3巻第1章「運動は事物から離れて別に存在するものではない」（200b32-33）に註解して，オッカムは次のように述べている．
　　Secundo probandum est quod nullus motus est aliqua una res secundum se totam distincta ab omni re permanente et omnibus permanentibus, sicut aliqui imaginantur quod motus est aliqua una res secundum se totam extra essentiam omnium rerum permanentium et quod nulla res permanens est de essentia motus, sicut albedo est totaliter extra essentiam substantiae et substantia est totaliter extra essentiam albedinis.
　　第二に，或る人々が「白さが全面的に実体の本質の外にあり，実体が全面的に白さの本質の外にあるのとちょうど同じ様に，運動は全面的にあらゆる持続する事物の本質の外にあるものであり，如何なる持続する事物も運動の本質に属さない」と考えているごとくに，運動が全面的に，あらゆる持続する事物や持続するものと別なものである，ことはないということが証明されなくてはならぬ．(Ockham, *Expositio in Libros Physicorum Aristotelis*, Lib. III, Cap. 2, §5; OPh IV, p. 421, lin. 9-15)
　　…………
　　[Quod motus non est alia res a rebus permanentibus]
　　…………
　　Secundo ostendo idem specialiter de motu locali. Quia si motus localis sit alia res, quaero: aut est res absoluta aut res respectiva. Non res absoluta: tum quia tunc eset vel qualitas vel quantitas vel substantia, sed inductive patet quod nullum istorum est; quia si sic, sequeretur quod omne motum localiter haberet novam substantiam vel novam quantitatem vel novam qualitatem, et per consequens omne corpus caeleste haberet novam sunstantiam vel quantitatem vel qualitatem, quod est manifeste falsum; tum quia tunc motus localis esset aeque perfectus cum suo termino vel perfectior. Similiter non est res respectiva: tum quia omnis res est res absoluta ita quod nulla est res respectiva quin sit res absoluta; …………
　　[運動が持続する事物と別のものではないこと]
　　…………

第二に私は，同じこと〔運動が持続する事物と別のものでないこと〕を特に場所的運動に関して示す。もし仮に場所的運動が別のものであるとしたら，私は問う。それは独立して存在するものであるのか，関係的なものであるのか。（I）独立して存在するものではない。（理由1）なぜなら，もし独立して存在するものであるとしたら，その場合には，それは性質であるか，量であるか，実体であるか，いずれかであることになるが，しかしそれが，これらのいずれでもないことは個々の例から帰納的に明らかだからである。もし仮にこれらのいずれかであるとしたら，すべての場所的運動は新たな実体，あるいは新たな量，あるいは新たな性質を持つことになり，従ってすべての天体は〔場所的運動によって〕新たな実体，あるいは新たな量，あるいは新たな性質を持つことになるが，これは明らかに偽だからである。（理由2）なぜなら，もし独立して存在するものであるとしたら，その場合には，場所的運動はその到達点と同じくらい完全なものである，あるいはより完全なものであることになってしまうであろう。（II）同じくまた，関係的なものであることもない。すべてのものは独立して存在するものであり，それゆえ独立して存在するものでないとしたら，関係的なものでもないからである。………… (Ockham, *Expositio in Libros Physicorum Aristotelis*, Lib. III, Cap. 2, § 6; OPh IV, p. 431, lin. 18-28)

　Ideo dicendum est quod motus non est talis res distincta secundum se totam ab omni re permanente. Quia frustra fit per plura quod potest fieri per pauciora, sed sine omni tali alia re possumus salvare motum et omnia quae dicuntur de motu, ergo talis alia res frustra ponitur. Quod autem sine tali alia re possimus salvare motum et omnia quae dicuntur de motu, patet discurrendo per singulas partes motus.

　De moto enim locali patet. Ponendo enim quod corpus sit primo in uno loco et postea in alio loco et sic procedendo sine omni quiete et sine omni re media vel alia ab ipso corpore vel ipso agente quod movet, vere habemus motum localem; ergo frustra ponitur talis alia res.

　Si dicatur, quod non sufficiunt ad motum localem corpus et locus, quia tunc quandocumque essent corpus et locus, tunc esset motus, et ita corpus semper moveretur, dicendum quod corpus et locus non sufficiunt ad hoc quod sit motus ita quod ista consequentia non est formalis 'corpus et locus sunt, ergo motus est'. Sed tamen praeter corpus et locum non requiritur aliqua alia res, sed requiritur quod corpus primo non sit in hoc loco sed in alio loco et postea in hoc loco et sic continue ita quod numquam in toto illo tempore quiescat in aliquo loco. Et patet quod per omnia ista non ponitur aliqua res alia a rebus permanentibus.

　それゆえ，「運動は全面的にあらゆる持続する事物と別なものではない」と言わなくてはならぬ。より少数のものによって為されることの可能なものが，より多くのものによって為されるのは無駄である。しかるに，このような別のものが何ら

訳者註解（第5問題）

存在しなくても，運動や運動に関して言われるすべての事柄を我々は確保することが可能である．それゆえ，このような別のものが措定されることは無駄である．このような別のものが存在しなくても，運動や運動に関して言われるすべての事柄を我々は確保することが可能であるということは，運動の個々の種類に関して推論することによって明らかである．

　場所的運動に関しては，上述のことは明らかである．なぜなら，物体と物体を動かす能動者以外には，媒介となるものやそれらと別のものが何ら存在していなくても，物体が最初に或る場所において存在し，その後で別の場所において存在し，このように何ら中断することなく，次から次へと進むならば，我々は真に場所的運動を持つ．それゆえ，このような別のものが措定されることは無駄である．

　もし「場所的運動のためには，物体と場所だけでは充分ではない．なぜなら，それだけで充分であるとしたら，物体と場所がある時には常に，運動があることになり，物体は常に動いていることになってしまう」と反論されるならば，次のように答えられなくてはならぬ．確かに，運動のためには，物体と場所だけでは充分ではない．従って，〈物体と場所がある．ゆえに，運動がある〉という推論は形式的に妥当ではない．しかしだからといって，物体と場所以外に何らかの別のものが必要とされることはない．ただ，物体が最初はこの場所において存在せず，他の場所において存在し，その後でこの場所において存在し，このように次から次へと異なった場所において連続して存在し，全部の時間において或る場所に停止することがないということが必要とされる．それゆえ，これらすべてのことから，持続する事物と別のものが措定されないことは明らかである．(Ockham, *Expositio in Libros Physicorum Aristotelis*, Lib. III, Cap. 2, §6; OPh IV, p. 432, lin. 53-71)

5) 『アリストテレス自然学問題集』第14問題（OPh VI, pp. 430-432）を参照．
6) 第4問題第3項（OTh IX, p. 26, lin. 59-73）を参照．
7) 反対の論で引用された，『イザヤ書』第6章第6節を参照．
8) 第一の疑問に関して提出された三つの議論は，チャトンの『センテンチア註解』第2巻第2区分第1問題第1項（Walter Chatton, *Reportatio super Sententias*, II, d. 2, q. 1, art. 1, edited by Joseph C. Wey and Girard J. Etzkorn, Pontifical Institute of Medieval Studies, 2004, Studies and Texts 148, pp. 87-89）に見出される．これらの議論は，チャトン自身のものではないが，チャトンが支持している議論である．
9) チャトンの『センテンチア註解』第2巻第2区分第1問題第1項16では，次のように述べられている．

　Respondeo ergo aliter pro modo quia motus est alia res positiva praeter res absolutas permanentes: respectus scilicet motionis passivae mobilis ad motorem, quia ubi propositio verificatur pro rebus simul exsistentibus, si rebus exsistentibus simul positis potest esse falsa, oportet ponere aliam; sed haec est huiusmodi 'hoc movetur ab hoc agente'; et ad veritatem huius non sufficiunt omnes res absolutae possibiles nec <u>negationes quomodocumque combinatae absolutorum</u>, quia omnibus aeque praesentibus posset moberi a Deo, et tunc

esset haec falsa; ergo alia res requiritur, scilicet motio passiva.
　それゆえ今や私は，異なった仕方で答える．運動は，持続し独立して存在する事物（M*，M）と別な，肯定的定立的な何らかのものだからである．すなわち運動とは，動かされうる事物（M*）が動かす事物（M）に対して持つ，受動的な動きという関係である．なぜなら，命題が同時に存在する外界のもののゆえに真とされる場合，もし同時に措定された存在する事物（M*，M）によってだけでは命題が偽でありうるとしたら，別のものを措定しなければならない．然るに，「これ(M*)は，この能動者(M)によって動く」というような命題の場合，独立して存在可能なすべての事物（M*，M）だけでは，たとえ，それらがどのように組合わされた否定であるとしても，この命題を真とするのに充分ではない．なぜなら，たとえ，すべての独立して存在可能な事物（M*，M）が等しく現在しているとしても，この事物（M*）は，神によって動くことが可能であり，その場合にはこの命題は偽となるだろうからである．それゆえ命題が真であるためには，別のもの，すなわち受動的な運動が必要とされる．(Walter Chatton, *Reportatio super Sententias*, II, d. 2, q. 1, art. 1, n. 16, ed. cit., p. 87, lin. 24- p. 88, lin. 4)

10)　「否定を伴った持続する事物M*，M（res permanentes cum negationibus）だけでは，このような命題を真とするのに充分ではない」(OTh IX, p. 30, lin. 36-37)という文言の意味は明確ではない．いくつかの写本には 'cum negationibus'（「否定を伴った」）という語句が欠けているが，しかし前註9で引用されたチャトンのテキストの下線部に対応箇所がある以上，省略して読むことはできない．チャトンのテキストの「たとえ，それら（独立して存在し，持続する事物）がどのように組み合わされた否定であるとしても」という語句から，次のように解することができるであろう．
　「この動かされうる事物 M* は，この動かす事物 M によって動く」という命題が真であるためには，〈M* は M によって，場所 a に存在し，場所 b に存在しない．その後で，M* は M によって，場所 b に存在し，場所 a に存在しない．その後で，M* は M によって，場所 c に存在し，場所 b に存在しない．………〉という事が必要とされる．運動とは，〈次々に継次的に，或る場所の部分を持つ後に，その部分を去り，他の部分を持つ〉ことであり，従って肯定と否定を伴うことは，『センテンチア註解』第2巻第7問題で詳しく論じられている．

Et per tales negationes et affirmationes salvatur succesio in motu, quia illud proprie dicitur succeedere quod primo non est et post est, et ideo dicitur immediate seccedere. Exemplum: dicimus quod filius succedit patri quia pater est et filius non est, et post est filius, et ideo sibi succedit. Et ista est intentio Philosophi, III *Physicorum*, ubi dicitur quod 《motus est actus entis in potentia in quantum in potentia》. Per hoc quod dicit quod est 'actus', innuit illud quod est positivum in motu quod adquiritur ipsi mobili; sed per hoc quod dicit 'in potentia' etc., innuit negationem parties sequentis. (Ockham, *Quaestiones in librum secundum Sententiarum (Reportatio)*, II, q. 7; OTh V, p. 113, lin. 5-15)
しかし，持続する事物 M*，M だけでは，たとえそれらが，「……存在しない」とい

う否定命題を伴って組み合わせられたとしても，上述の事は成立しない．上述の命題が真であるためには，持続し，独立して存在する事物 M*，M 以外に，図のごとく，

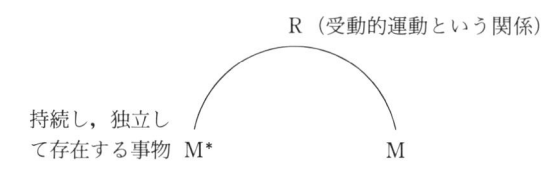

R（受動的運動という関係）

持続し，独立して存在する事物 M*　　　　M

M によって原因され，M*に内属する受動的運動という関係的なもの R が存在していなければならない．

11) この普遍的原理について，チャトンは『センテンチア註解』序論第 1 問題第 1 項の中でも，

Ubi propositio affirmativa verificatur pro rebus, si pauciores uniformiter praesentes sine alia re non poterunt sufficere, oportet plures ponere. (Walter Chatton, *Reportatio et Lectura super Sententias*, prol. q. 1, a. 1, edited by Joseph C. Wey, Pontifical Institute of Medieval Studies, 1989, Studies and Texts 90, p. 33, lin. 464-466)

と述べている．以上（前註 9，10）から，英語訳註 31（*Quodlibetal Questions*, V. 1, translated by Alfred Freddoso & Francis E. Kelley. New Haven, CT. Yale Univesity Press, 1991, p. 29, note31）が適切に解説しているごとく，第一議論は次のように理解される．たとえ持続し，独立して存在する事物 M*，M が措定されたとしても，これだけでは，「この動かされうる事物（M*）は，この動かすもの（M）によって動く」という命題は偽となる．神が単独で，M*を動かすことが可能だからである．上述の命題が真であるためには，持続し，独立して存在する事物 M*，M を加えて，第三のもの R（運動）を措定しなければならない（チャトンの普遍的原理）．従って運動 R は，持続する事物 M*，M と別のものである．

12) 第二議論は，チャトンの『センテンチア註解』第 2 巻第 2 区分第 1 問題第 1 項 18 において，より詳しく次のように述べられている．

18 Secundo sic: passio causat formam aliqua causalitate excludente creationem: quae est illa causalitas? Non quod recipiat formam, quia receptio formae non excludit creationem. ········Nec aliquam aliam causalitatem passi invenies quae excludit creationem nisi quia ad actionem agentis forma capit esse in passo mediante passione passi. Et istud argumentum probat quod oportet ponere successionem in ipsa motione passiva ita quod una pars eius succedat alteri, quia non solum una pars formae acquiritur acquisitione excludente creationem sed alia*; ········ non sufficiunt absoluta quaecumque et quod praefuerit motio passiva qua mediante pars prior formae acquirebatur; ergo etc.

*）テキストでは 'aliqua' となっているが，写本 P（Paris, Bibliotheque nationale de France, lat.

15, 887) に従い, 'alia' と読む.

18 第二には，次のように議論される．創造を除外した或る因果関係において，他から働きを受動することは，それが原因となって，形相を生じさせることである．このような因果性とは，一体何であるのか．形相を受け容れることではない．形相を受け容れることは，創造を除外しないからである．………創造を除外した，他から働きを受動する事物の持つ因果性として，〈能動者の働きによって，受動する事物が働きを受けることが媒介になって，受動する事物の内に形相が存在を持つ〉ということをあなたが見出すであろう．ここでの議論は，受動的運動においては継次 (successio) を措定しなければならないのであり，従って或る運動の部分の後に，次々と別の運動の部分が続くことを証明している．創造を除外した形相の獲得において，或る形相の部分が獲得されるだけでなく，他の形相もまた獲得されるのだからである．それゆえ，何であれ独立して存在する事物だけでは充分ではなく，受動的運動が存在し，それが媒介になって，より前の形相の部分が獲得されたのである．従って，云々．(Walter Chatton, *Reportatio super Sententias*, II, d. 2, q. 1, art. 1, n. 18, ed. cit., p. 88, lin. 13-25)

すなわち能動者 M によって M* が働きを受け，それが媒介となって，形相が生ずる．従って運動は，持続し独立して存在する事物 M，M* とは別なものである．

13) 第三議論は，チャトンの『センテンチア註解』第2巻第2区分第1問題第1項21において，より詳しく次のように述べられている．

21 Item, per prius corrumpitur forma contraria quam introducitur alia. Quid est illud quo posito forma corrumpitur? Aut quia <u>activum est praesens passo secundum propinquitatem situs</u>, aut quia aliquid imprimitur passo quod non diu compatitur secum talem formam. <u>Non primum</u>, quia 〔si〕 circumscribas actinem et pasionem, quantumcumque essent contrariae nulla repugnantia esset quin diu compaterentur se in sitibus propinquis non plus quam quod albedo et nigredo stent simul on sitibus propinquis diutissime; ergo hoc est propter secundum, quia scilicet aliquid imprimitur quod non est diu compossibile in eodem subiecto cum forma illa; sed illud impressum non est forma absoluta, ………

21 他の形相が導入されるに先立って，或る形相が消滅する．その場合，それが措定されることによって形相が消滅するものとは一体何であるのか．(1) 近接した位置で，能動者が受動者のそばに現存しているからであるのか．あるいは (2) 或るものが，働きを受動する事物に刻印づけられ，そのものが長時間形相と両立することが不可能であるからであるのか．(1) ではない．なぜなら，もしあなたが能動と受動の意味を明確にして用いるならば，たとえそれが如何に反対のものであるとして，近接した位置で長時間両立することが不可能であるほど，それほど相対立することはないからである．それはちょうど白と黒が，非常に長い時間近接した位置に同時に両立するのと同様である．それゆえ，このことは (2) による．すなわち，長時間同じ基体の内で形相と両立することが不可能であるものが，刻印づけ

られるのである．この刻印づけられたものは，独立した形相ではない．(Walter Chatton, *Reportatio super Sententias*, II, d. 2, q. 1, art. 1, n. 21, ed. cit., p. 89, lin. 9-19)

第三の議論は次のように主張する．第二の議論で述べられたごとく，能動者 M によって受動者 M* が a-f の間を動く時，次々と継次的に形相 A, B, Γ, Δ, E, Z が生ずる．

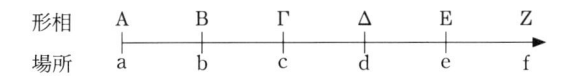

```
形相    A    B    Γ    Δ    E    Z
        ├────┼────┼────┼────┼────┼────→
場所    a    b    c    d    e    f
```

すなわち，M* が a から b へと動く時に，形相 A が消滅し，形相 B が新たに導入される．更に，M* が b から c へと動く時に，形相 B が消滅し，形相 Γ が新たに導入される．この場合，一体何が措定されることによって，より前の形相が消滅するのか．それは，例えば M* が a から b へと動く時に，能動者 M によって M* に或るものが刻印づけられ，そのものが長時間形相 A と長時間両立することが不可能であり，それゆえ形相 A が消滅するからである．それゆえ運動においては，持続する事物 M, M* 以外に何らかのものが存在する．

14) 第二の疑問に関して提出された五つの議論は，チャトンの『センテンチア註解』第 2 巻第 2 区分第 5 問題第 3 項 (Walter Chatton, *Reportatio super Sententias*, II, d. 2, q. 5, art. 3, edited by Joseph C. Wey and Giard J. Etzkorn, Pontifical Institute of Medieval Studies, 2004, Studies and Texts 148, pp. 171-172) に見出される．ただし，これらの議論は，チャトン自身のものではない．

15) チャトンの『センテンチア註解』第 2 巻第 2 区分第 5 問題第 3 項 68 では，次のように述べられている．

68 Sed contra hoc sunt aliqua dubia. Primum, quomodo indivisibile potest moveri, nam ARISTOTELES probat quod non, quia omne quod movetur partim est in termino a quo est partim in termino ad quem, nam nec movetur quando est totaliter in termino a quo nec quando est totaliter in termino ad quem.

68 これに対しては，いくつかの疑問が提出される．第一の疑問は次のごとくである．不可分であるものが如何にして動くことができるのか．アリストテレスは不可分なものが動くことができないことを次のように証明している．動くものはすべて，その一部が出発点においてあり，一部は到達点においてある．すなわち，その全部が出発点においてある時にも，全部が到達点においてある時にも，事物は動いていない．(Walter Chatton, *Reportatio super Sententias*, II, d. 2, q. 5, art. 3, n. 68, ed. cit., p. 171, lin. 6-10)

同様の議論が，トマス・アクィナス『神学大全』第 1 部第 53 問題第 1 項第 1 異論においても見出される．

Ut enim probat Philosophus in VI *Physic. nullum impartibile movetur;* quia dum aliquid est in termino a quo, non movetur; nec etiam dum est in termino ad quem, sed tunc mutatum est; unde relinquitur quod omne quod movetur, dum movetur, partim est in termino a quo, et partim in termino ad quem. Sed angelus est impatibilis. Ergo angelus non potest moveri localiter.

アリストテレスが『自然学』第六巻に証明しているごとく,「およそ部分に分かたれえないものは,動くことができない」。如何なるものも出発点においてある時は動いていないのであり,また到達点においてある時にも動いていない。その時には既にその変動を終えているからである。だからして,帰するところ,動くものはすべて,それが動いている間,一部は出発点においてあり,一部は到達点においてある。しかるに,天使は部分に分かたれえないものである。してみれば,天使が場所的に動くということはありえない。(Thomas Aquinas, *Summa Theologiae*, I, q. 53, art, 1, arg. 1；日下昭夫訳, 神学大全第4冊, 創文社, 1973年, 174頁)

16) 『自然学』第5巻第6章230b32-231a1, 第6巻第4章234b10-20.

17) チャトンの『センテンチア註解』第2巻第2区分第5問題第3項69でも,次のように述べられている。

69 Item, tunc prius transiret spatium aequale quam maius, et ita spatium componeretur ex indivisibilibus. (Walter Chatton, *Reportatio super Sententias*, II, d. 2, q. 5, art. 3, n. 69, ed. cit., p. 171, lin. 11-12)

同様の議論は,トマス・アクィナス『神学大全』第1部第53問題第2項第1異論においても見出される。

Omne enim quod pertransit medium, prius pertransit locum sibi aequalem, quam maiorem. Locus autem *aequalis angeli*, qui est indivisibilis, est locus punctalis. Si ergo angelus in suo motu pertaransit medium, oportet quod numerat puncta infinita suo motu: quod est impossibile.

すべて中間を通過するところのものは,自らよりも大きい場所を通過するに先立って,自らと等しい場所を通過する。だが,天使の場合,自らと等しい場所は,天使は分割不可能なものであるがゆえに,点という場所のほかにはない。もし,だから,天使がその運動において中間を通過するとすれば,天使はその運動でもって無限の点をいちいち渉りつくさなくてはならないことになるであろう。このことは然し不可能である。(Thomas Aquinas, *Summa Theologiae*, I, q. 53, art, 2, arg. 1；日下昭夫訳, 前掲書, 178頁)

もし事物Δが中間点B, Cを通過して空間A−Dを場所的に移動するとしたら,図のごとく,ABの大きさの事物Δは,自らよりも大きい空間(A−C)を通過するに先立って,自らと等しい空間(A−B)を通過することは明らかである。しかるに,

訳者註解（第5問題）　　　　　　　　　　155

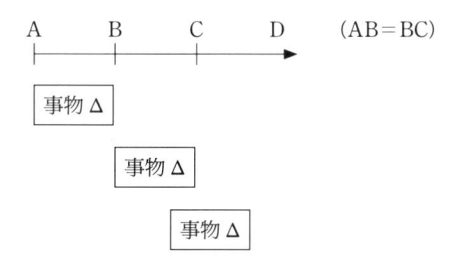

```
A     B     C     D      (AB＝BC)
├─────┼─────┼─────┼────▶
      ┌─────┐
      │事物 Δ│
      └─────┘
            ┌─────┐
            │事物 Δ│
            └─────┘
                  ┌─────┐
                  │事物 Δ│
                  └─────┘
```

天使は分割不可能なものであるがゆえに，天使に等しい空間（A－B）もまた分割不可能なものから構成されていることになるであろう。しかし，このことは不可能である。

18) この議論は，チャトンの『センテンチア註解』第2巻第2区分第5問題第3項72に見出される。

72　Item, tunc moveretur motu continuo, et tunc simul moveri posset et quiescere, quia recederet citius ab una parte quam ab alia.

72　その場合には，天使は連続的運動によって動き，動いていると同時に，静止していることが有り得ることになってしまう。天使は他の場所の部分よりも先に，或る場所の部分から離れるからである。(Walter Chatton, *Reportatio super Sententias*, II, d. 2, q. 5, art. 3, n. 72, ed. cit., p. 171, lin. 22-23)

19) 第四議論は，チャトンの『センテンチア註解』第2巻第2区分第5問題第3項73において，より詳しく述べられている。

73　Item, tunc posset transire ab extremo ad extremum non transeundo per medium, quia virtus eius non deminuitur propter subtractionem vel destructionem medii; sed posito medio vel stante medio potest subito facere se in extremo; ergo etc.

73　その場合には，天使は中間点を通過せずに，一方の極限から他方の極限へと移動することができることになるであろう。なぜなら，中間点が取り除かれ，消滅することによって，天使のちからが弱められることはないからである。しかるに，中間点を通過して動くものは，中間点が措定され，中間点に置かれることによって，速く自らを極限に存在させることができる。それゆえ，云々。(Walter Chatton, *Reportatio super Sententias*, II, d. 2, q. 5, art. 3, n. 73, ed. cit., p. 171, lin. 25-28)

第四議論は次のように解される。図のごとく，中間点を通過して，一方の極限Aから他方の極限Bへと移動する事物 Δ は，

```
A         C         B
├─────────┼─────────▶
```

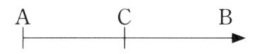

AからBへと移動するよりも，中間点Cが措定され，事物 Δ が中間点Cに置かれて，CからBへと移動するほうが，より速く自らを極限Bに存在させることができ

る．しかるに，天使はそのような中間点Cが取り除かれても，そのちからが弱められることはない．すなわち天使は，Aの地点に位置しても，中間点Cに位置しても，同じ時間で自らを極限Bに存在させることができる．それゆえ天使は，中間点Cを通過せずに，AからBへと移動することができる．

20) 第五議論は，チャトンの『センテンチア註解』第2巻第2区分第5問題第3項75において，より詳しく述べられている．

> 75 Item, a quo moveretur? Non a se. et hoc non, quia <u>aut volendo, et hoc non videtur quia tunc omnia obedirent voluntati suae, et eo quod vellet, esset aliquid. Aut exsequendo, et quails foret illa exsecutio?</u>
>
> 75 天使は何によって動くのか．自らによってではない．もし自らによってであるとしたら，（1）自らの意志によってであるのか．そうではないと考えられる．<u>もし自らの意志によって動くとしたら，天使が意志するがゆえに，或るものが存在することになり，すべてのものが彼の意志に従うことになってしまうからである．</u>あるいは，（2）自らの遂行によってであるのか．しかし，その場合の遂行とは一体どのようなものであるのか．（Walter Chatton, *Reportatio super Sententias*, II, d. 2, q. 5, art. 3, n. 75, ed. cit., p. 172, lin. 5-8）

21) 「この天使は神によって創造される」という命題は，「天使は今存在するが，以前には存在しなかった」という説明文を含意しているからである．従って，天使が創造される最初には命題は真であるが，その後では偽になる．

22) すなわち神と天使と，命題が書かれている本の三つ．

23) 「受動的創造」（creatio passio）に関する議論については，本書第Ⅶ巻第1問題，『センテンチア註解』第2巻第1-2問題（OTh V, pp. 3-49）を参照．「創造という関係は，能動者である神や受動者である被造物とは実在的（realiter）に異なる何らかのもの（res）である」と或る論者達は主張する．それゆえ彼等によれば，「天使が創造される」という命題が真であるためには，神と天使と，命題が書かれている本の三つのもの以外に，天使に内在している創造という受動的属性が必要とされる．

オッカムは，このような説には反対であり，『大論理学』第Ⅰ部第72章では，「創造」（creatio）も「創造者」（creans）も同様に神を代示すると述べている（OPh I, p. 223, lin. 250-251, 拙訳『大論理学註解Ⅱ』創文社，2000年，105頁）．更にオッカムは，本書第Ⅶ巻第1問題において，次のように述べている．

> Respondeo: quia ista quaestio includit difficultatem generalem ad creationem actionem et passionem, et conservationem actionem et passionem, ideo generaliter dico quod nec creatio actio nec cratio passio nec consevatio actio nec conservatio passio dicit aliam rem extra animam a rebus absolutis.
>
> 私は次のように答える．この問いは，能動的創造と受動的創造，能動的保存と受動的保存についての一般的困難を含んでいる．私は概略的に次のように述べる．能動的創造も受動的創造も，能動的保存も受動的保存も，独立して存在する事物と異なる，外界の何らかのものを意味することはない．（Ockham, *Quodlibeta Septem*, Quodlibet VII, Quaestio 1; OTh IX, p. 703, lin. 13-16）

訳者註解（第5問題）　　　　　　　　　　157

24)　「神は受動的創造というものを保存することができる」というオッカムの言明は，英語訳註33 (*Quodlibetal Questions*, V. 1, translated by Alfred Freddoso & Francis E. Kelley. New Haven, CT. Yale Univesity Press, 1991, p. 31) が解説しているごとくに，オッカムの真意ではなく，あくまでも反論の議論に合わせての解答であると解されるべきである．なぜなら，前註164で述べたごとくオッカムは，受動的創造という関係的属性の存在そのものを認めないからである．すなわち，この箇所での議論は次のように解される．
　【反論】
　反論の論者は受動的創造という関係的属性の存在を前提したうえで，（ⅰ）「この天使が創造される」という命題が真であるためには，このような関係的属性が天使に内在していることが必要とされるのであり，しかし（ⅱ）この属性は天使が創造された直後に存在をやめると考えている．それゆえ世界の消滅後は，命題は偽である．
　【オッカムの解答】
　たとえ仮に反論の論者のように，受動的創造という関係的属性の存在を認めたとしても，反論の議論は成立しない．（ⅰ）このような関係的属性は，この世界の消滅後でも存続する．神は受動的創造という属性を，この世界の消滅後でも保存することができるからである．それゆえ，この世界の消滅後にも，受動的創造という関係的属性が存在すると考えられる．従って，反論の論者の前提に立つならば，神と天使と本と，受動的創造という関係的属性の四つが存在することになる．しかし，（ⅱ）それにもかかわらず，世界の消滅以後は，命題は偽となる．なぜなら前註21で述べたごとく，この命題は説明文として否定命題を含んでいるからである．

25)　全集版では 'propositio' となっているが，'principium' と読む．上述の原理とは，前註11で述べられた普遍的な原理のことである．

26)　大前提とは，前註12で引用されたチャトンのテキストの下線部である．

27)　本書第Ⅱ巻第8‐9問題を参照．

28)　オッカムは，前註13で引用されたチャトンのテキストの下線部を批判している．第三議論では，形相が消滅する理由として，（1）能動者が受動者のそばに現存するからであると，（2）働きを受動する事物に或るものが刻印づけられ，そのものが形相と両立不可能だからであるの二つの選択肢を挙げ，（1）ではなく，（2）であるとしていた．これに対してオッカムは，形相が消滅する理由を，（1）によってであると解答している．

29)　オッカムの解答は次のように解される．
　①天使は劃域的な仕方で場所においてあるものではない．
　②天使は分割不可能なものであるけれども，天使がいる場所は分割可能であり，それに等しい空間も分割可能である（第四問題，第一疑問の解決の箇所；OTh Ⅸ, p. 27, lin. 88-89)．

30)　図のごとく，より小さな場所ABにいた天使が場所を移動し，より小さな場所ABとより大きな場所BCの両方にある場合には，

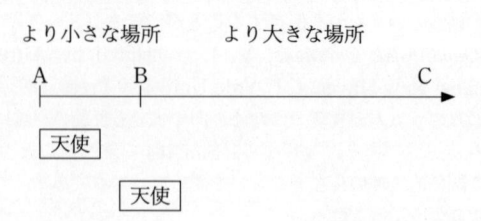

より小さな場所　　　より大きな場所
A　　　　B　　　　　　　　　　C

天使

天使

天使は前の場所 AB から離れ去っていないで，同じ場所 AB に留まっているのだから，より小さな場所に静止しており，且つ場所的に動いて，自らをより大きな場所 BC に存在させている．それゆえ天使は，或る場所 BC において動いていると同時に，他の場所 AB において静止している．

31) 前註 160 で引用されたチャトンのテキストを参照．
32) オッカムは，前註 161 で引用されたチャトンのテキストの下線部を批判している．
33) 図のごとく，

図1
天使Δ
A　B　C　D　E　F

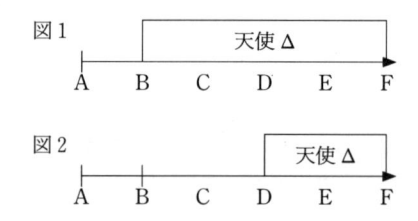

図2
天使Δ
A　B　C　D　E　F

図1から図2において，天使は場所を失う運動のみによって動いている．すなわち，①以前に持っていた場所全体（A−F）においてではないが，その場所の或る部分（D−F）において静止しており，同じくまた，②場所（B−D）を失う運動によって，B−F から D−F へと動いている．他方，

図1
天使Δ
A　B　C　D　E　F　G　H

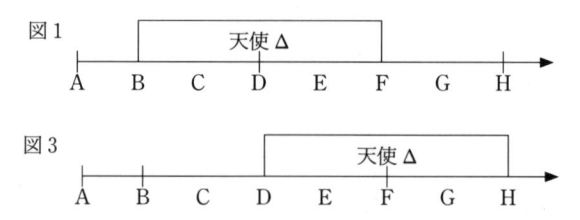

図3
天使Δ
A　B　C　D　E　F　G　H

図1から図3において，天使は場所を失う運動と場所を獲得する運動によって動いている．すなわち或る場所（B−D）を失い，他の場所（F−H）を新たに獲得して動いている．

第 6 問題
1) 第2巻第10区分第2章．ラテン教父全集 192 巻 672．
2) 第8章．ギリシア教父全集 3 巻 239, 240 B．

訳者註解（第6問題）　　　　　　　159

3) 全集版では 'cognitio' となっているが，いくつかの写本に従い 'cogitatio' と読む。オッカムはボエティウスやアウグスティヌスに従い，言葉・語を①身体の目によって見られる書かれた語と②身体の口で発声され，耳で聞かれる話された語と③知性の内に懐抱され，精神の口によって語られ，聞かれる〈精神の内の言葉〉に三分している（『大論理学』第Ⅰ巻第1章，拙訳『大論理学註解Ⅰ』創文社，1999年，6-8頁）。天使が語るとか，聞くとか言うのは，これらの③の意味においてである。
4) 正しくは，第10章18-19（ラテン教父全集42巻，1070-1071）の箇所である。
  18. ②Quaedam ergo cogitationes locutiones sunt cordis, ubi et os esse Dominus ostendit, cum ait: *Non quod intrat in os coinquinat hominem; sed quod procedit ex ore, hoc coinquinat hominem.* Una sententia duo quaedam hominis ora complexus est, unum corporis, alterum cordis. ……… At ③in eo quod sequitur os cordis ostendens, *Quae autem*, inquinit, *procedunt de ore, de corde exeunt, et ea coinquinant hominem. De corde enim exeunt cogitationes malae* (Matth. XV, 10-20) etc. Quid hac expositione lucidius? Nec tamen quia dicimus locutiones cordis esse cogitationes, ideo non sunt etiam visiones exortae de notitiae visionibus, quando verae sunt. ④Foris enim cum per corpus haec fiunt, aliud est locutio, aliud visio: intus autem cum cogitamus, utrumque unum est. ⑤Sicut auditio et visio duo quaedam sunt inter se distantia in sensibus corporis, in animo autem non est aliud atque aliud videre et audire: ac per hoc cum locutio foris non videatur, sed potius audiatur, locutiones tamen interiores, hoc est, cogitationes visas dixit a Domino sanctum Evangelium, non auditas: *Dixerunt*, inquit, *intra se, Hic blasphemat;* deinde subjunxit, ⑥*Et cum vidisset Jesus cogitationes eorum.* Vidit ergo quae dixerunt. Vidit enim cogitatione sua cogitationes eorum, quas illi soli se putabant videre.
  19. ……①Formata quippe cogitatio ab ea re quam scimus, verbum est quod in corde dicimus: quod nec graecum est, nec latium, nec linguae alicuius alterius:
  18　②思いは，心が語ることである。「口に入るものは人を汚さないが，口から出るものは人を汚す」（『マタイ福音書』第15章第12節）と主が言う時，心に口があることを，主は示している。この一つの文は，人間の二つの口を含意している。一つは身体の口であり，いま一つは心の口である。………続けて，③「口から出るものは，心から出て行くのであり，それが人を汚すのである。悪しき思いは心から出て行くからである」（同書第18-19節）と言う時，心の口のことを示している。これ以上に明瞭な説明があるだろうか。ただし，「思いは心が語ることである」と我々が述べたからといって，思惟が真である時には，それが知の直視から生ずる見る働きではないということではない。なぜなら，④これら語ることと見ることが外側の身体を通じて生ずる時には，語ることと見ることは別であるが，しかし心の内で我々が思う時には，語ることと見ることの両者は一つだからである。⑤身体の感

覚においては，聞くことと見ることは互いに異なった或る二つのものであるが，心においては見ることと聞くことは別ではない．それゆえ，外的に語ることは見られるのではなく，むしろ聞かれるのであるが，内的に語ること，すなわち思いは，主によって聞かれたのではなく，見られたのであると聖なる福音書は述べている．すなわち福音書は「彼等は心の中で，この男は神を冒瀆すると語った」（『マタイ福音書』第9章第3節）と述べ，更に続けて⑥「イエスは彼等の思いを見たので」（同第9章第4節）と述べている．それゆえ主は，彼等が語ったことを見たのである．すなわち彼等だけが見ていると考えていた，彼等の思いを，主は御自分の思惟によって見たのである．

19 ……①我々が認識する事物から形成された思いは，我々が心において語る〈言葉〉である．それはギリシア語でもラテン語でも，その他の国語でもない．

5) 前註4で引用された，アウグスティヌスのテキストの下線部①．オッカムは『大論理学』第I巻第1章（拙訳『大論理学註解I』創文社，1999年，6頁；訳者註解，語の区分，註解5，150頁）においても，アウグスティヌスのこの箇所を引用している．
6) 前註4で引用された，アウグスティヌスのテキストの下線部②．
7) 前註4で引用された，アウグスティヌスのテキストの下線部③．
8) 前註4で引用された，アウグスティヌスのテキストの下線部④．
9) 前註4で引用された，アウグスティヌスのテキストの下線部⑤，⑥．
10) オッカムは『センテンチア註解』第2巻第16問題（OTh V, pp. 358-381）においても，同様の議論を行なっており，或る天使は他の天使に語ることができ，「或る天使は，他の天使の思いや感情を直知的に見ることができる」（angelus …potest videre intuitive cogitationes et affectiones in alio angelo; OTh V, p. 365, lin. 13-15）と述べている．
11) オッカムが『大論理学』第I部第1章（拙訳『大論理学註解I』創文社，1999年，7頁）で述べているごとく，話された言葉や書かれた言葉が人為的な約束によって制定された記号であるのに対して，精神の中の言葉・思いは，自然本性的に或るものを表示する自然本性的記号である．
12) すなわち天使は，他の天使が語るのを聞き，他の天使の精神の内の言葉・実在の思惟を聞く，つまり見ることによって，その思惟の対象を認識することが果たして可能であるか．
13) 同様の疑問は，チャトンの『センテンチア註解』第2巻第9-10区分単一問題に見出される．

  Item, illa locutio aut foret idem cum illuminatione, et hoc non, quia inferior potest loqui superiori, nec tamen illuminare ipsum; nec distinguuntur, quia quid foret tunc illuminare?

  語ることは照明と同じであるのか．（1）同じではない．なぜなら，下位の天使は上位の天使に語ることができるが，上位の天使を照明することはできないからである．しかしまた，（2）語ることと照明することは，相違することもない．もし相違するとしたら，「照明する」とは一体何であるのか．（Walter Chatton,

Reportatio super Sententias, II, dd. 9 et 10, q. 1, n. 2, ed. cit., p. 270, lin. 12-14）第四の疑問は，ディオニシウス『天上階序論』第8章第2節（ギリシア教父全集3巻240 B-D）に基づく．すなわちディオニシウスによれば，上位の天使は下位の天使を照明し，浄化し，完成するのであり，照明はもっぱら上位の天使から下位の天使へと向かうからである．トマスも『神学大全』第1部第107問題第2項において，下位の天使が上位の天使に語ることが可能であるかを議論しており，「語ることと照明することは必ずしも同一ではない」と述べている．

14) 全集版では 'potest homo vel angelus loqui alteri' となっているが，写本C（Bibl. Apost. Vaticana, lat. 956），写本K（Parisiis, Bibl. Nat., lat. 17, 841）に従い，'potest homo vel angelus loqui uni et non alteri' と読む．

15) ここでのオッカムの議論に関しては，英語訳註42（*Quodlibetal Questions*, V. 1, translated by Alfred Freddoso & Francis E. Kelley. New Haven, CT. Yale Univesity Press, 1991, p. 37, note42）を参照．

16) オッカムは『センテンチア註解』第2巻第16問題においても同様の解答を行なっている．

> Sed quomodo tunc possunt intelligere cogitationes aliorum? Dicitur quod unus angelus videt in intellectu alterius angeli speciem per quam intelligit plura, et sic potest intelligere obiectum intellectum ab alio in universali, licet non in particulari. Et eodem modo videt conceptum alterius. Sed per illum non potest aliquod obiectum videre <u>in particulari sed solum in universali</u>, et solum videt cogitationes et affectiones et obiecta illarum <u>non in particulari sed in universali</u>, puta videt quod intelligo animal sed non hoc animal.
>
> しかし，或る天使は他の天使の思惟を如何にして知性認識することができるのか．この疑問に対しては，次のように答えられる．或る天使は他の天使の知性の中の，それによって複数のものを認識する形象を知性認識する．それゆえ或る天使は，他の天使によって知性認識された対象を，<u>個別的な仕方においてではなく，普遍的な仕方において</u>知性認識することができる．他の天使の懐抱する概念を見る場合も同様である．その概念によって或る天使は，その概念の対象を<u>個別的な仕方においてではなく，普遍的な仕方においてのみ</u>見ることができる．更にまた或る天使は，他者の懐抱する思惟や感情，それらの対象を<u>個別的な仕方においてではなく，普遍的な仕方においてのみ</u>見る．例えば天使は，私が動物を知性認識していることを見るのであって，私がこの動物を知性認識していることを見るのではない．(Ockham, *Quaestiones in librum secundum Sententiarum (Reportatio)*, II, q. 16; OTh V, p. 360, lin. 3-11)

17) 本書第1巻第14問題（OTh IX, p. 82, lin. 81-91），及び拙論「抽象と直知——オッカムの直知理論——」（『中世哲学を学ぶ人のために』世界思想社，2005年，142-145頁）を参照．

18) 例えば或る人が最初に①ヘラクレスを見て，ヘラクレスについての非複合的知を得て，それを記憶し，その後で②ヘラクレスの像を見る場合，彼はその像が表わして

いるヘラクレスについて思い起こす（オッカム『センテンチア註解』第1巻第3区分第9問題，OTh II, p. 544, lin. 11- p. 545, lin. 16）．ちょうどそれと同様に或る天使が①自らの内に，対象Aについての個別的知・思惟を記憶し，保存している場合，或る天使は②他の天使の内の類似した思惟（精神の内の言葉）を見ることによって，その思惟が表わしている対象Aを認識する．

19) 全集版では'cognitio'となっているが，いくつかの写本に従い'cogitatio'と読む．
20) トマスも『神学大全』第1部第107問題第2項主文において，次のように述べている．

 Respondeo dicendum quod angeli inferiores superioribus loqui possunt. Ad cuius evidentiam, considerandum est quod omnis illuminatio est locutio in angelis, sed non omnis locutio est illuminatio. Quia sicut dictum est, angelum loqui angelo nihil aliud est quam conceptum suum ordinare ad hoc ut ei innotescat, per propriam voluntatem. Ea vero quae mente concipiuntur, ad duplex principium referri possunt: scilicet ad ipsum Deum, qui est prima veritas; et ad voluntatem intelligentis, per quam aliquid actu consideramus. Quia vero veritas est lumen intellectus, et regula omnis veritatis est ipse Deus; manifestatio eius quod mente concipitur, secundum quod dependet a prima veritate, et locutio est et illuminatio; puta si unus homo dicat alii, *Caelum est a Deo creatum*, vel, *Homo est animal*. Sed manifestatio eorum quae dependent ex voluntate intelligentis, non potest dici illuminatio, sed locutio tantum; puta si aliquis alteri dicat, *Volo hoc addiscere, Volo hoc vel illud facere*. Cuius ratio est, quia voluntas creata non est lux, nec regula veritatis, sed participans lucem: unde communicare ea quae sunt a voluntate creata, inquantum huiusmodi, non est illuminare. Non enim pertinet ad perfectionem intellectus mei, quid tu velis, vel quid tu intelligas, cognoscere: sed solum quid rei veritas habeat.

 Manifestum est autem quod angeli dicuntur superiores vel inferiores per comparationem ad hoc principium quod est Deus. Et ideo illuminatio, quae dependet a principio quod est Deus, solum per superiores angelos ad inferiores deducitur. Sed in ordine ad principium quod est voluntas, ipse volens est primus et supremus. Et ideo manifestatio eorum quae ad voluntatem pertinent, per ipsum volentem deducitur ad alios quoscumque. Et quantum ad hoc, et superiores inferioribus, et inferiores superioribus loquuntur.

 以上に答えて，私はこういうべきだとする．下位の天使達が上位の天使達に語ることは可能である――．このことを明白にするためには，我々は次のごとき考察に遡らなくてはならぬ．すなわち，天使における場合，「照明」illuminatio はすべて「語り」locutio であるが，しかし「語り」が必ずしもすべて「照明」たるのではない．なぜかというに，上述のごとく天使が他の天使に語るとは，自己の懐抱せるところのものを他の天使に知らしめるということにまで，自己自身の意志でもって

訳者註解（第7問題） 163

秩序づけること以外の何ものでもない。ところで，精神の懐抱するところの事柄は二通りの根源に関係させることができる。一つの根源は第一真理たる神であり，いま一つは我々がそれによって事柄を現実的に観るにいたる知性認識者の意志である。しかるに，真理は知性の光であり，そしてあらゆる真理の準則は神そのものにほかならないのであるから，精神に懐抱されている事柄の顕示は，事柄の第一真理に依存するものなるかぎり，語りであるとともにまた照明でもあるのであって，例えば，或る人が他の人に，「天は神によって創造された」とか「人間は動物である」とか述べる場合のごときがそれである。これに対して，知性認識者の意志に依存するのでしかないごとき事柄の顕示は「照明」とは言われえず，単に「語り」と言われうるのみであり，例えば或る人が他の人に「私はこのことを学びたい」とか「私はこれやあれを行ないたい」と述べる場合のごときがそれである。その理由は，被造物の意志は光でもなければ真理の準則でもなく，それは光を分有しているにすぎないのであって，だから，被造物の意志である限りにおける被造物の意志に由来する事柄を伝達するのは照明ではないからである。実際，「何を汝が意志しているか」，「何を汝が知性認識しているか」を認識することは私の知性の完成に属することがらではないのであり，ただ「何がことがらの真理であるか」を認識することのみが私の知性の完成に属するのである。

ところで，天使達が上位のとか下位のとか言われるのは，明らかに神という根源との関連による。それゆえ，神という根源に依存するものたる「照明」は，もっぱら上位の天使達を経て下位の天使へという途を辿ってゆく。他方，意志という根源への秩序においては，意志する者自身が第一にして最高のものである。このゆえに，意志に属する事柄の顕示は，意志する者を通じて他の如何なる者達へも赴く。この限りにおいて，上位の者達は下位の者達に語るし，また下位の者達は上位の者達に語るのである。（Thomas Aquinas, *Summa Theologiae*, I, q. 107, art. 2, corpus；横山哲夫訳，『神学大全』第8分冊97-98頁，創文社）

第7問題

1) 例えばスコトゥスは，「天使が他の天使の内に，或る対象についての現実態における知識を生じさせることが可能である」と主張して，『命題集註解（オルディナチオ）』第2巻第9区分第2問題の中で次のように述べている．

49 Ad quaestionem igitur istam 'de locutione' primo respondeo quod angelus loquitur angelo causando in eo immediate conceptum illius obiecti de quo loquitur.

Ad quod pono duas rationes.

[a. —RATIO PRIMA]

50 Prima est talis: omnis loquens intellectualiter causaret immediate in eo cui loquitur—de eo de quo loquitur—conceptum, si posset; angelus autem hoc potest respectu alterius angeli; ergo etc.

51 Probatio maioris, quia 'loquens' principaliter intendit exprimere con-

ceptum suum illi intellectui cui loquitur; quodlibet autem agens naturale statim induceret—si posset—illud quod principaliter intendit.

52 Probatio minoris: illud quod sufficienter est in actu primo respectu alicuius effectus, potest illum effectum causare in receptivo proportionato et approximato: angelus autem, habens notitiam actualem alicuius obiecti, quod sit **a**, —est sufficienter in actu primo ad causandum intellectionem actualem ipsius **a**; ergo potest illum effectum causare in quocumque intellectu, receptivo illius effectus. Intellectus autem alterius angeli, non concipientis **a** distincte, receptivus est; ergo in isto intellectu potest notitiam ipsius obiecti causare.
....

49 「天使の語り」に関する問いに対しては，私は第一に次のように答える．天使は他の天使に語り，他の天使の内に直接に，彼が語っている対象についての概念を生じさせる．

　このことのために，私は二つの理由を述べる．
　［第一の理由］
50 第一の理由は次のごとくである．知性的な仕方で語るものはすべて，彼が語る相手に，――彼が語る事柄に関して――，もし可能であるなら，概念を生じさせる．しかるに天使は，他の天使に対して，こうしたことを行なうことができる．それゆえ，云々．

51 大前提の証明．「語る者」は彼が語る相手の知性に自らの概念を表わすことを主として意図している．しかるに自然本性的な能動者は，――もし可能であるなら――彼が主として意図している事柄を直ちに相手に導入する．

52 小前提の証明．或る結果を生じさせるのに充分な第一現実態においてあるものは，それに対比し，それに近接した位置にある受動者にその結果を生じさせることができる．しかるに，或る対象aについての現実態における知識を有している天使は，aについての現実態における知性認識の働きを生じさせる充分な第一現実態においてある．それゆえ天使は，このような結果を受動するどの知性の内にも，この結果を生じさせることが可能である．他方，aを判然と懐抱していない他の天使の知性は，このような結果を受動するものである．それゆえ，天使は他の天使の知性の内に，対象aについての知識を生じさせることができる．……(Scotus, *Ordinatio* II, dist. 9, q. 2, 49-52: Vaticana VIII, p. 156, lin. 418- p. 157, lin. 437)

オッカムは『センテンチア註解』第2巻第16問題 (OTh V, pp. 372-375)，『問題集』第6問題第1項 (OTh VIII, pp. 195-206) の中で，このスコトゥスの議論を批判している．

2) チャトンの『センテンチア註解』第2巻第9-10区分単一問題第1項 (Walter Chatton, *Reportatio super Sententias*, II, dd. 9 et 10, q. 1, art. 1. 6-11, ed. cit., p. 271, lin. 10- p. 272, lin. 22) を参照．チャトンは，①このような仕方は，語ることの可能性を確保しない，②このような仕方は，語ることの有用性を確保しないという理由から反対している．

3) オッカム『センテンチア註解』第1巻序第1問題 (OTh I, p. 16, lin. 6-18) を参照. 命題を判断する認識 (iudicativa notitia) とは,命題を真であると承認して,肯定判断を下す (assentire) こと,あるいは命題を偽であると否認して,否定判断を下す (dissentire) ことである.
4) 本問題第1項第1区分を参照.
5) 写本 D (Giessae, Bibl. Universitatis 733),及び Strasbourg 1491 (Unveränderter Nachdruck der Ausgabe, Louvain 1962, Minerva GMBH・Frankfurt/Main 1981) に従い, 'alius angelus' を補って読む.
6) 第6問題第三の疑問に対して,を参照.
7) 全集版では 'videt' となっているが,いくつかの写本に従い 'vidit' と読む.
8) すなわち,「ソクラテスはこのような大きさと形と色を有するものである」という命題を明証的に認識していないとは,話す側の天使が,ソクラテスという個物を主語とする単称命題について判断する現実態における認識を引き起こしていない場合である. 拙論「抽象と直知——オッカムの直知理論」(『中世哲学を学ぶ人のために』世界思想社, 2005年, 131-132頁) を参照.
9) 全集版では 'Si angelus audiens cognoscat evidenter, habitualiter tamen, hanc propositionem et videat tales habitus incomplexos' となっているが,写本 C (Bibl. Apost. Vaticana, lat. 956),写本 K (Parisiis, Bibl. Nat., lat. 17, 841) に従い下線部を省略し, 'Si angelus audiens hanc propositionem, videat tales habitus incomplexos' と読む.
10) 第二項第一結論を参照.
11) チャトンの『センテンチア註解』第2巻第4区分第5問題第5項 (Walter Chatton, *Reportatio super Sententias*, II, d. 4, q. 5, art. 5, 66 ed. cit., p. 232, lin. 18-23) を参照.
12) 前註1で述べたごとく,この主要な論はスコトゥスの『命題集註解(オルディナチオ)』第2巻第9区分第2問題から採られており,オッカムは同様の解答を,『問題集』第6問題第1項においても行なっている.

  Et quando dicitur quod secundus angelus est sufficienter approximatus, dico quod ad sufficientem approximationem inter activum et passivum aliquando requiritur identitas realis activi ad passivum, aliquando identitas obiecti, aliquando sufficit distinctio inter activu, et passivum. Exemplum primi: voluntas non potest causare actum amoris nisi in se ipsa, nec etiam intellectus potest causare notitiam actualem de obiecto sibi habitualiter noto nisi in se ipso,

  「第二の天使は(最初の天使に)充分に近接している」と(スコトゥスによって)言われる場合には,私は次のように答える. 能動者と受動者が充分に近接するためには,①或る時には能動者が受動者と実在的に同一であることが必要とされる. また②或る時には,対象が同一であることが必要とされる. また③或る時には,能動者と受動者が区別されているということだけで充分である. ①の例は,意志がまさ

に自己自身の内に，愛する働きを生じさせることができる場合である．更に知性がまさに自己自身の内に，所有態において知られた対象について現実態における認識を生じさせることができる場合である．(Ockham, *Quaestiones Variae*, Q. VI, Art. I; OTh VIII, p. 205, lin. 253- p. 206, lin. 260)

このテキストから，主要な論に対するオッカムの解答は次のように理解される．意志が自己自身の内に，愛する働きを生じさせる場合，愛する能動者と愛される受動者は実在的に同一である．それゆえ先に提示された，複数の所有態によって生ずる，判断する認識に関しても同様に，能動者と受動者が実在的に同一であることが必要とされる．しかし，語る側の最初の天使（能動者）と，語られることを聞く側の第二の天使（受動者）は実在的に同一ではない．聞く側の他の天使が判断する認識を持つことができないのは，このゆえである．ただし聞く側の天使は，①語る側の天使の肯定的判断の直視と，②自らの所有態の直視とによって，自らの内に肯定判断を生じさせることができる．英語訳註 45（*Quodlibetal Questions*, V. 1, translated by Alfred Freddoso & Francis E. Kelley. New Haven, CT. Yale Univesity Press, 1991, p. 41, note45）が述べているごとく，この場合，聞く側の天使は能動者であり，且つ受動者だからである．

13) 本問題で議論されるケースは，他の天使が対象についての所有態における認識を既に持っていることを前提としている．例えば，第二項第一結論においては図のごとく，

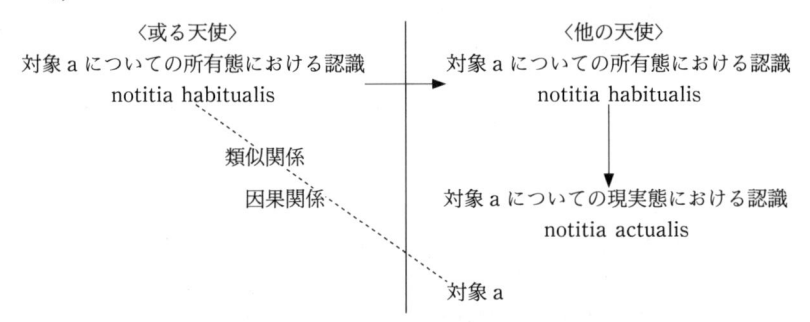

〈或る天使〉　　　　　　　　　　〈他の天使〉
対象 a についての所有態における認識　　対象 a についての所有態における認識
　　notitia habitualis　　　　　→　　　notitia habitualis

　　　　　類似関係　　　　　　　　　↓
　　　　　因果関係　　　　　　対象 a についての現実態における認識
　　　　　　　　　　　　　　　　　notitia actualis
　　　　　　　　　対象 a

結果である所有態（ハビツゥス）から，原因である対象 a を推理する仕方で，あるいは類似したものである所有態（ハビツゥス）から，元の対象 a を思い起こす仕方で，対象 a についての現実態における認識が他の天使の内に生ずることが論じられている．しかし，語るという行為は，更に別の目的で，すなわち他の天使が全く知らない，従って所有態における知識も持っていない対象に関して，他の天使に現実態における認識を持たせるために行なわれる．それゆえ，語ることは不要ではない．Alfred Freddoso の英語訳註 46（Ibid., p. 41）を参照．

第 8 問題

1) アリストテレスは『自然学』第 4 巻の中で，真空空間（vacuum, κενόν）を「物体

の欠如した場所」(208b26-27)と定義し，第6‐9章において，それが存在しないこ
とを詳しく論じている．他方，チャトンは『センテンチア註解』第2巻第2区分第5
問題第1項の中で，真空空間は存在可能であり，神が真空空間における運動を生じさ
せることは何ら矛盾を含まないとしている．

  Item, non est contradictio quin Deus faceret motum in vacuo, et tunc mobile esset aliquando hic et aliquando ibi. (Walter Chatton, *Reportatio super Sententias*, II, d. 2, q. 5, art. 1, 18 ed. cit., p. 162, lin. 5-6)

2) 能動的なものと受動的なものの天球の界域 (sphaera activorum et passivorum) についての記述は，スコトゥス『命題集註解（オルディナチオ）』第2巻第2区分第2部第2問題の，天使の場所に関する問題においても見出される．

  Diceret Aristoteles quod sic, quia diceret non posse esse 'aliud corpus a corpore caelesti' in sphaera activorum et passivorum, nisi diceret illud necessario contineri sub aliquo praecise continente. (Scotus, *Ordinatio* II, dist. 2, pars 2, q. 2, 230: Vaticana VII, p. 259, lin. 6-9)

能動的なものと受動的なものの天球の界域とは，四元素（火，気，水，土）から成る生成消滅を繰り返す，いわゆる月下の世界 (sublunaris) を指す．オッカムは，天体は複数の同心天球が層を成していると考えており，もし神が，能動的なものと受動的なもの天球の界域Bを消滅させ，場所において移動させることなしに，同じ位置に他の天体やその部分を保存することができるとしたら，図のごとく，天体Aと天体Cの末端は結合していず，互いに接していないことになり，天体Aの末端と天体Cの末端の間には，如何なる実在物も物体も存在しないことになるであろう．こうした中間の空間Bが真空空間である．

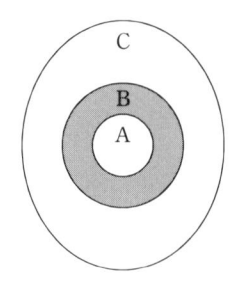

3) Alfred Freddoso の英語訳註48 (Ibid., p. 42) が述べているごとく，この仮定は「天体AとCの末端が互いに移動して接近する」という点で，最初の仮定と異なる．
4) オッカムは本書第4巻第10章で，「神が瞬間に移動できるか」という問いを立てて議論している．
5) 第一項の最初の仮定を指す．
6) すなわち仮定により，たとえ現在は天体Aの末端と天体Cの末端の間に如何なる実在物も存在していないとしても，①天体AとCの間に以前には天球の界域Bが存在した，あるいは②天体Aの末端と天体Cの末端の間に事物が存在することが可能であるということだけで，「天体Aの部分と天体Cの部分は互いに接していない」という結論を導くことができる．
7) 全集版は 'distant per aliquid positivum posita hypothesi; et iste sensus est falsus, manifestum est' となっているが，Strasbourg 1491 (Unveränderter

Nachdruck der Ausgabe, Louvain 1962, Minerva GMBH・Frankfurt/Main 1981)
その他の写本に従い，下線部の位置を変え，'distant per aliquid positivum; et iste sensus est falsus, manifestum est posita hypothesi' と読む．

8) 「真空空間」は，欠如態として理解されるからである．前註1で述べたアリストテレスの定義を参照．

9) チャトンも『センテンチア註解』第2巻第2区分第5問題第3項の中で，天使が真空空間を通過して動くことが可能である」ことを認めている．
concedo quod angelus potest movere se ad libitum etiam per vacuum, si esset. (Walter Chatton, *Reportatio super Sententias*, II, d. 2, q. 5, art. 3, 76 ed. cit., p. 172, lin. 11-12)

10) それゆえ，一方（天使が真空空間に存在する）が真であるとすれば，同様に，他方（天使が真空空間を通過して動く）も真である．

11) 全集版では'alias'となっているが，幾つかの写本に従い，'iterum'と読む．

12) 第5問題註16を参照．

第9問題

1) 第9問題は次のような歴史的背景を持つ．この問題に対する最初の解答は，アリストテレス『自然学』第6巻第1章の中に見出される．
ἀδύνατον ἐξ ἀδιαρέτων εἶναί τι συνεχές, οἷον γγραμμὴν ἐχ σατιγμῶν,
連続体が分割不可能なものから構成されていること，例えば，線が点から構成されていることはありえない．(231a24-25)
すなわちアリストテレスは，空間や時間や運動や線といった連続体が分割不可能なものから構成されていることを否定する．このアリストテレスの見解に対する反論が14世紀前半のIndivisibilist達によって行なわれるようになり，その代表的な論者の一人がチャトンである．彼は1323年ごろに書かれた『センテンチア註解』第2巻第2区分第3問題第2，4項（Walter Chatton, *Reportatio super Sententias*, II, d. 2, q. 3, art. 2, ed. cit., pp. 118-120, pp. 122-125），『連続体に関する問い』(*Quaestio de continuo*, ed. Murdoch et Synan, 'Two Questions on the Continum' Frnciscan Studies 26, 1966) の中で，「連続体は分割不可能なものから構成されている」と主張している．他方，オッカムは，「連続体の部分は分割不可能なものではなく，分割可能なものである」と主張するDivisibilistに属しており，本書においてチャトンの説を反駁することを試みている．ドゥンス・スコトゥスはこの問題に関しては，オッカムと同様にDivisibilistの側に属しており，オッカムは，スコトゥスの行なった論証を自説の第一証明として用いている．
①'Two Questions on the Continum' Introduction by J. Murdoch and E, Synan, pp. 212-225, Frnciscan Studies 26, 1966.
② Adam de Wodeham: *Tractatus de indivisibilibus*, A Critical Edition by Rega Wood, pp. 3-13, Kluwer Academic Publishers, 1988 を参照．

2) この論は，チャトンによって行なわれている．

テキスト（1）『センテンチア註解』第2巻第2区分第3問題第2項
27　Argumentum est ad hoc commune in Villa: inter primum punctum huius lineae et quodlibet aliud punctum eius, aut est aliquod medium, aut non. Si sic, idem mediabit inter primum punctum et se ipsum; si non, ergo primum punctum et aliquod aliud sunt immediata. (Walter Chatton, *Reportatio super Sententias*, II, d. 2, q. 3, art. 2, 27, ed. cit., p. 119, lin. 4-8)

テキスト（2）『連続体に関する問い』
77　decimotercio sic: inter primum punctum huius linee et <u>quodlibet aliud punctum</u> visum a deo in hac linea est aliquis punctus medius vel non; si sic, illud mediabit inter primum punctum et seipsum, quia deus videt utrumque, quia <u>ly *quodlibet* distribuit pro quolibet puncto alio a primo dato in hac linea.</u> si non, igitur primum punctum et aliquod aliud visum a deo sunt inmediata, et propositum.

77　第13番目に次のように述べる。神によって見られた，この線の第一の点（α）と，この線の他のどの点（β）との間にも，それらの間に或る点が存在するか，あるいは如何なる点も存在しないか，いずれかである。もし或る点が存在するとしたら，それは第一の点と自己自身との間に存在することになってしまうであろう。神は両方を見ており，「どの」という語は，この線の第一に定められた点以外の，他のすべての点を周延するからである。他方，中間に如何なる点も存在しないとしたら，神によって見られた第一の点（α）とその他の点（β）は無媒介に隣接していることになり，かくして意図したことが得られる。(*Quaestio de continuo*, ed. Murdoch et Synan, 'Two Questions on the Continum' Frnciscan Studies 26, 1966, p. 251)

以上，二つのテキストを考慮に入れるならば，チャトンの議論は次のように解される。

（I）線の第一の点（α）と，それ以外の他のどの点（β）との間にも，中間に如何なる点も存在しないとしたら，或る線のすべての点は無媒介に隣接していることになり，前件が真であることが証明される。これが我々の意図したことであり，従って「線は点から構成される」という結論が導かれる。

（II）他方図のごとく，第一の点（α）と他のどの点（β）との間にも，或る点（γ）が存在すると想定することは不可能であり，偽である。

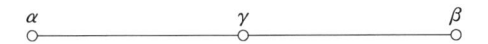

α———————γ———————β

なぜなら，その場合には「その中間の点（γ）は第一の点（α）と自己自身（γ）との中間に存在することになってしまう」(illud punctum est medium inter primum punctum et seipsum) からである。テキスト（2）の下線部で述べられているごとく，「他のどんな点（β）」(quodlibet aliud punctum) という語句は，第一の点（α）以外の，すべての点を周延しているのであり，従って「その点（γ）自身が，第一の点（α）以外の，他のすべての点（β）のうちの一つだからである」(illud est unum

de numero omnium punctorum).
3) 前註1を参照.
4) より詳しくは，オッカム『アリストテレス自然学註解』第6巻第1章（OPh V, pp. 449-462）を参照.
5) すなわちオッカムの解答は，〈線の如何なる部分も分割不可能ではない．ゆえに，線は点から構成されていない〉ということである.
6) オッカムはこの第一証明を，スコトゥス『命題集註解（オルディナチオ）』第2巻第2区分第2部第5問題から採ってきている.

329 ……Si autem lineae istae componerentur ex punctis, non essent incommensurabiles (se haberent enim puncta unius ad puncta alterius in aliqua proportione numerali); nec solum sequeretur quod essent commensurabiles lineae, sed etiam quod essent aequales, —— quod est plane contra sensum.
330 Probatio hius consequentiae.
Accipiantur duo puncta immediata in costa, et alia duo opposita in alia costa, —— et ab istis et ab illis ducantur duae lineae rectae, aequidistantes ipsi basi. Istae secabunt diametrum.
Quaero ergo aut in punctis immediatis, aut mediatis?
Si in immediatis, ergo non plura puncta in diametro quam in costa; ergo non est diameter maior costa.

329 ……もし仮にこれらの線が点から構成されているとしたら，正方形の一辺は対角線と通約不可能でないことになるであろう（すなわち，一方の点は他方の点に対して或る数的な比においてあることになるであろう）．更に，対角線が正方形の一辺の線と通約可能であるだけでなく，対角線が正方形の一辺の線の長さと等しいことになるであろう．——これは明らかに感覚に反する.
330 この推論の証明は以下のごとくである.
正方形の一辺の無媒介に隣接する二つの点と，他の辺の反対側の二つの点を取ろう．これらの一方から他方へと垂直に二つの直線が引かれ，これら二直線は底辺に等しい．これら二つの直線は対角線を横断するであろう.
この場合，これらの線は無媒介に隣接する点においてあるのか，媒介された点においてあるのかと私は問う.
もし無媒介に隣接する点においてあるとしたら，正方形の一辺の線においてよりも対角線において，より多くの点が存在することはないことになるであろう．それゆえ，対角線が正方形の一辺よりも長くないことになるであろう．(Scotus, *Ordinatio* II, dist. 2, pars 2, q. 5: Vaticana VII, p. 296, lin. 17- p. 297, lin. 10)
同様の議論は，チャトンのテキストにおいても，〈連続体が分割不可能なものから構成されることはない〉という説を主張する人々の議論の一つとして収録されている.
①『センテンチア註解』第2巻第2区分第3問題第3項第3の見解，連続体が分割不可能なものから構成されることは矛盾を含む.

44 Item, tunc non essent plura puncta in costa quam in diametro, quia volo

semper a costis quadrati oppositis trahere lineam iuxta lineam a punctis immediatis usque puncta immediata ex opposita linea; aut ergo illa evacuabunt omnia puncta diametri, et tunc propositum; ············
45 Item, tunc diametrum esset commensurabile costae; ergo possent mensurari per eandem mensuram. (Walter Chatton, *Reportatio super Sententias*, II, d. 2, q. 3, art. 3, 44-45, ed. cit., p. 121, lin. 19-28)
② 『連続体に関する問い』
88 sexto sic, secundum geometriam, diameter quadrati est incommensurabiis coste, ita quod plures sunt partes in dyametro quam in costa; ex hoc arguo sic: si tam costa quam dyameter componantur ex indivisibilibus, igitur tot sunt partes in costa sicud in dyametro. et ultra, igitur, predictum principium est falsum. probatio consequencie: quia protrahantur recte linee ab omnibus indivisibilibus in costa una usque ad indivisibilia in costa altera; ille linee evacuabunt utramque costam et transibunt per dyametrum, igitur evacuabunt totum dyametrum, quia sunt recte linee, igitur eque mediate, vel immediate, sunt in dyametro sicud in costa. (*Quaestio de continuo*, ed. cit., p. 255)

7) 第一証明の記述に基づくならば，次のような図を描いて証明が行なわれている．線の部分が分割不可能な点であり，線は点から構成されていると仮定してみよう．その場合，正方形 ABCD の一辺 AC のどの点からも，他の辺 BD へと垂直に直線を引くことが可能であり，このような直線はいずれも，対角線 BC の或る点を通過して引かれている．

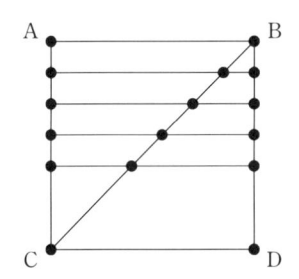

従って，対角線 BC と正方形の一辺 AC，BD は同数の点を持ち，もし対角線上に六つの点があるとしたら，必然的に正方形の両辺 AC，BD にも六つの点があることになるであろう．だとすると，正方形の一辺の線と対角線は同数の点を持ち，無媒介に隣接する同数の点から構成されているのだから，（1）対角線 BC と正方形の一辺 AC，BD の線の長さは等しく，（2）正方形の一辺と対角線は通約可能であることになるであろう．しかし，これは偽である．このことは幾何学の定理に反するし，BC の方が AC，BD より長いことは視覚にも明らかだからである．それゆえ，「線の部分が分割不可能な点であり，線は点から構成されている」という仮定が誤っている．

Alfred J. Freddoso の英語訳註 51 (Ibid., p. 47) を参照。
8) この異論はチャトンの主張である。
Dico ergo quod sicut una virga cadens super aliam oblique plus tangit de ea quam si caderet supe eam in directum per modum crucis, similiter in proposito quando linea iacet super lineam oblique sicut est de diametro respectu lineae tractae a costa in costam, plus vel plura puncta tanget quam si iaceret super eam directe. (Walter Chatton, *Reportatio super Sententias*, II, d. 2, q. 3, art. 4, 94, ed. cit., p. 132, lin. 7-12)
9) すなわち，Alfred J. Freddoso が英語訳註 52 (Ibid., p. 48) で説明しているごとく，正方形の二つの辺 AC, BD の長さをずっと常に同じままにし，他方，辺 AB, CD の長さを伸ばして，対角線 BC をより長くするならば，

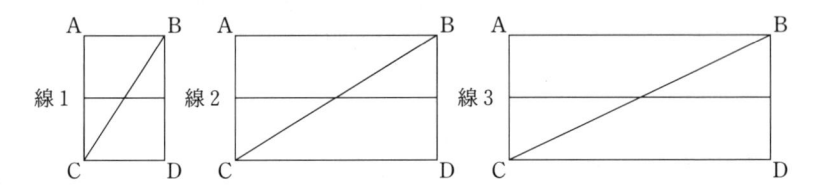

第一の線（線1）は対角線 BC の二つの点に斜めに接し，第二の線（線2）は対角線 BC の三つの点に斜めに接し，第三の線（線3）は対角線 BC の四つの点に斜めに接する。

10) すなわち，もし正方形の一辺から引かれた線が対角線の二つの点 α, β に接するとすれば，図のごとく，

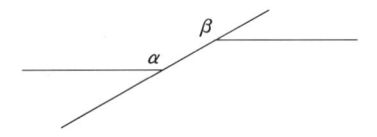

α は下に位置し，β は上に位置しているのであるから，辺から対角線へと引かれた線は直線ではなく，曲線であることになる。

11) 全集版は 'et quando tangit directe' となっているが，多くの写本に従い下線部を 'quam quando tangit directe' と読む。
12) オッカムは第三証明も，スコトゥス『命題集註解（オルディナチオ）』第2巻第2区分第2部第5問題から採ってきている。

テキスト（1）

321 Istae rectae lineae, sic ductae, transibunt recte per circumferentiam minoris circuli. Quaero ergo aut secabunt eam in eodem puncto, aut in alio?
Si in alio, igitur tot puncta in minore circulo, sicut in maiore; sed impossibile est duo inaequalia componi ex partibus aequalibus in magnitudine et

multitudine: punctus enim non excedit punctum in magnitudine, et puncti in circumferentia minore sunt tot quot in circumferentia circuli maioris; ergo minor circumferentia est aequalis maiori, et per consequens pars est aequalis toti!
321 このようにして引かれた，これらの直線は真っ直ぐにより小さい円の円周を通過するであろう．それゆえ，私は問う．これら複数の直線は，（1）同一の点において円周を横断するのであろうか，あるいは（2）別々の点において横断するのであろうか．

もし（2）別々の点においてであるとしたら，より大きな円と同じ数の点が，より小さい円にも存在することになってしまう．しかし，<u>大きさや数において等しい部分から，等しくない二つのものが構成されることは不可能である</u>．すなわち，或る点が大きさにおいて他の点を越えていることはなく，より小さな円の円周の点の数は，より大きな円の円周の点の数と同じであるのだから，より小さな円の円周は，より大きな円の円周と等しいことになる．従って，<u>部分が全体と等しいことになってしまうからである</u>．(Scotus, *Ordinatio* II, dist. 2, pars 2, q. 5,: Vaticana VII, p. 292, lin. 16- p. 293, lin. 8)
同様の議論は，チャトンのテキストにおいても見出される．
テキスト（2）
43 Item, protrahantur duo circuli circa idem centrum, et a duobus punctis immediatis circuli maioris possunt protrahi duae lineae ad centrum; aut ergo illa transibunt per duo puncta circuli minoris, et tunc non sunt plura puncta in circulo maiore quam in minore <u>aut per idem punctum, et hoc includit repugnantiam, quia cum sint lineae rectae etc</u>. (Walter Chatton, *Reportatio super Sententias*, II, d. 2, q. 3, art. 3, 43, ed. cit., p. 121, lin. 13-18)
テキスト（3）
86 quarto sic: protrahantur duo circuli interior et exterior; tunc, si uterque circulus componantur ex indivisibilibus, tunc a duobus indivisibilibus inmediatis in circulo exteriori possunt protrahi due linee usque ad centrum per mediun circuli interioris. tunc quero: aut ille transibunt per duo indivisibilia in circulo interiori vel non? si sic, igitur indivisibilia in uno circulo tot sunt quot in alio, contra sensum. (*Quaestio de continuo*, ed. cit., p. 254)
第三証明は，次のような図が作図されて証明が行なわれる．

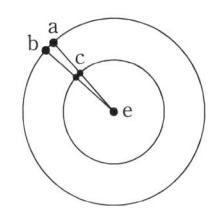

もし仮に線の部分が分割不可能なものであり，線が点から構成されているとしたら，より小さな円とより大きな円の点の数が等しく，より大きな円の円周とより小さな円の円周が等しいことになる．すなわち，同じ中心 e を持つ同心円，より大きな円とより小さな円を描くならば，より大きな円のどの点からも，より小さな円を通過して，両方の円に共通な中心 e へと直線が引かれることができる．このような直線 ae, be は中心 e 以外のところでは交わらない．この場合，（1）より大きな円の無媒介に隣接する二つの点 a, b から引かれた二つの直線 ae, be が，より小さな円の二つの点 c, d を通過するとしたら，より大きな円と同じ数の点が，より小さな円にも存在することになってしまう．しかし，スコトゥスのテキスト①の下線部で述べられているごとく，このことは不可能であり，偽である．なぜなら点 a, b, c, d は分割不可能なものであるのだから，その大きさは同じであり，それゆえ，より小さな円の円周とより大きな円の円周が等しいことになり，従って，部分（より小さい円）が全体（より大きな円）と等しいことになってしまうからである．それゆえ，「線の部分が分割不可能なものであり，線が点から構成されている」という仮定が偽である．

13) 他方（2），図のごとく，より大きな円の無媒介に隣接する二つの点 a, b から引かれた二つの直線 ae, be が，より小さな円の一つの点 c を通過するとしても，矛盾したことが生ずる．

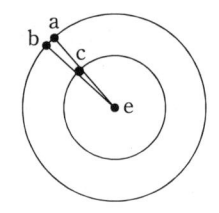

①線 ae, be は直線であり，従って，点 c で交わることはない．このことはチャトンのテキスト（2）の下線部においても述べられている．
②これら二つの線 ae, be がより小さな円の同一の点 c において交わるとするならば，線は点から構成されているのだから，点 c は，無媒介に隣接する二つの線の無媒介に隣接する二つの点と併存することになるであろう．更に三つの点，百の点，千の点と併存することになってしまう．これは不可能である．それゆえ，「線の部分が分割不可能なものであり，線が点から構成されている」という仮定が偽である．

14) Alfred J. Freddoso の英語訳註 54 (Ibid., p. 49) によれば，この異論の主張は次のように解される．その部分が分割可能な棒や円形の輪といった物体的な線の場合であっても同様に，第三証明においてオッカムによって挙げられた矛盾した不可能な事柄が成立する．だとすると，線の部分が分割不可能なものであるとしても，分割可能なものであるとしても，どちらの場合にも同様に，オッカムによって挙げられた矛盾した不可能な事柄が成立することになるであろう．それゆえ，「線や円周の部分が分割不可能なものであるか否か」ということと，オッカムによって挙げられた矛盾した不可能な事柄とは無関係である．

15) オッカムは異論に対して，(i)数において等しいということと，(ii)大きさにおいて等しいということを区別して解答している．第三証明の場合には矛盾した不可能な事柄が生ずるが，異論で述べられた物体的線の場合には矛盾した不可能な事柄が生じない．すなわち，前の段落で述べられた，部分が分割可能な棒や円形の輪といった物体的な線の場合には，より大きな円の二つの部分 a, b に対して，より小さな円の二つの部分 c, d が対応しているが，しかし部分の大きさは異なっており，より大きな円のより大きな部分 a, b に，極めて小さな部分 c, d が対応している．従って，「両方の円において部分が等しい」という結論は帰結しない．他方，幾何学的線の場合には，もし仮に円が点から構成されるとしたら，「両方の円において点は等しい」ことになる．なぜなら，前註 12 で引用されたスコトゥスのテキスト(1)で述べられていたごとく，点は分割不可能なものであるのだから，より大きな円の二つの点 a, b も，より小さな円の二つの点 c, d もその大きさが同じだからである．Alfred J. Freddoso の英語訳註 55 (Ibid., p. 50) を参照．
16) 第二証明異論に対する解答，第二．
17) 異論の(2)「この部分は，円が大きいが故に，千の部分と合致し，千の異なった位置に存在することになってしまうであろう」を問題にしている．
18) オッカムは次のような図を描いて，直線 ae, be が通過するこの点 C が，異なった位置にあるその他の諸々の点と併存することができないことを証明する．もし直線 ae, be がより小さい円の同一の点 C を通過するとしたら，この点 C を中心にして，図のごとく他の円を描くことができ，この円上に点 a, b があることになるであろう．中心 C から引かれた線 ac, bc は，この円が終点となるからである．この円の無媒介に隣接する点 a, b が，中心 C から引かれた直線 ac, bc 上の二つの点であり，この円の他の諸々の点も，中心 C から引かれた直線上の点と一致する．しかるに，この円から引かれた線 ac, bc は中心 C に到達する前に交わることはない．従って，この点 C が異なった位置にある複数の点と併存することはない．
19) 第三証明(2)②．
20) 類似の議論は，チャトンの『連続体に関する問い』においても，〈連続体が分割不可能なものから構成されることはない〉という説を主張する人々の議論の一つとして収録されている．

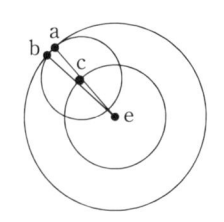

> 96 decimotercio sic: si sic, tunc mobile velocissimum nunquam attingit tardissimum; probacio: pono quod moveantur super idem spacium et quod tardissimum incipiat moveri in medietate spacii ante velocissimum; tunc sic: tardum continue tangit partem aliquam spacii et velox aliam, igitur in quolibet instanti quo velox tangit unam, tardum tangit aliam consimilem,

quia uterque continue movetur; et pono utrumque mobile esse eiusdem quantitatis. ...... sic arguo hic: inter partem in qua velocissimum incipit moveri, et partem in qua tardum uncipit moveri, sunt infinite partes in quarum qualibet verum est dicere: *velocissimum non attingit*, ita quod nunquam erit verum dicere: *in hac parte hoc attingit illud*; ymo, sequitur quod nunquam veniet ad partem ubi tardum incepit moveri, quia inter partem ubi velox incipit, et partem mediam in qua tardum incipit, sunt infinite partes eiusdem porcionis; infinita, autem, non possunt pertransiri.

96　第13の議論は以下のごとくである．もしそうであるとしたら，最も速く動くものは，最も遅く動くものに決して追いつかないであろう．［証明］①動くものは同じ空間の上を動き，②最も遅く動くものは，最も速く動くものの前に位置し，空間全体の中間の位置から動き始めるとする．そうである場合には，遅く動くものは連続して空間の或る部分に到達し，速く動くものは他の部分に到達し，従って速く動くものが或る部分に到達する瞬間にはいずれも，遅く動くものは類似した他の部分に到達していることになる．両者はいずれも，連続して動いているからである．更に，③動いているものは両方とも，同じ大きさを持つとする．……この場合私はここにおいて次のように議論する．最も速く動くものが動き始める空間の部分と，遅く動くものが動き始める空間の部分との間には，部分が無限に存在し，それらのいずれの部分においても，「最も速く動くものは，最も遅く動くものに追いつかない」と言うことは真であり，それゆえ「この部分において，これはあれに追いつく」と言うことは決して真ではないであろう．いやそれどころか，最も速く動くものは，遅く動くものが動き始めた空間の部分にまでも達しないということが帰結する．なぜなら，速く動くものが動き始める空間の部分と，遅く動くものが動き始める空間の中間の部分との間には，同じ比率から成る部分が無限に存在し，しかるに最も速く動くものでさえ，無限を渉りつくすことは不可能だからである．(*Quaestio de continuo*, ed. cit., p. 258)

21)　〈最も速く動くアキレウスが，最も遅く動く亀に決して追いつかない〉というゼノンの議論は，アリストテレス『自然学』第6巻第9章の中で論じられている．
　第二の議論はいわゆるアキレウスの議論である．すなわち，走ることの最も遅いものですら最も速いものによって決して追いつかれないであろう．なぜなら，追うものは，追いつく以前に，逃げるものが走りはじめた点に着かなければならず，従って，より遅いものは常にいくらかずつ先んじていなければならないからである．(239 b 14-18)
オッカム『アリストテレス自然学註解』第6巻第13章§4　(OPh V, p. 560) を参照．
22)　オッカムの議論の後半は次のように理解される．
　1．遅く動くもの（亀）が空間の一つの分割不可能なもの（A'）を獲得し，地点A'に到達する瞬間（時点t1）に，最も速く動くもの（アキレウス）は二つの分割不可能なもの（A, B）を獲得し，地点Bに到達すると仮定しよう．

訳者註解（第9問題）　　　　　　　　　　　　　　177

　　　アキレウスの出発点　　　亀の出発点
　　　　　　A　B　　　　　　　A′

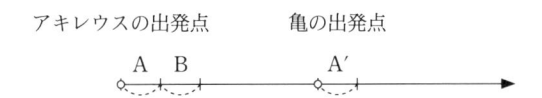

2．第二の前提「空間の上を動く物体は，瞬間（時点 t1）に，空間の一つの分割不可能な点にのみ到達する」に基づくならば，アキレウスは瞬間（時点 t1）に，地点 A を，地点 B よりも前に獲得し，到達していることになる．

3．しかし，瞬間（時点 t1）もまた分割不可能なものであり，瞬間においては前後の区別がない．

4．それゆえ，1の仮定「アキレウスは瞬間に二つの分割不可能なものを獲得する」は偽であり，従って，もし連続体（空間，時間）の部分が分割不可能であるとしたら，最も速く動くものが，最も遅く動くものに決して追いつかないというゼノンの議論が成立することになる．

23）チャトンは『センテンチア註解』第2巻第2区分第3問題第4項の中で，次のごとく述べている．

semper tamen dico quod <u>motus unus non est velocior alio super punctum unum sed super quantum aliquod habens partes.</u>

「或る一つの点の上を動く運動が，他の運動よりもより速いということはない．複数の諸部分を有する量（長さ）の上を動く運動が，他の運動よりもより速いのである」と私（チャトン）は常に主張する．(Walter Chatton, *Reportatio super Sententias*, II, d. 2, q. 3, art. 4, ed. cit., p. 134, lin. 10-11)

24）チャトンは『センテンチア註解』第2巻第2区分第3問題第4項の中で，

160　DICO ad istud quod argumentum ZENONIS de mobili tardo et velociore semper fuit difficile ad solvendum, sed vadit ad hanc conclusionem quod motus vel sit de indivisibilibus ……

160　遅く動くものとより速く動くものに関するゼノンの議論は常に解決困難なものであっただけでなく，「運動は分割不可能なものから構成されている」という結論へと赴く．……(Walter Chatton, *Reportatio super Sententias*, II, d. 2, q. 3, art. 4, ed. cit., p. 144, lin. 9-11)

と述べている．すなわちチャトンによれば，ゼノンのパラドックスは，「連続体が分割可能なものから構成されている」と主張する人達にも反対する結論を導くというのである．この反論に対して，オッカムは次の箇所で解答している．

25）オッカムの議論は次のように整理される．

【I．ゼノンの議論】前のゼノンの議論では，空間という連続体に分割不可能なもの（地点 A′，A，B）が存在することが仮定されており，「空間の上を動く物体は，瞬間（時点 t1）に，空間の一つの分割不可能な点にのみ到達し，それを獲得する」ということが前提されている．

【II．オッカムの立場】この空間の部分，例えば A は更に無限に多数の部分へと分割可能であり，それら部分 A のすべての無限の部分が瞬間（時点 t1）に獲得される

ことを認めることができない。無限を渉りつくすことは不可能である。

【III. オッカムの解答】もし仮にIIのことが可能であると認められるとしたら、その場合にはゼノンのパラドックスは、OTh IX, p. 56, lin. 145-150 の議論のごとく、分割不可能なものを措定する人達に反対する結論を導き出すことも、OTh IX, p. 57, lin. 163-167 の議論のごとく、分割不可能なものを否定する人達に反対する結論を導き出すこともできる。

26) すなわち図のごとく,

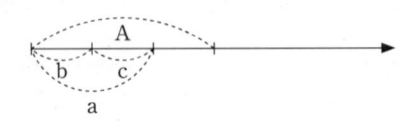

獲得された A の或る部分 a がより前に獲得されたのであり、更にその部分の部分 b は更により前に獲得されたのであり、かくして無限に進行するからである。

27) 以下でオッカムが解答している、〈分割不可能なものが存在する〉と主張する九つの議論はすべて、チャトン『センテンチア註解』第2巻第2区分第3問題からとられている。

28) 第一議論は、チャトン『センテンチア註解』第2巻第2区分第3問題第1項13 からとられている。

  Primum est illud: non est negandum a potentia Dei de quo non probatur contradictio; sed nulla potest probari contradictio in hoc quod tale indivisibile exsisteret. et si sic, ergo modo de facto est in quanto aliquod tale indivisibile, nam si illud indivisibile applicaretur quanto, aut tangeret primo et adaequate aliquod divisibile, id est habens partes intrinsecas, aut indivisibile seu non habens partes intrinsecas. Si secundum, habetur propositum. Si primum, contra: illius divisibilis (ex quo habet partes intrinsecas et istud est indivisibile) aliqua pars est ab eo remotior quam alia et ita non tangit totum illud primo et adaequate.

  第一は、次の議論である。それについて矛盾することが証明されない事柄は、神のちからによって行なわれることが否定されるべきではない。しかるに、分割不可能なものが存在するということに、何の矛盾もないことは証明されることができる。もしそうであるならば、或る分割不可能なものが、今実際に量を有するものの中に存在する。このような分割不可能なものが量を有するものに付け加えられる場合、分割不可能なものは、(1) 分割可能なもの、すなわち内在的な諸部分を持つものに第一に適合した仕方で隣接しているのか、あるいは (2) 分割不可能なもの、すなわち内在的な諸部分を持たないものに隣接しているのか、いずれかである。もし (2) であるとしたら、我々の意図したことが得られる。もし (1) であるとしたら、これに反対して次のように述べる。(これらのうちの一方は、内在的な諸部分を持つものであり、他方は分割不可能なものであるのだから)、分割可能なものの

訳者註解（第9問題） 179

或る部分は，分割可能なものの他の部分よりも，分割不可能なものからより大きく離れている．従って分割不可能なものが，分割可能なもの全体に第一に適合した仕方で隣接していることはない．(Walter Chatton, *Reportatio super Sententias*, II, d. 2, q. 3, art. 1, 13, ed. cit., p. 116, lin. 12-21)
29) オッカムは，前註247で引用されたチャトンの第一議論の下線部を批判している．
30) 本問題のオッカム自身の解答と，四つの証明を参照．
31) オッカム『大論理学』第 I 部第44章（拙訳『オッカム「大論理学」註解 II』創文社，2000年，6 -13頁），『アリストテレス範疇論註解』第 10 章 § 4；OPh II, pp. 206-209, p. 217（拙訳『オッカム「大論理学」註解 II』訳者註解，範疇，註解10, 128-129頁）を参照．更に，アリストテレス『自然学』第4巻第11章 (220 a 8-12) への註解においても，オッカムは次のように述べている．

Notandum est hic primo quod non intendit Philosophus dicere quod punctus sit quaedam res media inter duas lineas, ligans eas ad invicem. Sed per talem propositionem 'punctus est principium unius et finis alterius' intendit istam propositionem 'una linea extenditur usque as aliam et non ultra', et similiter e converso alia linea extenditur usque ad illam et non ultra. Quia tamen duae lineae faciunt unam lineam per se unam, et quia hoc est possibile sine tali re distincta realiter ab illis lineis et partibus eius, ideo non oportet ponere talem rem quae ab antiquis ante Aristotelem, et nunc a multis modernis, vocatur punctus. (Ockham, *Expositio in Libros Physicorum Aristotelis,* Lib. IV, Cap. 23, § 3; OPh V, p. 248, lin. 9 -17)

32) 第二議論も，チャトン『センテンチア註解』第2巻第2区分第3問題第1項15からとられている．

Secunda instantia contra hoc est de corpore sphaerico tangente planum tantum in puncto indivisibili; quoniam si in divisibili tangeret, vel unum non esset sphaericum vel alterum non planum.
　反対する第二の異論は次のごとくである．球体は分割不可能な点においてのみ平面に接する．もし分割可能なものにおいて接するとしたら，一方は球面ではなく，他方は平面でないことになる．(Walter Chatton, *Reportatio super Sententias*, II, d. 2, q. 3, art. 1, 15, ed. cit., p. 116, lin. 31-p. 117, lin. 2)
同様の議論は，チャトン『連続体に関する問い』68においても述べられている．
68　quinto sic: deus potest facere unam rem vere planam in partibus et aliam vere spericam in partibus, ymo, secundum philosophum, celum est spericum, aut esset vacuum in recessu partis depresse vel prominentis: cum tenet illa duo simul, spera tangit planum; quero: utrum in partibus quantis, vel tantum in una? si in pluribus, igitur non est sperica, quia adaptabitur plano in partibus; demonstro illas, igitur ille partes faciunt planum, vel alique intrabunt planum et erunt alique partes in plano prominentes, et alie depresse. si tantum in una, propositum; sequitur enim formaliter: tantum una pars, igitur non multe, igitur

indivisibilis necessario. (*Quaestio de continuo*, ed. cit., p. 249)
33) オッカムは『アリストテレス自然学註解』第6巻第14章の中で，第二議論に対してより詳しい解答を行なっている．

Sed oppositum istius nituntur aliqui demonstrare probando quod sit aliquid tale indivisibile. Quia ponatur quod corpus mere sphaericum tangat corpus simpliciter planum. Quo posito quaero: aut tangit in aliquo divisibili aut in aliquo indivisibili. Primum non potest dari, quia quocumque divisibili accepto illud erit curvum et per consequens non totum applicatur plano, sed inter aliquam partem ipsius curvi et plani erit corpus medium. Si detur secundum, habetur propositum.

Ad istud dicendum est quod Philosophus poneret quod impossibile est quod corpus simpliciter sphaericum tangat aliquod corpus simpliciter planum quin inter illud corpus et aliud sit aliquod corpus medium et quin inter quamlibet partem corporis unius et alterius sit corpus medium. Et hoc patet esse de intentione Aristotelis, quia secundum eum illa tangunt se inter quae nihil est medium. Igitur illa quae tangunt se primo, nihil habent medium nec inter se tota nec inter partes eorum. Si ergo corpus sphaericum tangat corpus planum, et certum est quod totum corpus sphaericum non tangit primo totum corpus planum, quia inter multas partes unius et alterius est corpus medium, igitur oportet quod aliqua pars corporis sphaerici tangat primo aliquam partem corporis plani. Sed hoc est impossibile. Quia si sic, dentur illae partes, scilicet **a**, **b**, tunc arguo sic: si **a** et **b** primo tangunt se, igitur inter nullam partem **a** et partem **b** est aliquod medium. Sed hoc est manifeste falsum. Quia dividatur utrumque in tres partes aequales, scilicet **a** in **c**, **d**, **e**, et **b** in **f**, **g**, **h**. Manifestum est quod inter **c** et **f** est corpus medium; aliter enim utrumque esset curvum vel utrumque planum. Ergo **a** et **b** non primo tangunt se. Et ita potest probari de quibuscumque partibus quod non tangunt se primo et per consequens totum non tangit totum. Tamen quandocumque aliqua sunt tangentia se, oportet dare aliqua quae primo tangunt se, et hoc quia omnia tota quae dicuntur se tangere, vel tangunt se secundum se tota vel secundum partes suas. Et si detur quod tangunt se secundum partes suas, quaeratur de illis: aut tangunt se secundum se tota aut secundum partes suas tantum, et ita vel erit processus in infinitum vel stabitur quod aliquae partes secundum se totas tangunt se.

Et si dicas quod illa quae primo tangunt se, in illo casu sunt indivisibilia, scilicet puncta, quia illa sunt simul, —— hoc est expresse contra Aristotelem, quia in principio huius sexti probat quod indivisibilia, etiam si essent, non possunt se tangere sic. Igitur dicendum est secundum Aristotelem quod corpus pure sphaericum non potest tangere sorpus pure planum.

〔第二議論〕或る人達は，「何かこのような分割不可能なものが存在する」ことを

訳者註解（第9問題） 181

証明して，反対のことを論証しようと努めている．すなわち，真正な球体が真正な平面に接しているとしよう．このことが仮定されたならば，私は次のように問う．それらは，（1）或る分割可能なものにおいて接するのか，あるいは（2）或る分割不可能なものにおいて接するのか．（1）は認められることができない．なぜなら，如何なる分割可能なものが取り挙げられるとしても，そのものは湾曲しており，従って全体が平面に結合することはなく，湾曲したものの部分と平面の部分との間に，或る物体が存在するであろうからである．（2）が認められるならば，我々の意図したことが得られる．

〔オッカムの解答〕以上に答えて，次のように言われるべきである．①この物体と他の物体との間に或る物体が存在することがなく，また②この一方の物体のすべての部分と，他のもう一方の物体のすべての部分との間に如何なる物体も存在しないのでなければ，真正な球体が真正な平面に接することは不可能であると，アリストテレスは述べているのである．これが，アリストテレスの意図したことであることは明らかである．なぜなら彼によれば，それらの間に如何なる物体も存在しないものが，互いに接しているのだからである．従って，全体においても，それらの部分においても，それらの間に如何なる物体も持たないところのものが，第一に (primo) 互いに接しているのである．それゆえ，もし仮に球体が平面に接するとするならば，球体全体が第一に平面全体に接しているのでないことは確かである．一方の物体の多くの部分と，もう一方の物体の多くの部分との間には，或る物体が存在するからである．従って，球体の或る部分が，平面の或る部分に第一に接するのでなければならない．しかし，このことは不可能である．なぜなら，もし仮に球体の或る部分が平面の或る部分に第一に接するとしたら，これらの部分 a と b が取り挙げられ，私は次のように議論する．もし a と b が第一に互いに接しているとしたら，部分 a と部分 b との間には，如何なる物体も存在しないはずである．しかし，このことは明らかに偽である．両方の部分が更に三つの等しい部分へと分割され，a が c, d, e へと分割され，b が f, g, h へと分割されるとしよう．この場合，c と f の間に或る物体が存在することは明白である．さもなければ，c と f の両方とも湾曲しているか，両方とも平面であるか，いずれかであることになってしまうからである．それゆえ，a と b が第一に互いに接することはない．同様に，その他のどの部分に関しても，それらが互いに第一に接していないことは証明されることができるのであり，従って全体が全体に接することもない．或るものが互いに接している時には常に，第一に互いに接しているものを定めなければならない．互いに接していると言われるすべてのものは，それら全体において互いに接しているか，それらの部分において互いに接しているか，いずれかだからである．もしそれらがその部分において互いに接していることが認められるとしたら，更にそれらの部分について，（ⅰ）その部分全体において互いに接しているのか，あるいは（ⅱ）その部分の部分においてのみ互いに接しているのか問われる．かくして無限遡行が生ずるか，あるいは，或る部分はそれ全体において互いに接しているということに停止するか，いずれかであるだろう．

もしあなたが、「第一に互いに接するこれらのものが、この場合に分割不可能な
　　もの、すなわち点である。これらは同時に一緒に存在するからである」と言うので
　　あれば、——これは、明らかにアリストテレスに反する。なぜならアリストテレス
　　はこの書の第6巻の始めにおいて、「分割不可能なものは、たとえそれが存在する
　　としても、このような仕方で互いに接することができない」ことを証明しているか
　　らである。それゆえアリストテレスに従うならば、真正な球体が真正な平面に接す
　　ることは不可能であると言われなくてはならない。(Ockham, *Expositio in Libros*
　　Physicorum Aristotelis, Lib. VI, Cap. 14, §4; OPh V, p. 583, lin. 62-p. 584, lin. 100)
　　以上のテキストにおいてオッカムは、第二議論に対して次のように解答している。
　　　【第二議論】球体は平面と、分割不可能な点において接する。それゆえ、分割不可
　　能なものが存在する。
　　　【オッカムの解答Ⅰ】

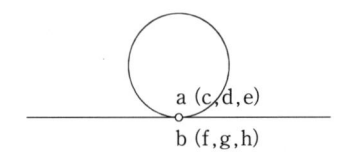

　　　　　　　　　　　　　a (c, d, e)
　　　　　　　　　　　　　b (f, g, h)

　　球体や平面が真正なものであるとしたら、それらが接すること自体が不可能である。
　　図のごとく、もし仮に球体の部分 a と平面の部分 b が第一に互いに接していると
　　したら、部分 a と部分 b との間には、如何なる物体も存在しないはずである。しかし、
　　部分 a が更に c, d, e へと分割され、部分 b が f, g, h へと分割されるならば、c
　　と f との間に或る物体が存在することは明らかである。それゆえ、真正な球体が真正
　　な平面に接することは不可能であり、矛盾を含む。
　　　【オッカムの解答Ⅱ】
　　　また、a と b が分割不可能な点であると主張することもできない。これは明らかにア
　　リストテレスに反する。

34）ここでの推論とは、〈球体は分割可能な部分において平面に接する。ゆえに、その
　　部分は球形ではない〉という推論である。この推論は誤りである。なぜなら、「だと
　　すると、その部分は球形ではない」という結論（後件）が帰結するのは、この部分 a
　　が第一に（primo）全体において平面に接しており、従って部分 a の全ての部分（c,
　　d, e）が平面に接している場合のみであり、しかし、これは不可能だからある。

35）「第一に接する」というオッカムの語句の意味については、前註33で引用された
　　オッカムのテキストの下線部を参照。

36）第三議論も、チャトン『センテンチア註解』第2巻第2区分第3問題第1項16
　　からとられている。

　　　　Tertia instantia communis etiam est de differentia inter continua et
　　contigua, quia continua sunt quorum ultima sunt unum, contigua qourum
　　ultima sunt simul. Quaero ergo aut habent simpliciter ultimum, et tunc

訳者註解（第9問題）

propositum, quia certum est quod nullum divisibile est simpliciter ultimum talis rei; aut non, et falsa est haec differentia.

　一般的な第三の異論は，連続体（continuum）と接続体（contiguum）の相違に基づくものである．連続体はそれらの末端が一つのものであり，接続体はそれらの末端が一緒にあるものである．それゆえ，連続体は無条件に末端であるものを持つのかと，私は問う．もし持つとしたら，その場合には，我々の意図したことが得られる．確かに，分割可能なものが，このような事物の無条件的な意味で末端なものであることはないからである．あるいは，連続体は無条件に末端であるものを持たないのか．その場合には，連続体と接続体の相違は間違っていることになる．
(Walter Chatton, *Reportatio super Sententias*, II, d. 2, q. 3, art. 1, 16, ed. cit., p. 117, lin. 9-14)

異論で述べられている連続体と接続体の相違は，アリストテレス『自然学』第5巻第3章，第6巻第1章に基づく．オッカムはこのような連続体と接続体の定義を変更し，更に『アリストテレス自然学註解』第6巻第1章では，連続体の諸部分が一なるものを形成するためには，連続体は分割不可能なものから構成されることができないことを論じている．

si continuum et illud quod tangitur, id est contiguum, et similiter [quod est] consequenter, recte prius definita sunt in quinto, videlicet quod continua sunt illa quorum ultima sunt unum, et quod illa [quae] tanguntur, sive contigua sunt illa quorum ultima sunt simul, et consequenter [entia] sunt illa quorum non est aliquod medium proximi generis, si —— inquam —— ita est, impossibile est aliquod continuum componi ex indivisibilibus. Sicut si linea sit unum verum continuum et punctum sit aliquod indivisibile, impossinile est lineam componi ex punctis. (Ockham, *Expositio in Libros Physicorum Aristotelis*, Lib. VI, Cap. 1, § 1; OPh V, p. 449, lin. 17-25)

37) 第四議論も，チャトン『センテンチア註解』第2巻第2区分第3問題第1項17からとられている．

　Quarta instantia communis etiam est quod quodlibet quantumcumque parvum quantum haberet tot partes quot caelum, quia aut divisio minoris in medietates semper, et consequenter cessabit prius quam maioris, et non ad divisibilia, quia tunc esset ulterior divisibilitas; ergo indivisibilia, quod esset propositum principale; aut non cessabit etiamsi fierent divisiones infinitae antequam cessaret divisio caeli, et habetur intentum istius articuli.

　一般的な第四の異論は次のごとくである．①如何に小さな大きさのものであろうとも，どの連続体も，天界が持つのと同じ数の部分を持つ．なぜなら，（i）より小さなものはその半分へと絶えず分割され，従ってより大きなものよりも前に分割が停止するであろう．しかし，分割可能なものにおいて停止することはない．もしそうだとしたら，更に分割が行なわれることになるからである．それゆえ，分割不可能なものにおいて停止する．これが，我々が言わんとする主要な意図した事柄で

ある．あるいは，(ⅱ) たとえ無限に分割が行なわれるとしても，天界の分割が停止する以前に，より小さなものの分割が停止することはないであろう．この場合には，この項の言わんと意図した事柄が得られる．(Walter Chatton, *Reportatio super Sententias*, II, d. 2, q. 3, art. 1, 17, ed. cit., p. 117, lin. 15-21)

38) オッカムは，前註37で引用されたチャトンの議論の下線部に言及している．例えば小さな直線が2：1という同じ比率で，その半分へと絶えず分割されるとしたら，より小さな線が，より大きな天界が持つのと同じ比率で，同じ数の部分を持つことはできるであろう．しかしこの線が，天界が持つのと同じ長さLの，同じ数の部分を持つことはない．Alfred J. Freddosoの英語訳註59 (Ibid., p. 53) を参照．

39) チャトンは『連続体に関する問い』83の中で次のように述べている．

83 contra istam viam arguitur primo sic: iste res indivisibiles ⟨que⟩ sunt in actu sive in potencia in quanto, vel sunt infinita vel finita, ergo semper non tot quin plura, et tunc eadem incoveniencia contra te que contra alios, scilicet, quod tot sunt partes in grano milii quot in celo, et quod continuum non est maius in partibus sua parte, quia arguo sicud tu arguis: deus videt omnes partes in utroque et non videt excessum in uno respectu alterius, igitur tot in uno sicud in alio. si sint finita, contra philosophum, qui dicit continuum est divisibile in infinitum.

83 こうした考え方に対して，第一に次のように議論される．現実態においてであれ，可能態においてであれ，量において分割不可能であるものは無限に存在するのか，有限であるか，いずれかである．(1) もしそれ以外に常により多くのものが存在し，無限に存在するとしたら，その場合には，他の人々に対してと同様に，あなたに対しても同じ不都合なことが生ずる．すなわち，①天界においてと同じ数の諸部分が，粟粒においても存在することになる．②連続体はその部分よりも大きくないことになってしまう．あなたが議論するのと同じような仕方で，私は次のように議論する．神は両方（天界と粟粒）におけるすべての部分を見，一方が他方との関係において数が越えていないことを見る．それゆえ，両方において同じ数の部分が存在する．他方，(2) もし有限であるとしたら，これはアリストテレスに反する．彼は，「連続体は無限に分割されうる」と述べているからである．(*Quaestio de continuo*, ed. cit., p. 253)

40) 全集版は 'pars millesima' となっているが，Strasbourg 1491 (Unveränderter Nachdruck der Ausgabe, Louvain 1962, Minerva GMBH・Frankfurt/Main 1981) に従い，'pars equalis milio' と読む．

41) オッカムは『アリストテレス自然学註解』第3巻第13章§9の中で，次のように述べている．

ponit infinitas partes in continuo ita quod non est ibi certus numerus partium nec possunt significari tot in aliquo certo numero quin sint plures. Si enim dicatur quod sunt centum vel mille vel mille millia vel in quocumque alio numero determinato, adhuc sunt plures. Et ista infinitas partium est ex hoc quod impossibile est aliquod continuum componi ex aliquibus indivisibilibus, sed ex hoc ipso quod est continuum, oportet quod componatur ex partibus divisibilibus. Si autem continuum componeretur ex partibus indivisibilibus, non oporteret ponere talem infinitatem nec talem processum in infinitum. (Ockham, *Expositio in Libros Physicorum Aristotelis*, Lib. III, Cap. 13, §9; OPh IV, p. 555, lin. 16-25)

すなわちオッカムが下線部で述べているごとく，連続体は無限に分割可能であるのだから，その部分は無限に存在するのであり，百とか千とか一定の数の部分を持つということはない．

42) 第五議論も，チャトン『センテンチア註解』第2巻第2区分第3問題第1項22からとられている．

　　Item quinto: ①si mundus fuisset ab aeterno et Deus ab aeterno quotidie fecisset unam divisionem, non videtur quin completa esset divisio, quia ②non videtur quod plures sint ibi divisiones possibiles quam sint vel fuerint instantia temporis praeteriti.

　　第五．①世界が永遠に存在し，神が永遠このかた毎日一日中或る一つの分割を行なったとしたら，分割は完了していると考えられる．なぜなら，②過去の時間に複数の瞬間が存在する，あるいは存在したよりも，より多くの分割が可能であるとは考えられないからである．(Walter Chatton, *Reportatio super Sententias*, II, d. 2, q. 3, art. 1, 22, ed. cit., p. 118, lin. 8-11)

第五の議論は次のように主張する．神が永遠に常に分割を行なうとしたら，分割は完了していると考えられる．それゆえ，分割されることが不可能なもの，例えば時間という連続体の瞬間 (instans) が存在する．

43) オッカムは，前註42で引用されたテキストの下線部の①の箇所を批判している．
44) オッカムは，前註42で引用されたテキストの下線部の②の箇所を批判している．
45) 第六議論も，チャトン『センテンチア註解』第2巻第2区分第3問題第1項25からとられている．

　　Item, ad hoc est argumentum LINCOLNIENSIS et BOETHII, quia aliter non certificaremur de continuo aliquo quantum est, quia aut per indivisibile, et propositum; aut tantum per divisibile, et tunc de illo quaerendum est sicut de primo: per quid certificamur quantum est.

　　同様に，これに対しては，リンカーンのグロステストやボエティウスの議論がある．すなわち，もし分割不可能なものが存在しないとしたら，我々は或る連続体に関して，それがどれだけの大きさであるかを確定することができないことになるであろう．もし分割不可能なものによって確定されるのだとしたら，我々の意図したことが得られる．しかし，分割可能なものによってのみ確定されるとしたら，その時には，最初と同様にそれに関して，何によって我々はそれがどれだけの大きさであるかを確定するのと問われるべきである．(Walter Chatton, *Reportatio super Sententias*, II, d. 2, q. 3, art. 1, 25, ed. cit., p. 118, lin. 19-23)

46) 正しくはアリストテレス『形而上学』第4巻ではなく，第10巻第1章1052 b 31-1053 a 13 である．
47) 第七議論もチャトンのテキストからとられている．

『連続体に関する問い』80-81

80 decimoquarto: aliter nunquam posset aliqua proposicio esse vera postquam fuit falsa, nec aliquis venire ad finem alicuius vie, nec esse non peccator postquam fuit peccator. probacio: in hoc instanti ille est peccator, vel proposicio hec est falsa —— quero: quando erit vera? vel in instanti immediato, et propositum, vel in tempore inmediato? si sic, igitur nunquam, quia illud tempus, per te habet tempus ante tempus in infinitum.

81 similiter de beata virgine, quod <u>fuit tantum in originali per instans</u> et inmediate post in gracis, sed nichil fuit inmediatum illi instanti nisi instans, igitur.

80 第14．もし分割不可能なものが存在しないとしたら，或る命題が偽であった後で真であることも，或る人が或る道の終点に到着することも，或る人が罪びとであった後で罪びとでなくなることも決してありえないことになるであろう．[証明] この瞬間（時点）において彼が罪びとである，あるいはこの命題が偽であるとしたら，——私は，「何時命題は真になるであろうか」と問う．この瞬間に直接に隣接する瞬間（時点）(instans) においてであるのか．この場合には，我々の意図したことが得られる．あるいは，直接に隣接する時間（tempus）においてであるのか．もしそうであるならば，或る命題が偽であった後で真であることは決してないであろう．なぜなら，あなたによれば，この時間は，それよりも前の無限に多くの時間を持つからである．

81 同様に聖なる処女マリアに関しても，彼女は<u>或る瞬間（時点）において原罪のもとにあり</u>，その直後に恩寵のもとにあったのである．この瞬間（時点）に直接に隣接するものは，瞬間（時点）以外にはないからである．それゆえ，云々．

(*Quaestio de continuo*, ed. cit., p. 252)

チャトン『センテンチア註解』第2巻第2区分第3問題第4項 72

72 Item, ad hoc est argumentum de beata Virgine, quia quidquid fuerit de facto, non est tamen contradictio quin <u>tantum in primo instanti fuerit sub originali peccato</u> et semper post illud instans in gratia. Quaero ergo: quando primo fuisset tunc sub gratia? Non in illo primo instanti, certum est et casus hoc supponit. Ergo vel in instanti immediato, et habetur propositum; vel mediato instanti, et tunc cum mediaret tempus, falsum esset dicere quod tunc primo esset sub gratia. Per idem patet quod non primo in tempore quocumque sequenti, quia omne tale est divisibile et habuisset gratiam in immediato priore; ergo non primo in tempore dando.

同様に，これに対しては，聖なる処女マリアに関する議論がある．如何なることが実際に起こったのであろうと，<u>聖なる処女マリアが最初の瞬間（時点）において</u>

のみ原罪のもとにあり，この瞬間（時点）の後で常に恩寵のもとにあったということは矛盾を含まない．それゆえ私は，「何時初めて，聖なる処女マリアは恩寵のもとにあったのか」と問う．この最初の瞬間（時点）においてでないことは確かである．状況がこのことを前提にしている．だとすると，この瞬間に直接に隣接する瞬間（時点）（instans）においてであるのか．この場合には，我々の意図したことが得られる．あるいは，間接的に隣接する瞬間（時点）においてであるのか．その場合には，時間（tempus）がその間に介在しているのであるから，「聖なる処女マリアがその時に初めて恩寵のもとにある」と言うことは偽であるだろう．同様に明らかに，後続する如何なる時間においても，聖なる処女マリアがその時に初めて恩寵のもとにあるということはない．なぜなら，このようなすべての時間（tempus）は分割されることが可能であるのだから，聖なる処女マリアはこの時間よりも更に直接により前の時間において恩寵を得たのであり，かくして，〈聖なる処女マリアが定まった時間に初めて恩寵のもとにある〉ということが成立しないことになってしまう．(Walter Chatton, *Reportatio super Sententias*, II, d. 2, q. 3, art. 4, 72, ed. cit., p. 127, lin. 13-22)

以上のテキストから，第七の議論は次のように理解される．時間という連続体に瞬間（時点）（instans）という分割不可能なものの存在を措定し，それらから時間が構成されていると主張しない限り，〈偽であった命題が何時真になるのか〉〈罪びとであった人が何時罪びとでなくなるのか〉〈原罪のもとにあった聖なる処女マリアが何時恩寵のもとにあるのか〉ということに明確な解答を与えることができなくなる．なぜなら，「聖なる処女マリアはこの時間（hoc tempus）において初めて恩寵のもとにある」と言う場合，この時間 T が更に T1 と T2 に分割されることが可能であるとしたら，マリアはこの時間よりも更に直接により前の時間 T1 において初めて恩寵を得たのであり，更にこの時間 T1 が T1-1 と T1-2 に分割可能であるとしたら，マリアはこの時間 T1 よりも更に直接により前の時間 T1-1 において初めて恩寵を得たのであり，以下無限に進行するからである．かくして，〈聖なる処女マリアが定まった時間に初めて恩寵のもとにある〉ということが成立しないことになる．

48) オッカムは，前註47で引用されたテキストの下線部の箇所を批判している．
49) 本書第三巻第十章を参照．
50) 第八議論も，チャトン『センテンチア註解』第2巻第2区分第3問題第4項74からとられている．

    74 Item, non est negandum a potentia [Dei] illud de quo non probatur contradictio; sed <u>non apparet contradictio quod Deus faciat duos angelos raptim transeuntes et quod non sit aliquod medium inter eos</u>. Quid ergo corresponderet istis angelis? Vel eorum esse in ipso tempore vel duo instantia immediata, et propositum; vel tempus, et hoc est contra casum.
    74 同じくまた，それに関して矛盾が証明されない事柄は，神の能力から排除されて否定されるべきではない．しかるに，神が二人の天使を一瞬のうちに通り過ぎさせること，彼等の間に何も存在しないことには，矛盾が見出されない．これらの

天使には，何が対応するのか．（1）この時間における彼等の存在，あるいは無媒介に隣接する二つの時点（instantia）であるのか．この場合には，我々の意図したことが得られる．あるいは，（2）時間（tempus）であるのか．これは状況に反する．(Walter Chatton, *Reportatio super Sententias*, II, d. 2, q. 3, art. 4, 74, ed. cit., p. 127, lin. 27-p. 128, lin. 1)

従ってチャトンによれば，分割不可能な時点（instantia）が存在していなくてはならぬ．

51) オッカムは，前註50で引用されたテキストの下線部の箇所を批判している．
52) 第九議論も，チャトン『センテンチア註解』第2巻第2区分第3問題第4項76からとられている．

76 Item, de visionibus albedinis motae sibi succedentibus continue absque interruptione; raptim transeunt; ergo eis correspondent instantia raptim transeuntia.

76 同じくまた，動く白さを見ることが中断することなく，連続して続けて起こる場合に関して次の議論が成立する．見ることは急速に推移する．それゆえ，複数の見ることに，急速に推移する複数の時点が対応している．(Walter Chatton, *Reportatio super Sententias*, II, d. 2, q. 3, art. 4, 74, ed. cit., p. 128, lin. 7-9)

53) チャトンの，主要な議論の証明（OTh IX, p. 50, lin. 5-11）は，〈この線の第一の点（α）と他のどの点（β）との間にも，それらの中間に或る点① (γ) が存在する．ゆえに，或る点② (γ) が第一の点（α）と他のどの点（β）との間にも，それらの中間に存在する〉というように行なわれていた．チャトンはこの推論自体を妥当であると認め，後件が偽であるから，前件も偽であるとしている．これに対してオッカムは，この推論自体が妥当ではなく，語の表現形式に基づく誤謬を犯していることを指摘する．前件の「或る点①」（γ）は間接的に全称記号「どの」（'quodlibet'）の後に置かれているから一括的不特定代示を持つのに対して，後件の「或る点②」（γ）は全称記号の前に置かれているから特定代示を持つからである．オッカム『大論理学』第III部－4，第10章（（拙訳『オッカム「大論理学」註解V』創文社，2003年，235頁；訳者註解207, 574-576頁）を参照．あるいは，ここでの誤謬推理は

(β)($\exists \gamma$)(γ は α と β との間にある) → ($\exists \gamma$)(β)(γ は α と β との間にある)

と表わすこともできる．この推論は妥当ではない．Alfred J. Freddoso の英語訳註63 (Ibid., p. 55) を参照．

第10問題

1) 以下の三つの問題（第10-13問題）は，13世紀中盤以降の西洋思想においてしばしば論じられてきた伝統的な問いである．例えばトマス・アクィナスは『神学大全』第1部第76問題第1項において「知性的根源は形相として身体と一つになっているのであるか」という問いを立て，この問いに対して肯定的に答えている．

<u>necesse est dicere quod intellectus, qui est intellectualis operationis principium, sit humani corporis forma.</u> Illud enim quo primo aliquid operator, est

訳者註解（第10問題） 189

forma eius cui operatio attribuitur: sicut quo primo sanatur corpus, est sanitas, et quo primo scit anima, est scientia; unde sanitas est forma corporis, et scientia animae. Et huius ratio est, quia nihil agit nisi secundum qyod est actu: unde quo aliquid est actu, eo agit. Manifestum est autem quod primum quo corpus vivit, est anima. Et cum vita manifestetur secundum diversas operationes in diversis gradibus viventium, id quo primo operamur unumquodque horum operum vitae, est anima: anima enim est primum quo nutrimur, et sentimus, et movemur secundum locum; et similiter quo primo intelligimus. Hoc ergo principium quo primo intelliimus, sive dicatur intellectus sive anima intellectiva, est forma corporis. —— Et haec est demonstration Aristotelis in II de Anima.
知性的なはたらきの根源たる知性は，人間の身体の形相であるといわなくてはならぬ．けだし，「ものが何よりもそれによってはたらくところのもの」quo primo aliquid operator は，「そのはたらきの帰属せしめられるところのもの」の形相である．例えば，身体が何よりもそれによって健やかさを保っているところのものは「健康」sanitas であるし，魂が何よりもそれによって知識しているものは「知」scientia なのであって，だから，健康は身体の形相であり，知は魂の形相である．つまり如何なるものも，「そのもの自身が現実的にあるところのもの」に関するかぎりにおいてでしかはたらくことはありえず，このゆえにものは，「自らがそれによって現実的たるところのもの」によってはたらくのである．然るに，身体が何よりもそれによって生のはたらきをはたらいているところのもの，これが魂であることは明らかである．しかも生 vita は，生きもののさまざまの段階においてのさまざまなはたらきに対応して示現されるものゆえ，生のこうしたいろいろのはたらきのいずれの場合にあっても，我々が何よりもそれによってそうしたそれぞれのはたらきをはたらくところのもの，これがすなわち魂にほかならない．つまり，我々が，何よりもそれによって身を養い，また感覚し，また場所的に運動するところのもの，同じくまた，何よりもそれによって知性認識するところのもの，こうしたものが魂なのである．我々が，それゆえ，何よりもそれによって知性認識するものたる根源は，（これを知性 intellectus と呼ぶにせよ乃至は知性的魂 anima intellectiva と呼ぶにせよ，）身体の形相にほかならない——．以上が『デ・アニマ』第二巻におけるアリストテレスの論証である．(Thomas Aquinas, *Summa Theologiae*, I, q. 76, a. 1, c; 大鹿一正訳，創文社，1961年，35-36頁)
更にトマスの霊魂論は，次の主張を含んでいる．
①身体の形相である知性的魂は非質料的で，身体に依存しない，自らに固有な存在 esse によって自体的に自存する実体である．②このことは，知性的魂に固有な活動である，知性認識の働きから明らかにされる．すなわち，知性は知性認識の働きによって，非質料的な仕方で認識される事物の形相を受けとる．然るに，受けとられるものは，受けとるものの在り方 (modus) に従って，受けとるものの内に受けとられる．それゆえ，知性的魂は非質料的実体である．従って，③人間の知性的魂は不滅で

あり不死であり，身体が滅んでも自らの存在において存続する．
　このトマスの霊魂論に対して，オッカムはこの箇所で，次の二つの事柄 1）知性的魂は身体の形相であるか，2）知性的魂は不滅な非質料的形相であると言えるかを問題にしている．オッカムによれば，これらは二つとも，自然本性的理性によって論証不可能な事柄である．1）に関しては，「知性的魂が身体の形相であることは論証不可能である．たとえ知性的魂が身体の形相ではなく，単に身体を動かす動源であるとしても，知性認識の活動が我々人間に帰属せしめられることが可能である」とオッカムは述べている．2）に関しては，「我々人間の経験に従うならば，知性認識の働きはむしろ，可滅的な形相の働きであると結論される」と述べている．稲垣良典著『抽象と直観』I 序論，第一章，霊魂論の崩壊と認識論の変容，創文社，1989 年，5-39 頁を参照．

2)　ここでの論は，スコトゥスの「人々の総復活が将来起こるであろうことが人間の理性によって知られうるか」という問いに関する議論に基づく（Quaestiones in IV Sententiarum, d. 43, q. 2, ed. Vivès XX, pp. 34-65; A. Wolter, *Duns Scotus. Philosophical Writings*, Hackett. 1987, pp. 134-162 に所収）．そこにおいてスコトゥスは，（1）知性的魂は人間に固有な形相であるか，（2）知性的魂は不滅であるか，（3）人間に固有な形相は，複合体から離れた時，永遠に存在しうるかという問題について考察し，（1）は自然本性的理性によって論証されることができるが，（2）（3）は論証不可能であると述べている．ただし，（2）のほうが（3）よりも蓋然性が高いとされる．

3)　'communicatio idiomatum' とは，一つのペルソナ，あるいは一つの基体の内に，複数の本性が合一していることである．例えばトマスに，次の用例が見出される．
　Communicatio idiomatum fit, secundum quod naturae uniuntur in persona vel in supposito. (3 *Sent.* 22, 1, 2 ad 1)

4)　全集版では単に 'fossorem' となっているが，Strasboug 1491 (Unveränderter Nachdruck der Ausgabe, Louvain 1962, Minerva GMBH・Frankfurt/Main 1981)，その他の写本に従い，'fossorem a fodiendo' と，下線部を付け加えて読む．

5)　トビアの天使とは，人間の身体を取り，人間の姿をしてトビアと旅をした天使ラファエルのことである．『トビア書』第 5 -12 章を参照．

6)　チャトンも『センテンチア註解』第 2 巻第 16-17 区分第 1 問題第 3 項の中で，知性的魂が身体の形相であることを信仰によって信じることはできても，自然本性的理性によって明証的に証明することはできないと述べている．
　15 ……Argumentum est istud: nos experimur nos intelligere et informari per intellectionem, ergo eius receptivum, quod est anima intellectiva, est forma nostra. Sed homo indifferens faciliter responderet quod non experimur in nobis aliquem actum qui non sit forma extensa.
　16　Et confirmatur responsio, quia si per experientiam actus vis arguere eius receptivum esse formam nostram, ergo solum ibi probas animam esse formam nostram ubi experimur illum actum, ……．

訳者註解（第10問題）　　　　　　　　191

17　Confirmatur iterum, quia ad turbationem capitis, turbatur cognition, etc.
［Responsio Chatton ad tertium articulum］
18　Dico ergo quod <u>mihi videtur quod naturali evidentia non potest probari dicta conclusio, licet certitudinaliter teneatur ex fide,</u> ………
15　……彼等の議論は以下のごとくである．我々が知性認識し，知性認識の働きによって形相づけられることを我々は経験する．この知性認識の働きを受容する基体である知性的魂が，我々の形相である．この議論に対して，中立な人間は容易に，「我々は我々の内に，拡がりを持つ物体的形相（forma extensa）以外の活動を経験しない」と答えるであろう．
16　この解答は次のように確証される．もしあなたが，活動を経験することによって，その活動を受容する基体が我々の形相であると議論しようと欲するのであれば，「我々がその活動を経験する魂のみが，我々の形相である」ことを，あなたは証明している．………
17　更にまた，この解答は次のように確証される．頭の混乱によって，思考が混乱する．それゆえ，云々．
　［第三項に対するチャトン自身の解答］
18　私は次のように言う．<u>上述の議論の結論は，信仰によって確実なものとして保持されうるとしても，自然本性的な明証さによって証明されることはできないと考えられる．</u>（Walter Chatton, *Reportatio super Sententiis*, II, d. 16-17, quaestio unica, a. 3, 15-18, ed. cit., p. 311, lin. 17-p. 312, lin. 10）
以上のチャトンやオッカムの議論に特徴的なことは，我々の経験や理性と，信仰との明確な分離である．すなわち彼等の議論は，①我々が経験によって明証的に知る事柄，②自然本性的理性によって論証可能な事柄のみを学知の対象とし，その他の事柄をすべて信仰の領域へと移行させようとしている．稲垣良典著『抽象と直観』I序論，第一章，霊魂論の崩壊と認識論の変容，創文社，1989年，30-31頁を参照．
7)　アリストテレスは，魂が身体（「可能的に生命を持つ自然的物体」）の形相であると明確に主張している（『デ・アニマ』第2巻第1章）．しかし知性的活動の原理が我々の内に内在するかという点に関しては，アリストテレスはむしろ或る種の離在説を支持しているように見える．実際『デ・アニマ』第3巻第4章（429 a 11, 429 b 5, 430 a 17）では，「知性認識し思惟する魂の部分は他から離在するもの」であると言われ，第3巻第5章（430 a 23）では，「不死であり，永遠である」と言われている．更にまた，『動物発生論』では，「そうすると残るところは，理性だけが外からあとで体内に入り，これだけが神的なものであるということになるであろう．身体的活動は理性の活動とは何の関係もないからである」（736 b 27-29）と言われている．
8)　チャトン『センテンチア註解』第2巻第16-17区分第1問題第2項の次の議論を参照せよ．
　［Art. 2. —— Argumenta contra conclusionem quod anima sit tota in toto et qualibet parte corporis］
　8　Secundo, ponenda sunt argumenta quae reddunt aliam conclusionem

fidelium inevidentem, scilicet quod anima sit tota in toto et qualibet parte. Quia si sic, ergo actus in ea receptus esset aequaliter in qualibet parte. …… Sed oppositum consequentis experimur, cum experiamur nos intelligere in capite et non in pede.
〔第2項――魂は全体として身体全体の内に存在し，また身体のどの部分においても全体として存在するという結論に反対する議論〕
 8　第二に，信仰者達の別の結論，すなわち「魂は全体として身体全体の内に存在し，また身体のどの部分においても全体として存在する」という結論を不明瞭であるとする議論が措定されなくてはならぬ．なぜなら，もし上述のごとくであるとするならば，魂の内に受容された活動は，等しく身体のどの部分においても存在するはずである．……しかし，我々はこれと反対のことを経験する．我々は知性認識の働きが頭の中において存在し，足において存在しないことを経験するからである．(Walter Chatton, *Reportatio super Sententias*, II, d. 16-17, quaestio unica, a. 2, 8, ed. cit., p. 310, lin. 6-13)

9)　チャトン『センテンチア註解』第2巻第16-17区分第1問題第2項の次の議論を参照せよ．
　10　Item, tunc anima informans brachium esset in illo situ ubi est brachium; absciso ergo bracchio, quaero quo devenit anima? Aut redit ad corpus, et ita transfert se localiter de subiecto in subiectum. Aut corrumpitur, et propositum, ………．
　10　同様に，もし上述のごとくであるとしたら，腕を形相づける魂は，腕が存在するのと同じ場所に存在することになる．それゆえ，腕が切断された場合，「魂はどこへ行くのか」と私は問う．身体に戻るのか．だとすると魂は，或る基体から別の基体へと場所的に移動することになる．あるいは，腕と同じ場所に存在する魂は消滅するのであろうか．この場合には，〔知性的魂全体が，身体の部分の内に存在するのではないという〕提示されたことが得られる．(Walter Chatton, *Reportatio super Sententias*, II, d. 16-17, quaestio unica, a. 2, 10, ed. cit., p. 310, lin. 18-21)

10)　本書第1巻第12問題第3，4疑問への解答．
11)　全集版では 'talis forma' となっているが，Strasboug 1491 (Unveränderter Nachdruck der Ausgabe, Louvain 1962, Minerva GMBH・Frankfurt/Main 1981) に従い，'talis intellectio' と読む．

第11問題

1)　「すべての人間に，数的にただ一つの知性が存在する」というアヴェロエスの知性単一論に対する反駁である．トマス・アクィナスも『神学大全』第1部第76問題第2項において同じ問題を扱っている．
2)　アヴェロエスは『アリストテレス，デ・アニマ註解』第3巻の中で，「すべての人間に，数的にただ一つの知性が属している」とする知性単一論を主張している．

Et videtur quod intendebat hic per *cognoscere* cognitionem speculativam, et per *intelligere* cognitionem operativam, cum intellectus sit communis omnibus, cognitio autem non. (Averroes Cordvbensis, Commentarivm Magnvm in *Aristototelis De Anima* Libros, III, ed. Crawford, The Medieval Academy of America, Cambridge, Massachusetts, 1953, p. 380, lin. 42-45)

3) 第10問題の議論を受けてオッカムは，①知性が身体の形相であると考えられる場合と，②知性が身体の動源であると考えられる場合とに区分して論じている．

4) この箇所においてオッカムは，知性認識の働きを行なう知性（intellectus）と，愛したり憎んだり，喜んだり悲しんだりする意志（voluntas）が実在的に同一のものであるという前提のもとに議論している．両者が実在的に異なるものではないというオッカムの主張に関しては，

Quod autem intellectus et voluntas, accipiendo pro illo quod denominatur ab istis conceptibus vel nominibus, sint penitus indistinctum, probatur. Tum quia frustra fit per plura quod potest fieri per pauciora. Tum quia si distinguuntur, aut hoc erit ratione aut ex natura rei. Non primo modo, quia talis distinctio causatur per actum intellectus. Sed istae potentiae praecedunt omnem actum intellectus. Nec secundo modo, quia si sic, aut ista distinctio esset ponenda propter diversitatem actuum aut propter diversum modum principiandi et oppositum. Non propter primum, quia tunc tot essent potentiae intellectivae distinctae quot essent actus intelligendi distincti. …… Nec propter secundum, quia principiare libere et necessario respectu diversorum non opponuntur. (Ockham, *Quaestiones in Librum Secundum Sententiarum* (*Reportatio*), II, q. 20; OTh V, p. 436, lin. 19-p. 437, lin. 12)

を参照．

5) アヴェロエスは『アリストテレス，デ・アニマ註解』第3巻の中で，次のように述べている．

intellectus materialis non copulatur nobiscum per se et primo, sed non copulatur nobiscum nisi per suam copulationem cum formis ymaginalibus.

質料的知性は自体的に第一に我々と結合するのではなく，知性が我々の表象像と結合することによって，我々と結合するのである．(Averroes, Commentarivm Magnvm in *Aristototelis De Anima* Libros, III, ed. Crawford, p. 486, lin. 200-202)

このようなアヴェロエスの主張に対しては，トマス・アクィナスも『神学大全』第1部第76問題第2項主文の中で次のように反駁している．

Posset autem diversificari actio intellectualis mea et tua per diversitatem phantasmatum, quia scilicet aliud est phantasma lapidis in me et aliud in te, si ipsum phantasma, secundum quod est aliud in me et aliud in te, esset forma intellectus possibilis: quia idem agens secundum diversas formas producit diversas actions, sicut secundum diversas formas rerum respectu eiusdem oculi sunt diversae visions. Sed ipsum phantasma non est forma intellectus possibilis: sed species intelligibilis quae a phantasmatibus abstrahitur. In uno autem intellectu a phantasmatibus diversis eiusdem speciei non abstrahitur nisi una species intelligibilis. Sicut in uno homine apparet, in quo possunt esse diversa phantasma lapidis, et tamen ab omnibus eis abstrahitur una species intelligibilis lapidis, per quam intellectus unius hominis operatione una intelligit naturam lapidis, non obstante diversitate phantasmatum. <u>Si ergo unus intellectus esset omnium hominum, diversitas phantasmatum quae sunt in hoc et in illo, non posset causare diversitatem intellectualis operationis huius et illius hominis, ut Commentator fingit in III *de Anima*.</u> —— Relinquitur ergo quod omnino impossibile et inconveniens est ponere unum intellectum omnium hominum.

あるいは然し，これに対して，<u>私の知性的はたらきと汝の知性的はたらきとの差別は，表象 phantasmata の差別に基づいて——つまり私のうちにおける石の表象と汝のうちにおける石の表象とが別のものであるという理由から——可能であると考えられるかもしれない</u>。これは然し，私におけると汝におけるとでは別のものであるかぎりにおける表象がそのまま可能的知性 intellectus possibilis の形相であることを条件として，はじめて可能となるのである。けだし，はたらくものは同じであっても，形相のさまざまなるに従ってさまざまのはたらきを生むものであって，たとえば，眼は同じでありながら，諸々の形相のさまざまなるに従ってさまざまの見る visiones というはたらきが行なわれるごときはこれである。然しながら，表象そのものが可能的知性の形相たるのではなく，却って，表象から抽象された可知的形象 species intelligibilis がそれなのである。一つの知性においては，然るに，種的に同一なるものの異なったさまざまの表象を以ってしても，そこからは一つの可知的形象しか抽象されない。この点，ひとりの人間の場合について見れば明らかであって，すなわち，ひとりの人間のうちに石のさまざまの表象が存在しうるにしても，然しやはり，それらすべてから抽象される可知的形象は一つなのであり，かかる形象によって，ひとりの人間の知性は一つのはたらきでもって石の本性を認識する。それは表象のさまざまなるに拘わらないのである。それゆえ，<u>一つの知性があらゆる人間に属するとしたならば，この人間・あの人間のうちに存する表象の差別を以ってしても，この人間・あの人間の知性的はたらきの差別を原因することは——アヴェロエスは『デ・アニマ註解』第三巻でこれを考えているが——やはりできないのである</u>。かくて，すべての人間に一つの知性が属しているとする考えは，あらゆる意味において不可能であり適切を欠くというほかはない。(Thomas Aquinas, *Summa Theologiae*, I, q. 76, a. 2, c; 大鹿一正訳，創文社，1961年，47-48頁)

6) 第10問題第二の難問に関して (OTh IX, p. 64, lin. 71-p. 65, lin. 77) の箇所を参照。

第 12 問題

1) 同じ問題は，トマス・アクィナス『神学大全』第1部第76問題第8項においても論じられている．トマスが反対異論において，アウグスティヌス『三位一体論』第6巻第6章（ラテン教父全集42巻929）からの引用として，「およそ如何なる身体の場合にあっても，魂は，身体全体の内に全体として存在し，また身体のどの部分においても全体として存在する」(anima in quocumque corpore et in toto est tota, et in qualibet eius parte tota est) という文を挙げて論じているごとく，この問題はアウグスティヌスとの関連において提出されていると考えられる．

2) 以下の疑問は，チャトンの『センテンチア註解』第2巻第16-17区分第1問題，ビュリダンの『デ・アニマ問題集』(*Quaestiones in De Anima*) 第3巻第4問題においても見出される，この時代に広く議論された問題である．

3) 第一の疑問は次のように解される．もし魂が身体のどの部分にも全体として存在するとしたら，人間が手を動かし，足を動かさない場合，手において存在する魂全体は動き，同時にまた足において存在する魂全体は静止していることになる．しかるに，同じものが同時に動き，且つ動かないで静止するということは矛盾である．同様の疑問は，チャトンの『センテンチア註解』第2巻第16-17区分第1問題第1項においても提出されている．

    5 Secundo sic: repugnantia videtur quod idem simul secundum idem moveatur et quiescat; sed si anima, etc. (Walter Chatton, *Reportatio super Sententias*, II, d. 16-17, quaestio unica, a. 1, ed. cit., p. 309, lin. 26-27)

更に同様の疑問は，ビュリダンの『デ・アニマ問題集』第3巻第4問題においても提出されている．

    Et ab hoc videntur sequi multae inconvenientiae.

    Primum est quod idem secundum se totum moveretur et quiesceret simul, et quia quiescere est non moveri, ergo idem simul moveretur et non moveretur, quod implicat contradictionem. Consequentia patet. Posito quod pes tuus quiescat et manus tua moveatur. Tunc igitur, idem quod secundum se totum est in manu tua movetur ad motum manus tuae (aliter non esset continue cum manu et in manu), et ita quod est in pede tuo continue quiescit cum pede tuo, manet enim continue in eodem loco, scilicet in loco pedis. Ergo intellectus tuus, idem indivisibilis existens, moveretur simul et quiesceret quia moveretur in manu et quiesceret in pede. (Johanes Buridanus, *Quaestiones de anima*, III, Quaestio 4, An Edition and Translation of Book III of his "Questions on Aristotle's De anima" Third redaction by John Alexander Zupko, Dissertation, Cornell University 1989, 2 vols., Ann Arbor (Mich.), University Microfilms International, p. 30, lin. 40-50)

4) この疑問は既に第10問題において提出されている．更に第10問題註9で引用したごとく，チャトンにおいても同様の疑問が述べられている．更にまたビュリダンも『デ・アニマ問題集』第2巻第7問題「魂全体が，魂の与えられた身体のどの部分に

おいても存在するのか」の中で，同様の疑問を提出している．

　Item sequeretur quod, aure equi abscisa et corrupta, esset corrupta tota anima ipsius equi. Ideo residuum non maneret vivens, quod est falsum. Consequentia principalis patet, quia si aurem equi abscindetur et corrumpitur de forma substantiali in aure, cum forme materials non transeant de subiecto in subiectum, ideo tota corrumpitur si tota erat in aure.

　同様に，馬の耳が切断され消滅するならば，馬の魂全体が消滅することになる．従って，残りの部分も生きていないことになってしまうが，これは偽である．主要な推論は明白である．馬の耳が切断され，耳の実体的形相が消滅する場合，質料的形相は或る基体から他の基体へと移動しないのであるから，もし魂全体が耳の中に存在したとしたら，魂全体が消滅することになる．(Johanes Buridanus, *Quaestiones de anima* II, Quaestio 7, An Edition of the Questions in Aritotelis De anima liber secundus, de tertia lectura by P. G. Sobol. Ann Arbor (Mich.), University Microfilms International, 1984)

5) この疑問も既に第10問題において提出されている．更に第10問題註8で引用したごとく，チャトンにおいても同様の疑問が述べられている．更にまた同様の疑問は，ビュリダンの『デ・アニマ問題集』第3巻第4問題においても提出されている．

　Tertio sequeretur quod pes tuus intelligeret, quia sibi inesset intellectus secundum se totum, et per consequens etiam sibi inesset intellectio.

　第三に，もしそうだとしたら，あなたの足が知性認識していることになる．知性全体が足に内在しているとしたら，知性認識の働きも足に内在することになるからである．(ed. Zupko, p. 31, lin. 59-61)

6) オッカムの解答は次のように解される．例えば手を動かす限りにおいて，手の中に存在する魂も動くし，足を動かす限りにおいて，足の中に存在する魂も動く．しかし魂が自体的に動くわけではない．それゆえ，人間が手を動かし，足を動かさない場合に，魂が付帯的に同時に動き，且つ静止するとしても，これは何ら不都合なことではない．ビュリダンは『デ・アニマ問題集』(Quaestiones de Anima) 第3巻第4問題において，更により詳しく，この疑問に対して解答している．

　Ideo ad primam instantiam, respondetur intellectus non simul movetur et quiescit, quia sequiretur contradiction, ut prius arguebatur. Sed concedetur quod simul movetur in manu et quiescit in pede. Ideo simul movetur in manu et non movetur in pede. Et hoc non est contradictio. Unde non sequitur, 'Quiescit in pede; ergo quiescit', quia etiam non sequitur, 'Non movetur in pede; igitur non movetur'. Sed quando dicitur quod moveretur motibus contraries, potest dici sicut de corpore Christi in hostia consacrata cum unus presbiter fert corpus Christi ad dextram et alter ad sinistram. Non enim corpus Christi per se movetur, nec motu sibi inhaerente, sicut nec magnitudo hostiae sibi inhaeret. Ita igitur intellectus non movetur per se, nec motu sibi inhaerente.

　それゆえ，第一の異論に対しては，次のように答えられる．知性が同時に動き，

かつ静止することはない。先に論じられたごとく、そこからは矛盾が帰結するからである。同時に魂が手において動き、足において静止していることは真として認められる。それゆえ、知性は同時に、手において動き、足において動かない。しかし、これは矛盾ではない。〈魂は足において静止する。ゆえに、魂は静止する〉という推論は成立しないからである。また、〈魂は足において動かない。ゆえに、魂は動かない〉という推論も成立しないからである。更に、「魂は相反する運動によって動かされる」と言われる時には、聖別されたホスチア（聖餅）の中のキリストの身体を、一方の司祭が右側に持っていき、他方の司祭が左側に持っていく場合と同じ様に答えられることができる。すなわち、キリストの身体は自体的に動いているのではなし、自らに内属する運動によって動いているのでもない。それはちょうど、ホスチア（聖餅）の大きさがキリストの身体に内属していないのと同じである。それと同様に、知性は自体的に動いているのではないし、自らに内属する運動によって動いているのでもない。(ed. Zupko, p. 35, lin. 156-169)

7) 第11問題［第一の難問に対して］の箇所を参照。

8) ビュリダンも『デ・アニマ問題集』(Quaestiones de Anima) 第3巻第4問題の中で次のように述べている。

  Ad tertiam instantiam, non reputaretur inconveniens quod pes tuus intelligeret.
  第三の異論に対しては、次のように答えられる。あなたの足が知性認識することが不適切であると見做されることはない。(ed. Zupko, p. 36, lin. 188-189)

オッカムやビュリダンの解答は次のごとくに解される。頭の状態によって知性認識することが助けられたり妨げられたりすることから、「頭において知性認識する」と言うことができる。同様に、目の状態によって知性認識することが助けられたり妨げられたりすることから、「目において知性認識する」と言うことができる。だとしたら、足の状態によって知性認識することが助けられたり妨げられたりすることがあるのだから、「足において知性認識する」と言うこともできるであろう。

9) 魂は頭にも足にも存在するからである。

第13問題

1) オッカムは『センテンチア註解』第1巻第3区分第6問題においても同様に、「認識の生成の始めにおいて、知性の第一の知は或る個物についての直知であるのか」という問いについて論じており、そこにおいても伝統的な立場から、次のような議論が提出されている。

  Quod non:
  Singulare sub propria ratione singularis non intelligitur, igitur eius notitia intuitiva non est prima. Antecedens patet per Philosophum, quia intellectus est universalium, et sensus est particularium.
  個物についての直知ではない。
  個物は、個物という固有な特質のもとで、知性認識されることはない。それゆえ、

個物についての直知が知性の第一の知であることはない．前件はアリストテレスから明らかである．知性は普遍に関わるのであり，感覚は個別的なものに関わるのだからである．(Ockham, *Scriptum in Librum Primum Sententiarum Ordinatio*, Liber I, Dist. 3, Q. VI; OTh II, p. 483, lin. 8-11)
これに対してオッカムは，

Ideo dico aliter ad quaestionem. Et primo, quod singulare intelligitur. Secundo, quod prima notitia singularis est intuitiva. Tertio, quod singulare primo intelligitur.

それゆえ私は，別の仕方で問いに答える．第一に，個物が知性認識される．第二に，個物についての第一の知は直知である．第三に，個物が第一に知性認識される．(Ockham, ibidem; Q. VI; OTh II, p. 492, lin. 15-17)

と自説を述べている．例えばトマス・アクィナスは「我々の知性が直接に，第一に認識するものは個物ではない．我々の知性が直接に認識するものは普遍にほかならない」と述べている（『神学大全』第1部第86問題第1項）．すなわち，アリストテレスやトマスの認識論においては「感覚は個物を認識し，知性は普遍を認識する」という原則が確立されていた．これに対してスコトゥスやオッカムはこの原則そのものを否定し，知性は個物を直接に認識——直知——することが可能であると主張する．詳しくは，拙論「スコトゥス，オッカムの直知認識（notitia intuitiva）と抽象認識（notitia abstractiva）」（『哲学史の再構築に向けて』第7章，昭和堂，2000年，160-162頁）を参照．

2) オッカムは『センテンチア註解』第1巻第3区分第6問題において，次のように述べている．

Tertio dico quod notitia singularis sensibilis est simpliciter prima pro statu isto, ita quod <u>illud idem singulare quod primo sentitur a sensu idem et sub eadem ratione primo intelligitur intuitive ab intellectu</u>, nisi sit aliquod impedimentum, quia de ratione potentiarum ordinatarum est quod quidquid —— et sub eaden ratione —— potest potentia inferior potest et superior. Patet quod idem sub eadem ratione est sensatum sensu particulari et imaginatum sensu interiori. Similiter, idem sub eadem ratione est cognitum a sensu et appetitum a potentia appetitiva, ita idem sub eadem ratione est cognitum ab intellectu et volitum a voluntate, igitur <u>illud idem quod est primo sensatum a sensu erit intellectum ab intellectu, et sub eadem ratione.</u>

第三に，私は次のように述べる．現世の生の状態においては，感覚による個物の知が無条件に第一のものであり，それゆえ，何らかの妨げがない限り，<u>感覚によって第一に感覚された個物と同一の個物が，同一の様態において，知性によって第一に直知認識される</u>．下位の能力が可能であるすべての事柄を，上位の能力も可能であるということが，上位－下位の序列にある能力の本質に属するからである．同一のものが，同一の様態において，個別的な感覚によって感覚され，内部感覚によって表象されることは明らかである．同様に，同一のものが同一の様態において，感

覚によって認識され，欲求能力によって欲求され，同じくまた，同一のものが同一の様態において，知性によって認識され，意志によって意志される．それゆえ，<u>感覚によって第一に感覚されるのと同一のものが，同一の様態において，知性によって知性認識されることになるであろう</u>．(Ockham, *Scriptum in Librum Primum Sententiarum Ordinatio*, Liber I, Dist. 3, Q. VI; OTh II, p. 494, lin. 19-p. 495, lin. 4)

3) ここでの「個物」についての説明に関しては，オッカム『大論理学』第 I 部第 14 章（拙訳『オッカム「大論理学」註解 I 』創文社，1999 年，50-51 頁）を参照．

4) すなわち普遍的な認識を含まず，純然とただ個物にのみ関わるような認識．英語訳註 73 (*Quodlibetal Questions*, V. 1, translated by Alfred Freddoso & Francis E. Kelley. New Haven, CT. Yale University Press, 1999, p. 64, note 73) を参照．

5) オッカムは『センテンチア註解』第 1 巻第 3 区分第 5 問題において，次のように述べている．

His visis, dico quod ad quaestionem, et primo quod communisimum non est primum cognitum a nobis primitate generationis. Circa quod primo ostendam hanc conclusionem, quod <u>primum cognitum a nobis primitate generationis est singulare</u>.

以上の事柄が考察されたので，私は問いに対して先ず最初に，「最も普遍的なものが認識の生成の始めにおいて我々によって第一に認識されることはない」と述べる．このことに関して第一に私は，「<u>認識の生成の始めにおいて我々によって第一に認識されるものは個物である</u>」という結論を提示するであろう．(Ockham, *Scriptum in Librum Primum Sententiarum Ordinatio*, Liber I, Dist. 3, Q. VI; OTh II, p. 473, lin. 6-9)

更にチャトンも『センテンチア註解』第 1 巻第 3 区分第 5 問題第 1 項の中で，「認識の生成の始めにおける第一の知は，或る個物についての直知である」という見解がオッカムの説であると述べている．

［Articulus 1:
Utrum prima cognitio intellectiva primitate generationis sit cognitio propria alicuius individui: Opinio Ockham］

In ista quaestione, primus articulus erit investigare utrum prima cognitio intellectiva primitate generationis sit cognitio propria alicuius individui, et non cenceptus communior.

Et est opinio quod sic, immo quod prima notitia primitate generationis est notitia intuitiva alicuius singularis, ………

［第一項：
認識の生成の始めにおける知性の第一の認識は，或る個物に固有な認識であるのか．オッカムの見解］

この問いにおいて第一項は，認識の生成の始めにおける知性の第一の認識は，より共通な概念ではなく，或る個物に固有な認識であるのかを探求するであろう．
　　　或る見解はそうであると主張し，認識の生成の始めにおける第一の知は，或る個物についての直知であるとする．(Walter Chatton, *Reportatio super Sententias*, I, d. 3, q. 5, art. 1, edited by Joseph C. Wey and Girard J. Etzkorn, Pontifical Institute of Medieval Studies, Studies and Texts 141, 2002, p. 292, lin. 1-9)
6) オッカム『センテンチア註解』第1巻第3区分第6問題 (OTh II, p. 196, lin. 13-14) を参照．
7) オッカム『センテンチア註解』第1巻第3区分第5問題 (OTh II, p. 473, lin. 10-13) を参照．
8) 前註1で引用された，オッカム『センテンチア註解』第1巻第3区分第6問題 (OTh II, p. 492, lin. 15-17) の箇所を参照．
9) オッカムは『センテンチア註解』第1巻第3区分第6問題において，次のように述べている．
　　　Secundum probo, quia notitia singularis aliqua potest esse intuitiva, quia aliter nulla veritas contingens posset evidenter cognosci ab intellectu; sed notitia intuitiva rei non est posterior notitia abstractive; igitur notitia intuitiva rei singularis est simpliciter prima.
　　　私は第二のことを次のように証明する．或る個物についての知は直知でありうる．さもなければ，非必然的真理が知性によって明証的に認識されることができなくなる．更に，事物についての直知は抽象知よりもより後ではない．それゆえ，個物についての直知は無条件に第一のものである．(Ockham, *Scriptum in Librum Primum Sententiarum Ordinatio*, Liber I, Dist. 3, Q. VI; OTh II, p. 494, lin. 14-18)
10) 第三結論を参照．
11) 全集版では 'cognitio communis entis' となっているが，或る写本に従い communis を省き，'cognitio entis' と読む．
12) 全集版では 'istae visiones sunt alterius rationis' となっているが，いくつかの写本に従い，'istae visiones non sunt alterius rei' と読む．
13) 疑問2での議論を参照．
14) オッカムによれば，我々人間の知性は全く同一の対象に関して，種において異なる二通りの認識を持つことができる．一つは直知認識であり，いま一つは抽象認識である．オッカムは，ここでの箇所で，これら二通りの認識を次のように区別している．
　　【Ⅰ】直知認識は，私がいま現実に持っている例えば「人間」という知が，目の前の或る特定のこの個物が原因となって生じたものであるという因果関係 (causalitas) の認識を含んでいる．他方，抽象認識の場合には，このような或る特定の個物との因果関係の認識が消失している (Michael F. Wagner, "Supposition-Theory and the Problem of Universals", Franciscan Studies, Vol. 41, 1981, pp. 405-407 を参照)．
　　テキスト①『七巻本自由討論集』第1巻第13問題

intuitiva est propria cognitio singularis, non propter maiorem assimilationem uni quam alteri, sed quia naturaliter ab uno et non ab altero causatur, nec potest ab altero causari.
直知認識が或る個物に固有な認識であるのは，直知認識が他の個物よりも或る特定の個物に類同しているからではない．直知認識が自然本性的に或る個物から生じ，他の個物から生じない，あるいは他の個物から生ずることがありえないからである．
(Ockham, *Quodlibeta Septem*, Quodlibet I, Quaestio 13; OTh IX, p. 76, lin. 89-92)

【II】更に別のテキストの中では，オッカムは直知認識と抽象認識を次のように区別している．
テキスト②『センテンチア註解』第1巻序論第1問題第1項
omnis notitia incomplexa aliquorum terminorum quae potest esse causa notitiae evidentis respectu propositionis compositae ex illis terminis distinguitur secundum speciem a notitia incomplexa illorum, quae quantumcumque intendatur non potest esse causa notitiae evidentis respectu propositionis eiusdem. Hoc patet, quia illa quae sunt eiusdem rationis et aeque perfecta possunt in eodem passo aequaliter disposito habere effectum eiusdem rationis, VII *Topicorum*. Sed certum est quod intellectus potest habere notitiam incomplexam tam de Sorte quam de albedine, cuius virtute non potest evidenter cognoscere an sit albus vel non, sicut per experientiam patet; et praeter istam potest habere notitiam incomplexam virtute cuius potest evidenter cognoscere quod Sortes est albus, si sit albus. Igitur de istis potest habere duas notitias incomplexas quarum una potest esse causa notitiae evidentis illius propositionis contingentis et alia, quantumcumque intendatur, non; igitur specie distinguuntur.
語から複合された命題についての明証的認識を生じさせる原因となりうる，語に関する非複合的な知はすべて，明晰さの度合いが如何に強められようとも同じ命題についての明証的認識の原因とはなりえない非複合的知と種において異なる．このことは明らかである．『トピカ』第七巻の中で述べられているごとく，「同じ性質で同程度に完全なものは，それを受けとるものが同じ状態にある時には，同じような結果を産み出す」のだからである．しかるに，確かに経験によって明らかなように，知性はソクラテスと白さについての非複合的な知を有するが，しかしその知のちからによって，ソクラテスが白いかどうか明証的に認識することができないということがありうる．そしてまた，そのような知とは別に，知性はその知のちからによって，ソクラテスが白い場合には「ソクラテスは白い」と明証的に認識することが可能であるような非複合的な知を有することができる．それゆえ知性は，これらに関して二通りの非複合的な知を有することができ，それらのうちの一つは，非必然命題についての明証的認識の原因となりうるものであり，いま一つは，その明晰さの度合いが如何に強められようとも，明証的認識の原因とはなりえないものである．

したがって，これら二つの知は種において異なる．(Ockham, *Sent.* I, Prol. q. 1; OTh I, p. 22, lin. 18-p. 23, lin. 10)

テキスト③『センテンチア註解』第1巻序論第1問題第1項

Sed distinguuntur per istum modum: quia notitia intuitiva rei est talis notitia virtute cuius potest sciri utrum res sit vel non, ita quod si res sit, statim intellectus iudicat eam esse et evidenter cognoscit eam esse, ……… Sicut si Sotes in rei veritate sit albus, illa notitia Sortis et albedinis virtute cuius potest evidenter cognosci quod Sortes est albus, dicitur notitia intuitiva. Et universaliter omnis notitia incomplexa termini vel terminorum, seu rei vel rerum, virtute cuius potest evidenter cognosci aliqua veritas contingens, maxime de praesenti, est notitia intuitiva.

Notitia autem abstractiva est illa virtute cuius de re contingente non potest sciri evidenter utrum sit vel non sit. Et per istum modum notitia abstractiva abstrahit ab exsistentia et non exsistentia, quia nec per ipsam potest evidenter sciri de re exsistente quod exsistit, nec de non exsistente quod non exsistit, per oppositum ad notitiam intuitivam.

直知と抽象知は次のように区別される．事物の直知認識とは，その知のちからによって〈事物が存在するか否か〉が認識されることが可能であり，もし事物が存在するならば，知性は直ちに事物が存在すると判断し，事物が存在することを明証的に認識するところの知である．……例えば，ソクラテスが実際に白い場合に，〈ソクラテス〉についての知と〈白〉についての知のちからによって，「ソクラテスは白い」ということが明証的に認識されうるならば，そのような知は直知と呼ばれる．更に一般的に言って，その知のちからによって或る非必然的真理，とりわけ現前する事実についての非必然的真理が明証的に認識されることが可能となる，語ないしは事物についての非複合的知はすべて，直知である．

他方，抽象知とは，その知のちからによっては，非必然的事物について〈それが存在しているか否か〉が明証的に認識されることが可能ではないものである．このように，抽象知は事物の存在・非存在を切り離し捨象している．というのも直知とは反対に，抽象知によっては，存在する事物について「それが存在している」と明証的に認識されることも，存在しない事物について「それが存在していない」と明証的に認識されることも可能ではないからである．(Ockham, *Sent.* I, Prol. q. 1; OTh I, p. 31, lin. 9-p. 32, lin. 9)

これらのテキスト②と③から，直知と抽象知の相違がより明確になる．経験から明らかなごとく，或る時には我々は，目の前のソクラテスを見て，「ソクラテス」と「白い」という知を把握し，それらの知のちからによって「ソクラテスは白い」という明証的認識を持つことができる．この場合には，このような明証的な命題の認識の原因として，その命題を構成している語「ソクラテス」と「白」についての非複合的な知——直知——が成立している．これらの直知認識は，テキスト①の下線部が述べているごとく，目の前の或る特定の個物（白いソクラテス）が原因となって生じたも

のであるという因果関係の認識を含んでおり，従ってテキスト③の下線部が述べているごとく，その知のちからによって〈事物が存在するか否か〉が認識されることが可能なものである．それゆえ，その知のちからによって我々は，目の前の個物が今・ここに白いものとして存在していると判断することができる．他方，例えばソクラテスが目の前に存在せず，ただ単に彼について我々が想像する場合には，我々は「ソクラテスは白い」という命題の意味を理解しており，その命題を構成する語「ソクラテス」と「白」についての知を有しているが，しかしそれらの知のみからでは我々は決して，ソクラテスが今・ここに白いものとして存在していると判断し，彼について明証的認識を持つことができない．この場合には，「ソクラテス」と「白」についての，別の知——抽象知——が成立している．抽象認識の場合には，或る特定の個物との因果関係の認識が消失しており，従ってテキスト③の下線部が述べているごとく，抽象知は事物の存在．非存在を切り離し捨象しているからである．

　テキスト②で言われているごとく，これら直知と抽象知は，種において異なるものである．なぜなら，同じ種類の原因からは，同じ種類の結果が生ずる．もし異なる種類の結果が生ずるとすれば，それらの原因は異なった種類のものである．しかるに，或る知のちからによって我々は明証的認識を持つことができ，或る知のちからによって我々は明証的認識を持つことができない．従って，異なった結果が生ずるのであるから，それらの原因である直知と抽象知は種において異なる．拙論「スコトゥスとオッカムの直知認識（notitia intuitiva）と抽象知（notitia abstractiva）」（『哲学史の再構築に向けて』昭和堂，2000年，162-164頁），「抽象と直知——オッカムの直知理論——」（『中世哲学を学ぶ人々のために』世界思想社，2005年，128-131頁）を参照．

15)　すなわち同一の個物を，存在するもの－動物－人間－ソクラテス，存在するもの－物体－色－白と見る直知認識は同じ種類に属し，完全性の程度においてのみ異なる．それゆえ，これらの直知認識はすべて，個物に固有な認識である（第二結論）．

16)　この反論の論者は，アリストテレスが『トピカ』第7巻第1章（152 a 2-3）で述べている「端的に同じものである限り，それらの生成も消滅も同じである」（ὅσα γὰρ ἁπλῶς ταὐτά, καὶ αἱ γενέσεις αὐτῶν καὶ αἱ φθοραί）という文言を議論の原理として用いている．オッカムもまた，前註14で引用されたテキスト②において，同じアリストテレスの原理を用いて，直知認識と抽象認識が種において異なることを証明している．

17)　遠くからやって来る同一の事物がより遠くに存在するのか，近くに存在するのかによって，不明瞭に見る働きと明瞭に見る働きとが生じ，存在するもの－動物－人間－ソクラテス，存在するもの－物体－色－白と見る場合には，これらの見る働きは同じ種類に属する．単に完全性の程度においてのみ異なるからである．しかし，同一の盾がより遠くにあるのか，近くにあるのかによって，不明瞭に見る働きと明瞭に見る働きとが生じ，同一の盾が別の色を持つものとして見られる，例えばより遠くから見られる時には青色であると見られ，より近くから見られる場合には緑色であると見られる場合には，これらの見る働きは異なった種類に属する．見る働きの対象が青，緑というように異なっているからである．Alfred J. Freddosoの英語訳註75（Ibid.,

p. 67) を参照.
18) オッカムの第三結論では,「第一の単一な抽象認識(cognitioprima abstractive et simplex)が, 個物に固有な認識ではなく, 多くの事物に共通な認識である」と言われていた. Claude Panacio, Ockham on Concepts, 2004, Ashgate, 2004, p. 10 を参照.
19) 「知性の第一の対象」ということの, いくつかの意味の相違に関して, オッカムは『センテンチア註解』第1巻第3区分第1問題のなかで詳しく説明している.

Et primo distinguo de primo obiecto intellectus, quia quoddam potest intelligi esse primum obiectum intellectus vel primitate generationis, et est illud quod terminat primum actum intelligendi; vel potest esse primum primitat adaequationis, et tunc esset illud quod praedicaretur de omnibus per se intelligibilibus, ……… vel potest esse primum primitate perfectionis, et est perfectissimum intelligibile ab intellectu.

私はまず最初に,「知性の第一の対象」ということを区別する. なぜなら或るものは, 認識の生成において第一のもの(primitas generationis)という意味で, 知性の第一の対象であると理解されうるからである. この意味では, 認識の第一の活動の終点であるものが知性の第一の対象である. また, 或るものは, 知性に対等な第一のもの(primitas adaequationis)という意味で第一のものでありうる. この場合には,「知性の第一の対象」ということは, 自体的に知性認識されることが可能なすべてのものに述語づけられる. ……また, 或るものは, 完全性において第一のもの(primitas perfectionis)という意味で第一のものでありうる. この意味では, 知性によって認識されうる最も完全なものが, 知性の第一の対象である.
(Ockham, Scriptum in Librum Primum Sententiarum Ordinatio, Liber I, Dist. 3, Q. I; OTh II, p. 388, lin. 21-p. 389, lin. 4)

「知性の第一の対象」ということの, これらの意味のうち, 知性に対等な第一のもの(primitas adaequationis)という意味では, 普遍が知性の第一の対象である. しかし, 認識の生成において第一のもの(primitas generationis)という意味では, 個物が知性の第一の対象である. Alfred J. Freddoso の英語訳註72 (Ibid., p. 63) を参照.

第 14 問題
1) アリストテレス『感覚と感覚されるもの』第6章445b16-17.
2) 第13問題註9及び, オッカム『センテンチア註解』第1巻序論第1問題第6項の次の記述を参照.

Ad ultimum concede quod omnis notitia abstractiva alicuius rei naturaliter adquisita praesupponit notitiam intuitivam eiusdem. Cuius ratio est quia nullus intellectus potest naturaliter adquirere notitiam alicuius rei nisi mediante illa re tamquam causa partiali efficiente. Sed omnis notitia ad quam necessario coexgitur exsistentia rei est intuitiva; igitur prima notitia rei est

intuitiva. (Ockham, *Sent.* I, Prol. q. 1; OTh I, p. 72, lin. 3-8)
3) 例えばスコトゥスは，知性が白いものを直知認識した後で，〈私が白いものを見た〉という知性認識の活動を想起し（recordari），抽象認識できることを認めている．

　　Sic ergo patet quod aliqua recordatio est propria intellectui ex ratione utriusque obiecti actus scilicet tam proximi tam remoti; aliqua etiam ratione obiecti proximi est ita propria, quod non posset competere sensui, aliqua ex ratione obiecti proximi competit intellectui, tamen potest competere sensui, utpote si *intellectus intuitive intellexit me videre album*, postea intellectus recordatur me vidisse album. (Scotus, *Opus Oxon.*, IV, d. 45, q. 3, n. 17; ed. Wadding X, p. 208)

4) オッカムは『センテンチア註解』第1巻序論第1問題第1項の中で，次のように述べている．

　　Patet etiam quod intellectus noster pro statu isto non tantum cognoscit ista sensibilia, sed in particulari et intuitive cognoscit aliqua intelligibilia quae nullo modo cadunt sub sensu, non plus quam substantia separata cadit sub sensu, cuiusmodi sunt intellectiones, actus voluntatis, delectatio consequens et tristitia et huiusmodi, quae potest homo experiri inesse sibi, quae tamen non sunt sensibilia nec sub aliquo sensu cadunt. Quod enim talia cognoscantur a nobis in particulari et intuitive, patet, quia haec est evidenter mihi nota 'ego intelligo'. Igitur vel haec est prima et immediate accepta ex notitia incomplexa terminorum | § vel rerum, § | vel scitur per aliquam priorem notiorem. Si primo modo, igitur cum sit contingens, oportet quod aliquis terminus | § vel res importata per terminum § | intuitive videatur. Quia si praecise intelligeretur abstractive, cum talis cognitio secundum omnes abstrahat ab hic et nunc, per talem non posset sciri veritas contingens quae concernit certam differentiam temporis; igitur ad hoc quod evidenter cognoscatur requiritur aliqua notitia intuitiva. Sed manifestum est quod non sufficit notitia intuitiva mei, igitur requiritur notitia intuitiva intellectionis. Secundum non potest dari, quia nulla est contingens ex qua necessario sequitur ista 'ego intelligo'. Vel saltem propter libertatem voluntatis nulla est contingens ex qua necessario sequatur ista 'ego diligo Sortem'; quia si sequeretur ex aliqua, maxime sequeretur ex ista 'ego intelligo Sortem sub ratione boni' vel 'scio Sortem diligendum a me'. Sed quia voluntas potest libere velle oppositum illius quod est dictatum per intellectum, ideo ex nulla tali sequitur necessario ista 'ego diligo Sortem'; et ita ista inter contingentes est simpliciter prima, et ita non potest evidenter cognosci per aliam priorem.

　　更に，次のことが明らかである．我々の知性は現世の生の状態において，可感的なものを認識するだけでなく，ちょうど分離実体が感覚されないように，決して感覚されることのない可知的なものをも個別的に直知認識する．知性認識の働き，意

志の活動，生じてくる喜びや悲しみといったものがこのようなものである．人は，これらのものが自らの内に存在することを経験することができるが，これらのものは可感的なものでも，感覚されるものでもないからである．このようなものが我々によって個別的に直知認識されることは明らかである．例えば，「私は知性認識する」という命題は明証的に私に知られているからである．この「私は知性認識する」という命題は，（1）命題を構成している語，あるいは語が意味している事物についての非複合的知から直接に得られた第一の命題であるのか，あるいは（2）より前なる，より知られた或る別の命題によって知られるのか．もし（1）であるとしたら，<u>命題は非必然命題であるのだから，命題を構成している語は，あるいは語によって意味されている事物は直知認識されていなければならない</u>．もし仮に無条件に抽象認識されるとしたら，このような認識はすべて，〈ここに・いま存在する〉ということを切り離し，捨象しているのであるから，或る時間の相違ということと結びついている非必然的真理がこのような認識によって知られることはできないであろう．従って，非必然的真理が明証的に認識されるためには，或る直知が必要とされる．ただし，〈私〉についての直知だけでは不充分であることは明白であり，それゆえ，<u>〈知性認識の働き〉についての直知が必要とされる</u>．他方，（2）は認められることができない．なぜなら，「私は知性認識する」ということがそこから必然的に帰結するような非必然的な命題は存在しないからである．あるいは少なくとも，意志の自由のゆえに，「私はソクラテスを愛する」ということがそこから必然的に帰結するような非必然的な命題は存在しないからである．もし仮にこの命題が或る別の命題から帰結するとしたら，この命題は何よりも「私はソクラテスを善という観点において認識する」という命題，あるいは「私はソクラテスを私によって愛されるべきであると知る」という命題から帰結することになるであろう．しかし，知性によって命じられたことと反対のことを意志は自由に欲求できるのであるから，「私はソクラテスを愛する」という命題は，これらのどの命題からも必然的に帰結しない．それゆえ，この「私はソクラテスを愛する」は非必然的命題のうちで無条件に第一の命題であり，従ってより前なる別の命題によって明的に認識されることはできない．(Ockham, *Sent*. I, Prol. q. 1; OTh I, p. 39, lin. 18-p. 41, lin. 3)

5) オッカムは『センテンチア註解』第1巻序論第1問題第1項の中で，前註4で引用されたテキストの後で続けて次のように述べている．

 Praeterea, sicut tactum est, notitia accepta per experientiam non potest esse sine notitia intuitiva. Sed de istis accipitur scientia per experientiam, quia ita experimur ista in nobis sicut quaecumque sensibilia, nec plus dibitat aliquis an diligat vel non quam quod clefit vel videt; igitur etc.

 更に，上述のごとく，経験によって得られた知は，直知なしにはありえない．しかるに，これら（知性認識の働きや意志の活動）に関して，経験によって知識が得られる．我々は可感的なあらゆるものを経験するのと同様に，我々の内のこれらのものを経験するのであり，人は自分が熱せられていること，自分が見ていることを疑わないのと同様に，自分が愛していることを疑わない．それゆえ，云々．

訳者註解（第14問題） 207

(Ockham, *Sent*. I, Prol. q. 1; OTh I, p. 41, lin. 4-8)
6) 第13問題で述べられたごとく，直知認識は或る特定の個物から生じたものであるという因果関係の認識を含んでいる（第13問題註14）。更にオッカムは第14問題において，このように直知認識において〈自分がこの個物を知性認識している〉ことを認識するためには，知性が自己の認識活動へと立ち返り，自らの活動を直知認識することが必要であると主張する。このオッカムの主張に関して，1321年から1323年にかけてロンドンで，オッカムと彼の同僚であったウォルター・チャトンとの間で論争が行なわれたと推定される。ここでの五つの反論とは，チャトンの側からのオッカムへの反論であり，これらの反論は，チャトンがロンドンで行なった講義『センテンチア註解』序論第2問題第5項に収録されている。更にまた，オッカムの主張に関しては，1330年頃ノリッジにおいても，オッカムの弟子であるアダム・ヴォデハム(Adam de Wodeham) とチャトンとの間で論争が行なわれており，ヴォデハムは，オッカムを弁護する立場からチャトンの反論に答えている。

オッカムは自己の基本的な立場を次のように述べている。

Concedo quod evidenter assentio huic propositioni 'ego video', et dico quod <u>ille assensus causatur a visione illius visionis</u>.

「私は見ている」という命題に対して，私は明証的に肯定判断を下すことを認める。<u>このような肯定判断は，見るという自己の認識活動・直知を直知認識することから生ずるのであると</u>，私は答える。(Ockham, *Quodlibeta Septem*, Quodlibet I, Quaestio 14; OTh IX, p. 80, lin. 49-51)

チャトンはこのオッカムの説を次のように説明している。

haec propositio 'ego intelligo lapidem' non sufficit causare assensum, quia illa propositio potest manere quando intellectio lapidis non est secundum eos; igitur praeter propositionem requiritur aliqua alia notitia quae causat assensum; illa non est abstractiva, quia illa potest esse quando intellectio lapidis non est; igitur oportet quod sit intuitiva.

（心の中の）「私は石を知性認識している」という命題だけでは，この命題について肯定判断を生じさせるのに充分ではない。なぜなら，或る人々によれば，この心の中の命題は，たとえ石についての知性認識の働きが存在していない場合であっても，存続することができるからである。それゆえ，この命題のほかに，このような肯定判断を生じさせる或る別な認識が必要とされる。この認識は抽象認識ではない。なぜなら抽象認識は，たとえ今，石を知性認識している働きが現実に存在していない場合であっても，ありうるからである。従って，直知認識が必要とされる。(Walter Chatton, *Lectura in Sent.*, Prol., q. 2, a. 5, edited by Joseph C. Wey, Pontifical Institute of Medieval Studies, 1989, Studies and Texts 90, p. 118, lin. 27-31)

これらの議論は，〈人が自分はいま現にこの石を直知認識していると判断し，確信する〉場面についての議論である。オッカムは，このような肯定判断を自己の内に生じさせる原因は何であるかと問う。この問いに対して，私は石を知性認識することを考

えており、「私は石を知性認識している」という命題が私の心の中に存在するからであると答えることはできないであろう。なぜなら、例えば実際には石を知性認識する活動を行なっていないのに、私が〈いま自分は石を直知認識している〉と空想している場合であっても、「私は石を知性認識している」という命題が私の心の中に存在しており、しかしこの場合には、〈いま自分は石を直知認識している〉という判断や確信が自己の内に生ずることはないからである。では、このような肯定判断を私の内に生じさせるものは、一体何であろうか。オッカムによれば、それは、石を直知している自己の認識活動・直知 visio（1）へと立ち返って（reflecti）、自己の認識活動を直知する直知 visio（2）の働きである。

直知（2）自らの活動へと立ち返る知性認識の活動 actus reflexus

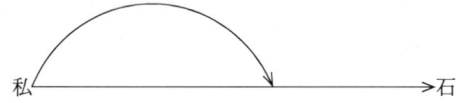

私　　　　　　　　　　　　　　　→石

直知（1）外界の事物を認識する真っ直ぐな知性認識の活動 actus rectus

この議論においてオッカムは、「知性は自らを判断するものである。例えば、石を直知している自己の認識活動・直知 visio（1）へと立ち返り、自己の認識活動を直知する直知（2）――直知の直知（visio visionis）――によって、人は〈自分がいま現実に、この石を直知認識している〉と明証的に判断することができる」という直知理論の重要なテーゼを提出している（拙論「抽象と直知――オッカムの直知理論――」『中世哲学を学ぶ人々のために』世界思想社、2005年、138-141頁を参照）。

このオッカムのテーゼに対して、チャトンは『センテンチア註解』序論第2問題第5項において、先ず第一に、「もしオッカムの説に従うならば、無限な直知認識の活動が現実態において同時に存在することになってしまう」という反論を提出している。

　　[Contra Ockham per tria argumenta]
　Contra istam opinionem. Primo, quia rationes suae aeque probant quod simul sunt actu infinitae visions: nam visio aliqua est per quam intellectio lapidis videtur. Probatur, quia haec propositio 'ego intelligo lapidem' non sufficit causare assensum, quia illa propositio potest manere quando intellectio lapidis non est secundum eos; igitur praeter propositionem requiritur aliqua alia notitia quae causat assensum; illa non est abstractiva, quia illa potest esse quando intellectio lapidis non est; igitur oportet quod sit intuitiva.

　Per eandem rationem arguo quod illa intuitiva videtur per aliam, quia formando hoc complexum 'ego video,' ista propositio non causat assensum rei, sicut probatum est, quia potest esse propositio falsa; igitur praeter illam requiritur alia cognitio; et non abstractiva; igitur intuitiva. Ita arguo de illa, et sic in infinitum, nisi detur maximus numerus, qualem non experimur.

　　[三つの議論によるオッカムに対する反論]
　オッカムの見解に対する反論：第一に、オッカムの論は一様に、無限な直知認識の

活動——すなわち，それによって石についての知性認識が直知される直知認識——が現実態において同時に存在する」ことを証明することになる．このことは次のように証明される．(心の中の)「私は石を知性認識している」という命題だけでは，この命題について肯定判断を生じさせるのに充分ではない．なぜなら，或る人々によれば，この心の中の命題は，たとえ石についての知性認識の働きが存在していない場合であっても，存続することができるからである．それゆえ，この命題のほかに，このような肯定判断を生じさせる或る別な認識が必要とされる．この認識は抽象認識ではない．なぜなら抽象認識は，たとえ今，石を知性認識している働きが現実に存在していない場合であっても，ありうるからである．従って，直知認識が必要とされる．

　同様の議論によって私は，この直知認識の働きは別の直知認識の働きによって直知され，〔かくして無限に続くことを〕証明する．「私は直知する」という命題の形成において，この命題は先に証明されたごとく，そのことについての肯定判断を生じさせない．この命題は偽でありうるからである．それゆえ，この命題のほかに別の認識が必要とされる．しかし，それは抽象認識ではない．従って，直知認識が必要とされる．更に，この直知に関しても私は同様に論ずる．かくして，我々が経験したことがないような最大の数というものが認められないならば，それは無限に続くことになる．(Walter Chatton, *Lectura in Sent.*, Prol., q. 2, a. 5, ed. cit., p. 118, lin. 25 – p. 119, lin. 36)

このチャトンの第一反論は，アダム・ヴォデハムの『命題集(センテンチア)第一巻第二講義』序論第2問11 (Adam de Wodeham, *Lectura secunda in librum Sententiarum*, vol. I: prologus et distinctio prima. Edited by Rega Wood, Assisted by Gedeon Gál, St. Bonaventure, N. Y. 1990, p. 53, lin. 3-p. 54, lin. 15; 渋谷訳『中世思想原典集成18』平凡社，1998年，885頁) にも収録されている．この第一反論においてチャトンは，オッカムに対して次のように反論する．もしオッカムの主張するように，〈自分がいま現に，この石を見ている〉と明証的に判断するためには，自己の認識活動・直知(1)を直知する働き・直知(2)が必要であるとすると，図のように，この直知(2)が更に知性によって直知され(直知(3))，更にこの直知(3)が知性によって直知される(直知(4))というふうに無限に続くことになる．かくして，無限な直知認識の活動——直知(1)，直知(2)，直知(3)，直知(4)，直知(5)というふうに無限に続く直知——が同時に同じ知性の内に存在することになってしまう．これは不合理である．それゆえ，オッカムの主張は認められない．

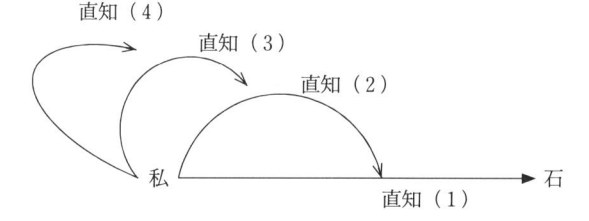

7) 英訳註79 (Ibid., p. 69) が述べているごとく, オッカムは, 「外界の事物を認識する真っ直ぐな知性認識の活動 (actus rectus) と, 自らの活動へと立ち返る知性認識の活動 (actus reflexus) とが区別されない」という見解を保持する場合と, 「自らの活動へと立ち返る知性認識の活動 (actus reflexus) は, 外界の事物を認識する真っ直ぐな知性認識の活動 (actus rectus) から区別され, これらは二つの異なった, 存在論的に互いに他から独立した活動である」という見解を保持する場合と分けて, チャトンの第一反論に対して解答している。オッカムは本書第II巻第12問題において, これら二通りの活動について詳しく議論している。
8) 例えば抽象認識から構成された「私は石を知性認識している」という命題は, 前註6で述べられているごとく, たとえ石を見る活動が実際に存在していないとしても, 存続することが可能である。
9) オッカムは, 「第一の直知認識〈私が石を直知認識する〉と, 第二の直知認識〈私が石を直知認識していることを直知認識する〉とで, 直知認識の進行は止まり, それ以上, 第三の直知認識〈私が石を直知認識していることを直知認識するのを, 直知認識する〉, 第四の直知認識, ……と無限に続くことはない」と主張する。このオッカムの主張に対して, 更にチャトンは第四反論で反論している。
10) チャトンは『センテンチア註解』序論第2問題第5項において, 次の第二の反論を提出している。

  Confirmo, quia aeque poteris acquirere scientiam per experietiam de illa visione, et aeque de visione illius visionis; et sic arguo de infinitis sicut tu ponis de actu recto; igitur aeque probas infinitas.
  このことは, 次のごとく確証される。同じ様に, あなたは経験によってこの直知認識について知識を得ることができ, 同じ様にまた, 直知認識の直知認識について知識を得ることができるであろう。かくして, あなたが真っすぐな知性認識の活動について述べ, 無限な直知認識の存在を証明するのと同様に, 私も無限な直知認識について論ずる。(Walter Chatton, *Lectura in Sent*., Prol., q. 2, a. 5, ed. cit., p. 119, lin. 37-39)

このチャトンの第二反論は, アダム・ヴォデハムの『命題集 (センテンチア) 第一巻第二講義』序論第2問11 (Adam de Wodeham, *Lectura secunda in librum Sententiarum*, vol. I: prologus et distinctio prima. ed. cit., p. 54, lin. 16-18; 渋谷訳『中世思想原典集成18』平凡社, 1998年, 885頁) にも収録されている。
11) アダム・ヴォデハムは, 直知認識が無限に続くことがなく, 途中で止まる理由を次のように述べている。

  Causa quare est status potest assignari, quia "pluribus intentus minor est ad singula sensus." Unde anima eo ipso quod ponit se ad videndum et percipiendum intentionem lapidis, incipit illa prima intentio remitti et debilitari.
  Et generaliter quandocumque ponit se ad intelligendum quaecumque distincta, inperfectius intelligit utrumque quam faceret unum tantum si poneret

se cum aequali conatu ad intelligendum illud. Et ideo per intentionem quae est indifferenter omnium individuorum alicuius speciei possibilium, nullum distincte aut perceptibiliter intelligit, sed apparet sibi ac si nullum intelligeret sed unum* vel huiusmodi. Si igitur haec prima intentio incipit deficere ex advertentia secundae, et per consequens secunda deficere incipiet in aliquo gradu sicut et eius una causa et quotquot plures superduxerit tanto magis, donec sit ita imperfecta quod non sufficit movere ad causandum in suo ordine primam intuitivam reflexam; et ideo est stare ad maximum numerum.

*) Adam de Wodeham, *Lectura secunda in librum Sententiarum*, vol. I: prologus et distinctio prima. Edited by Rega Wood, Assisted by Gedeon Gál, St. Bonaventure, N. Y. 1990, では 'unum plurium' となっているが, 下線部を削除し, 'unum' と読む.

なぜ進行は止まるのか，その理由は，「小さな心が多くのものによって，その一つ一つへと注意を向けさせられる」ということに帰せられうる．したがって，心が〔石を知性認識することから〕，その活動自体を直知認識し，それを意識することへと自己を向けることによって，最初の知性認識の活動は放棄され，その力は弱められ始める．

さらにまた一般的に言っても，もし心が同じ努力で或るものを知性認識することへと自己を向けるとしたら，何であれ異なったものを知性認識することへと自己を向ける場合には常に，ただ一つのものを認識する場合よりも，不完全に二つのものを知性認識する．それゆえ，或る種に属するすべての可能な個体を無差別に認識する知性の働きによって，人はそれらを区別して意識的に認識することはなく，あたかも何も知性認識していないかのように，あるいは同一のものを知性認識しているかのように彼には思われるのである．したがって，第二の知性認識の活動へと心を向けることによって最初の知性認識の活動が衰え始めるとしたら，次に或る段階においては第二の知性認識の活動も衰え始めるであろう．一つの原因によって，あるいは，それらのものがより多く付け加わるのであればあるだけ，それだけよりいっそう，知性認識の活動は衰える．それは，知性認識の活動が不完全になり，順々に新たな自らへと立ち返る直知認識の活動を生じさせるのに充分なものでなくなる時点まで続く．かくして最大数においてその進行は止まる．(Adam de Wodeham, *Lectura secunda in librum Sententiarum*, vol. I: Prologus et Distinctio Prima. ed. cit., p. 63, lin. 67-79; 渋谷訳『中世思想原典集成 18』平凡社，1998 年，901 頁)

12) 第三にチャトンは，〈私が自分はいま現に，この石を知性認識している〉と明証的に判断するには，石を見ている自己の認識活動・直知（1）だけで充分であり，オッカムの言うような〈自分が石を見ている活動についての直知認識（2）〉を措定する必要はないという立場から，オッカムに対して次の反論を提出している．

Superfluit ponere illam visionem, quia quaero quomodo assentis rei significatae per istam 'ego video' ………

Aut igitur assentis te videre assensu causato ab illamet visione, aut assensu causato per visionem illius visionis. Si primum, tunc habetur propositum, quia non minus sufficit intellectio lapidis causare assensum rei significatae per istam 'ego intelligo lapidem' quam illa visio de qua loqueris sufficit causare per se assensum rei significatae per istam 'ego video.' Si detur secundum, tunc itur in infinitum, ita quod essent infinitae simul, quia semper posterior requirit priorem esse, sicut visio requirit suum visibile existere.

このような直知認識を措定することは無駄である。如何にしてあなたは、「私は見ている」という命題によって表示されている事柄に肯定判断を下すのかと、私は問う。……

あなたが、自分が見ていることに肯定判断を下すのは、①見るという活動・直知（1）から生じた肯定判断によるのか。あるいは、②見るという活動を直知認識する直知（2）から生じた肯定判断によるのか。もし①のほうだとすれば、その時には、私（チャトン）の言わんとする主張が得られる。石を知性認識する活動自体が「私は石を知性認識する」という命題によって表示されている事柄に肯定判断を下させるのに充分であるのと同様に、あなたが語っている〈見るという活動〉自体が、「私は見ている」という命題によって表示されている事柄に肯定判断を下させるのに充分だからである。もし②のほうだとすると、その時にはそれは無限に進むことになるであろう。かくして、無限な直知認識の活動が同時に存在することになる。見る活動が見られる対象の存在を必要とするごとく、より後なるものは、より前なるものの存在を常に必要とするからである。(Walter Chatton, *Lectura in Sent.*, Prol., q. 2, a. 5, ed. cit., p. 119, lin. 43-54)

このチャトンの第三反論は、アダム・ヴォデハムの『命題集（センテンチア）第一巻第二講義』序論第2問11 (Adam de Wodeham, *Lectura secunda in librum Sententiarum*, vol. I: prologus et distinctio prima. ed. cit., p. 54, lin. 22-30; 渋谷訳『中世思想原典集成18』平凡社、1998年、886頁) にも収録されている。

【オッカムの解答】

このチャトンの第三反論に対して、オッカムはあくまでも②の立場を主張して、次のように答えている。

concedo quod evidenter assentio huic propositioni 'ego vodeo', et dico quod <u>ille assensus causatur a visione illius visionis</u>. Sed ex hoc non sequitur quod erunt infinitae visiones simul, nec potest esse processus in infinitum naturaliter, sed est status ad aliquam visionem quae naturaliter non est visibilis.

「私は見ている」という命題に対して、私は明証的に肯定判断を下すことを認める。<u>このような肯定判断は、見るという自己の認識活動・直知を直知認識することから生ずるのであると</u>、私は答える。しかしそれによって、無限な直知認識の活動が同時に存在するであろうという結論が導かれることはない。自然本性的に無限に進行することはありえないのであり、自然本性的に、それ自体は直知されない、或る直知において止まる。(Ockham, *Quodlibeta Septem*, Quodlibet I, Quaestio14; OTh IX, p. 80, lin. 49-53)

【アダム・ヴォデハムによる、オッカム説の弁護】

更にアダム・ヴォデハムも、チャトンの反論に対して、オッカムを弁護する立場から、オッカムの主張を繰り返している。

[RESPONSIO WODEHAM AD ALIAS INSTANTIAS CHATTON]
Ad secundum dico quod non virtute intentionis lapidis sed virtute visionis illius visionis assentio me videre lapidis intentionem. Et cum dicis: tunc ibitur in infinitum, ita quod infinitae visiones erunt simul, quia posterior requirit priorem —— ibi concessi tantum processum in visionibus quantum tu posueris in assensibus. Quia quilibet assensus virtute novae in reflectendo de contingenti requirit [obiectum] suum. Sed quia non simul assentio me videre istam visionem et visionem illius visionis, et sic in infinitum, ideo ex hoc quod virtute visionis alicuius assentio, non concludis nisi illam visionem esse et priores ea.

[チャトンの他の異論に対するヴォデハムの解答]
第二の異論に対しては、私は次のように答える。石を知性認識する活動それ自体によってではなく、その認識活動・直知の直知認識によって、私は自分が石を知性認識していることに肯定判断を下すのである。あなたが、「その時にはそれは無限に進むことになるであろう。かくして、無限な直知認識の活動が同時に存在することになるであろう。より後なるものは、より前なるものを必要とするからである」と言う場合には、――あなたが肯定判断を下すのと同じ数の直知認識の進行を私は認める。というのも、どの肯定判断も、非必然的な事柄に関して自らへと立ち返る新たな直知認識によって行なわれるのであり、したがってその対象を必要とするからである。しかしながら私は、自分がこの直知認識を直知認識しており、更にまた、その直知認識の直知認識を直知認識しており、……それが無限に進むことに同時に肯定判断を下すわけではない。それゆえ、或る直知認識によって私は肯定判断を下すのであるから、その直知認識が存在することと、それよりも前の直知認識が存在すること以外には何も、あなたは結論できない。(Adam de Wodeham, *Lectura secunda in librum Sententiarum*, vol. I: Prologus et Distinctio Prima. ed. cit., p. 61, lin. 2-11; 渋谷訳『中世思想原典集成18』平凡社、1998年、897-898頁)

13) 前註9で述べたごとく、第四にチャトンは、オッカムが第一反論に対する解答の中で「直知は第二番目の直知認識において止まる」と述べたことを批判する。

Tertio, non vitas quin necessario causarentur infinitae, quia si experiris statum in secundo, quaero propter quid est status in secundo. Si dicis quod quia illa visio non est visibilis a tali potentia, hoc est falsum, quia si haec visio esset in alia anima, posset videri ab ista; igitur similiter modo, quando informat eam. ………

Consequentiam probo, quia per hoc quod est in intellectu, non tollitur quin possit videri, quia per te intellectio lapidis est in intellectu, et tamen videtur ab eo; igitur non est dandum quod quia illa visio non est visibilis ab illo intellectu per viam tuam.

第三に，無限な直知認識の活動が必然的に生ずるのを，あなたは避けることができない。もしあなたが，第二の直知認識において止まるのを経験するとしたら，なぜ第二の直知認識において止まるのか。もしあなたが，「この直知認識は，このような知性的能力によって直知されることが可能ではないのだ」と言うとしたら，それは偽である。この直知認識が他の心の中にある場合には，その心によって直知されることが可能だからである。したがって，今の場合にも，直知認識を形成する場合にはまったく同様である。……

　　　私はこの結論を次のように証明する。直知認識が知性の中にあるということによって，それが直知されることが可能であるということが除去されることはない。なぜなら，あなたによれば，石を知性認識する働きが知性の中にあり，それは知性によって直知されるからである。従って，あなたの考え方に従うならば，この直知認識が知性によって直知されることが可能ではないということは，認められるべきではない。(Walter Chatton, *Lectura in Sent.*, Prol., q. 2, a. 5, ed. cit., p. 120, lin. 60-68)

このチャトンの第四反論は，アダム・ヴォデハムの『命題集（センテンチア）第一巻第二講義』序論第2問11（Adam de Wodeham, *Lectura secunda in librum Sententiarum*, vol. I : prologus et distinctio prima. ed. cit., p. 54, lin. 31-35; 渋谷訳『中世思想原典集成18』平凡社，1998年，886-887頁）にも収録されている。

14) 全集版では 'in intellectu, per se posset videri' となっているが，Alfred J. Freddoso の英語訳註81 (Ibid., p. 70) に従い，'in intellectu per se, posset videri' とコンマの位置を変えて読む。

15) 全集版では 'tollitur quod non potest videri' となっているが，むしろ 'tollitur quin possit videri' と読む。

16) アウグスティヌス『三位一体論』第11巻第8章15，ラテン教父全集42巻996。アウグスティヌスによれば，例えば或る人が私に話しかけているのに，私が別のことを考えている場合，思考する活動と聞く活動は両立不可能ではないけれども，思考する活動によって注意を逸らされているがゆえに，私は他人の話を聞いたけれども，何を聞いたのか分からないことがある。

17) 更にチャトンは，次の第五反論を提出している。

　　Dico sicut prius, quod anima viatoris non habet naturaliter aliquem actum intuitivum quo videat actus suos.

　　　Hoc adhuc confirmo sic, quia aut virtute illius visionis essem certus quod ego intelligo lapidem, aut solum essem certus quod intelligo, sed utrum lapidem vel non, hoc non esset certum virtute illius visionis.

　　　Non potes dicere primum, quia sic angelus videndo istam intellectionem esset certus quod intelligeres lapidem, et per consequens non indigeret locutione nec illuminatione; et hoc reputas falsum, quia alibi ponis quod licet unus angelus videat cognitionem alterius, tamen nescit cuius obiecti est illa cognitio. Nec potest dici secundum, quia aeque sum certus quod intelligo

lapidem sicut sum certus quod intelligo, ………
　上述のごとく，天国への途上の旅人である人間の心は，それによって自らの活動を直知する，或る直知認識の活動を自然本性的に持つことはないと，私は主張する．
　私はこのことを更に，次のように確証する．直知認識の働きによって，（1）私は自分が石を知性認識していることを確信するのか．あるいは，（2）私は自分が知性認識していることを確信するだけであって，石を知性認識しているのか否かを直知認識の働きによって確信するわけではないのか．
　あなたは，（1）であると言うことができない．なぜなら，もしそうだとしたら，天使はあなたの知性の働きを直知することによって，「あなたが石を知性認識している」ことを確信できることになり，したがって或る天使が他の天使や人間の知性に語りかけることや，それらを証明することを必要としないことになるが，このことをあなたは偽であるとしているからである．というのも，あなたは他の所で，或る天使が他の天使の認識の働きを直知したとしても，その認識の対象が何であるかを知らないと述べているからである．他方，（2）であると言われることもできない．私は〈自分が知性認識している〉ことを確信しているのと同じように，〈自分が石を知性認識している〉ことを確信しているのだからである．(Walter Chatton, *Lectura in Sent.*, Prol., q. 2, a. 5, ed. cit., p. 122, lin. 137-p. 123, lin. 148)
　このチャトンの第五反論は，アダム・ヴォデハムの『命題集（センテンチア）第一巻第二講義』序論第2問11 (Adam de Wodeham, *Lectura secunda in librum Sententiarum*, vol. I: prologus et distinctio prima. ed. cit., p. 55, lin. 62-69; 渋谷訳『中世思想原典集成18』平凡社，1998年，888頁）にも収録されている．チャトンの第五反論の論旨は次のように要約される．確かに，オッカムの言う自己の認識活動へと立ち返る直知（2）によって，我々は自分がいま何かを認識している活動・直知（1）を行なっていると確信することができる．しかし，我々は如何にして自己の認識の対象を知ることができるのか．すなわち，自己の認識しているごとくに，事物，例えば石が私の心の外に実際に存在し，この石を私が認識しているのだという確信を我々は如何にして持つことができるというのか．このような確信は，オッカムの言う直知（2）からは得られないと，チャトンは主張する．
【オッカムの解答】
　このチャトンの反論に対して，オッカムは次のように解答している．
　　Ad aliud dico quod sum certus quod intelligo lapidem virtute visionis lapidis et etiam virtute visionis primae visionis; et quandoque forte virtute illarum visionum et etiam virtute alicuius propositionis habitualiter notae.
　　Exemplum: sum certus quod intelligo per experientiam quia video visionem lapidis; sed certus sum quod intelligo lapidem per discursum ab effuectum ad causam, sicut cognosco igenem per fumum quia alias ad praesentiam ignis vidi fumum causari. Eodem modo quia ad praesentiam lapidis intellectui meo experior consimilem visionem causari in me, ideo arguo: tales effectus sunt eiusdem speciei; igitur causantur a causis eiusdem speciei; et sic expositum est

illud prius de locutione angelorum. Propositio habitualiter nota est ista 'omnes tales effectus eiusdem speciei habent causas eiusdem speciei'.

　他の反論に対しては，私は次のように答える．石を認識している直知（1）と，その第一の直知・自己の認識活動を直知認識している直知（2）によって，そして時にはおそらくこれらの直知と所有態として認識されている或る命題によって，私は自分が石を知性認識していることを確信する．

　例えば私が，〈自分が知性認識していること〉を経験によって確信するのは，石を直知している自己の認識活動を直知することからなのであるが，しかし私が〈石を知性認識していること〉を確信するのは，結果から原因へと推論することによってである．かつて別の機会に私が，火の存在によって，その結果として，煙が生ずるのを見たことから，私は煙によって火の存在を認識するようになる．ちょうどそれと同様に，石が私の知性に現前することによって，その結果として，今と同じような直知認識が私の内に生じたのを，私は経験したことがある．そこから，私は次のように推論する．結果は同じ種類のものである．それゆえ，同じ種類の原因から生じたのである．〔従って，私は石を知性認識している．〕これは，天使の語りに関して先に説明されたのと同様である．ここで，所有態として認識されている命題とは，「同じ種類の結果はすべて，同じ種類の原因を持つ」という命題である．
(Ockham, *Quodlibeta Septem*, Quodlibet I, Quaestio14; OTh IX, p. 81, lin. 77-p. 82, lin. 90)

　チャトンの反論に対するオッカムの解答は，次のように要約される．我々は，①自分がいま知性認識の活動をしていることを確信するだけでなく，②自分がいまこの石を知性認識していることをも確信する．②の確信のためには，自己の認識活動へと立ち返る直知（2）のほかに，ちょうど煙を見て火の存在を認識する場合と同じような，結果から原因へと向かう推論が必要とされる．

　（因果法則を用いての推論）
1．いま，私の心の内に或る直知認識（visio）が生じている．
2．この直知は，以前に，石が私の知性の前に現前していた時に私の心の内に生じた直知と同じである．
3．同じ種類の結果は，同じ種類の原因を持つ．
4．そこから，私は次のように推論する．いま私の内に生じている直知は，以前の直知と同じである．したがって，結果が同じであるのだから，原因も同じである．それゆえ，私はいま石を知性認識している．

【アダム・ヴォデハムの解答】
　同様にアダム・ヴォデハムも，チャトンの反論に対して次のように答えている．
resonsio: Ad hoc quod sim certus quod intelligo lapidem, duo actus incomplexi concurrunt: unus quo apprehenditur lapis et alius quo apprehenditur ipsa intentio. Nec secundus potest per naturam esse sine primo. Licet igitur neuter certificaret me causaliter, tamen ambo simul facerent. Quia per secundum certificamur de actu et per primum de obiecto primi acus, hoc est de illo quod

est obiectum.
解答：私が石を知性認識していることを確信するためには，二つの非複合的な活動が共同して働いている．一つは，それによって石が把捉される活動であり，いま一つは，それによって知性認識の働きそのものが把捉される活動である．第二の活動は自然本性的に，第一の活動なしにはありえない．したがって，どちらの活動も一方だけでは，それが原因となって私に確信を持たせることはないけれども，しかし両方が一緒になって私に確信を抱かせる．第二の活動によって知性認識の活動そのものについて我々は確信し，第一の活動によってその活動の対象，すなわち対象である事物について我々は確信するのだからである．(Adam de Wodeham, *Lectura secunda in librum Sententiarum*, vol. I : Prologus et Distinctio Prima. ed. cit., p. 61, lin. 29-p. 62, lin. 34;渋谷訳『中世思想原典集成18』平凡社，1998年，899頁)

拙論「抽象と直知——オッカムの直知理論——」(『中世哲学を学ぶ人々のために』世界思想社，2005年，142-145頁を参照．

18) 本書第1巻第6問題「第三の疑問に対して」を参照．

第15問題

1) チャトンは『センテンチア註解』序論第2問題第4項の中で，次のように述べている．

Videtur igitur dicendum quod anima in via non habet naturaliter aliquam intellectionem intuitivam [sensibilium], quia sensationes exteriores sibi sufficiunt ad causandum quemcumque assensum rebus significatis per propositiones contingentes. Cum enim anima format hoc complexum 'albedo existit,' si simul cum hoc videat visione sensitiva albedinem, omni alio circumscripto, causatur assensus rei significatae per hoc complexum contingens 'albedo est.' Igitur praeter visionem sensitivam non oportet ibi ponere aliam cognitionem intuitivam respectu illius.

天国への道程である現世において心が，可感的な事物について或る知性的直知認識を自然本性的に持つことはない，と言われるべきであると考えられる．なぜなら，非必然命題によって表示される事柄に対して，何であれ肯定判断を下すためには，心にとっては外部感覚の働きだけで充分だからである．心が「白さが存在する」という命題を形成する時，このことと同時に，感覚的直知認識によって白さを直知するならば，それ以外のことがすべて除外されたとしても，「白さが存在する」という非必然的命題によって表示された事柄に対する肯定判断が生ずるからである．それゆえ，感覚的直知認識以外には，このことに関して他の直知認識を措定すべきではない．(Walter Chatton, *Lectura in Sent*., Prol., q. 2, a. 4, ed. cit., p. 112, lin. 204-211)

2) スコトゥスは次のように述べている．
intellectus non tantum cognoscit universalia ………, sed etiam intuitive

cognoscit illa quae sensus cognoscit, quia perfectior et superior cognitiva in eodem cognoscit illud quod inferior, ...
知性は普遍を認識するだけでなく, ……更にまた, 感覚が認識するものをも直知認識する. 同じものにおける, より完全な, より上位の認識能力は, より下位の認識能力が認識するものをも認識するからである. (Scotus, *Opus Oxoniens*, IV, d. 45, q. 3: ed. Wadding, X, p. 207)
オッカムは『センテンチア註解』第1巻序論第1問題第1項 (OTh I, p. 44, lin. 20- p. 45, lin. 3) の中で, このスコトゥスの文言を, 自説を擁護するものとして引用している.

3) オッカムは『センテンチア註解』第1巻序論第1問題第1項の中で, 次のように述べている.

Similiter, notitia intuitiva est talis quod quando aliquae res cognoscuntur quarum una inhaeret alteri vel una distat loco ab altera vel alio modo se habet ad alteram, statim virtute illius notitiae incomplexae illarum rerum scitur si res inhaeret vel non inhaeret, si distat vel non distat, et sic de aliis veritatibus contingentibus, ... Sicut si Sotes in rei veritate sit albus, illa notitia Sortis et albedinis virtute cuius potest evidenter cognosci quod Sortes est albus, dicitur notitia intuitiva. Et universaliter omnis notitia incomplexa termini vel terminorum, seu rei vel rerum, virtute cuius potest evidenter cognosci aliqua veritas contingens, maxime de praesenti, est notitia intuitiva.

Notitia autem abstractiva est illa virtute cuius de re contingente non potest sciri evidenter utrum sit vel non sit. Et per istum modum notitia abstractiva abstrahit ab exsistentia et non exsistentia, quia nec per ipsam potest evidenter sciri de re exsistente quod exsistit, nec de non exsistente quod non exsistit, per oppositum ad notitiam intuitivam.

Similiter, per notitiam abstractivam nulla veritas contingens, maxime de praesenti, potest evidenter cognosci. Sicut de facto patet, quod quando cognoscitur Sortes et albedo sua in absentia, virtute illius notitiae incomplexae nec potest sciri quod Sortes est vel non est, vel quod est albus vel non est albus, vel quod distat a tali loco vel non; et sic de aliis veritatibus contingentibus. Et tamen certum est quod istae veritates possunt evidenter cognosci. Et omnis notitia complexa terminorum vel rerum significatarum ultimate reducitur ad notitiam incomplexam terminorum. Igitur isti termini, vel res, una alia notitia possunt cognosci quam sit illa virtute cuius non possunt cognosci tales veritates contingentes, et illa erit intuitiva.

同様に直知とは, 或る事物の一方が他方に内属している, あるいは一方が他方から場所において離れている, あるいは一方が他方に別の仕方で関係している時に, これらの事物についての非複合的な知のちからによって直ちに, 事物が内属しているか否か, 事物が離れているか否かが知られるところの知である. その他の非必然

的真理に関しても同様である．……例えば，ソクラテスが実際に白い場合に，〈ソクラテス〉についての知と〈白〉についての知のちからによって，「ソクラテスは白い」ということが明証的に認識されうるならば，そのような知は直知と呼ばれる．更に一般的に言って，その知のちからによって或る非必然的真理，とりわけ現前する事実についての非必然的真理が明証的に認識されることが可能となる，語ないしは事物についての非複合的知はすべて，直知である．

　他方，抽象知とは，その知のちからによっては，非必然的事物について〈それが存在しているか否か〉が明証的に認識されることが可能ではないものである．このように，抽象知は事物の存在．非存在を切り離し捨象している．というのも直知とは反対に，抽象知によっては，存在する事物について「それが存在している」と明証的に認識されることも，存在しない事物について「それが存在していない」と明証的に認識されることも可能ではないからである．

　同じくまた抽象知によって，非必然的真理，とりわけ現在するものについての非必然的真理が明証的に認識されることはできない．このことは例えば，ソクラテスが不在の時に〈ソクラテス〉と〈白〉が認識される場合，この非複合的知のちからによって，「ソクラテスが存在する」か否か，「ソクラテスが白い」か否か，「ソクラテスはこの場所から離れている」か否かが知られることができないという事実から明らかである．その他の非必然的真理に関しても同様である．しかし，それにもかかわらず，①これらの非必然的真理（命題）が明証的に認識されることができるということは確かであり，②これらの，複数の語や語によって表示され事物から構成された複合的な知（命題）は，最終的には命題構成語についての非複合的知へと還元される．それゆえ，これらの語や事物〈ソクラテス〉と〈白〉は，その非複合的知のちからによって非必然的真理が明証的に認識されることができない非複合知とは別種の知によって認識されることができる．このような非複合的知が，直知であるだろう．(Ockham, *Sent.*, I, Prol., q. 1; OTh I, p. 31, lin. 17-p. 32, lin. 21)

以上，引用されたオッカムのテキストを考慮に入れるならば，この箇所でのオッカムの解答は次のように解される．我々の知性は，可感的な事物についての非必然的真理，第一の非必然的命題（例えば「ソクラテスは白い」）を明証的に認識する．しかるに引用されたテキストの下線部で述べられているごとく，このような複合的な知である「ソクラテスは白い」という命題は，この命題を構成している非複合知〈ソクラテス〉〈白〉へと還元される．従って，我々の知性が「ソクラテスは白い」という非必然的命題を明証的に認識できるということは，（1）このような複合的な知を生じさせるのに充分な，すなわち（2）その知のちからによって「ソクラテスは白い」という非必然的真理が明証的に認識されることが可能となるような非複合的知を，我々の知性が現実に持っているということにほかならない．しかし，可感的な事物についての抽象知は，このような複合的な知を生じさせるのに充分ではない．それゆえ我々の知性は，可感的な事物についての直知認識を持っている．

4）オッカムの解答への七つの反論はすべて，チャトンの『センテンチア註解』序論第2問題第4項のうちに見出される．チャトンは，次の問いを設定して議論を行なって

いる.

Quartus Articulus: Utrum anima intellectiva in via videat sensibilia intuitive.
　[Opinio Ockham]
Opinio est quod sic, quia homo non solum per sensum, immo etiam per intellectum, apprehendit veritatem contingentes et eis evidenter assentit. Aut igitur per intellectionem intuitivam, et habetur propositum; aut non, quod est falsum, quia quaecumque alia notitia ab intuitiva aequaliter se habet, sive res sit siva non sit; igitur non certificat intellectum de re.

Confirmatur, quia nisi haberet intellecyionem intuitivam, tunc intellectus non acquireret scientiam per experientiam, quia nihil experiretur.
　[Contra Ockham, Praenotanda de tribus articulis condemnatis]
Contra istam opinionem arguo. Tamen praemitto esse notandum quod inter articulos condemnatos per Kilwardby sunt tres articuli condemnati contra opinionem ponentem solum unam formam substantialem in homine. Primus articulus est: quod vegetativa, sensitiva et intellectiva sint una forma simpliciter, error. ·········
　[Quattuor intellectus articulorum]
Isti articuli intelliguntur a diversis diversimode. Aliqui intelligunt eos sic: quod <u>vegetativa et sensitiva ibi sumantur materialiter pro forma substantiali, quae immediate disponit ad receptionem intellectivae</u>. ·········

Et utroque istorum modorum <u>sumitur sensitiva, non pro forma quae recipit sensationes in homine, sed materialiter sumitur pro aliquo requisito et dispositione ad eam</u>.

第四項　天国への道程である現世において，知性的魂は可感的な事物を直知認識す
　　　　るか
　［オッカムの意見］
オッカムの意見は次のごとくである．人間は感覚によってだけでなく，知性によって，非必然的真理を把捉し，それらに明証的に肯定判断を下す．このことは知性的直知認識によるのか．もしそうであるならば，我々の言わんと意図することが得られる．他方，もしそうでないとするならば，これは偽である．なぜなら直知以外の知はいずれも，事物が存在するのであれ，存在しないのであれ，それとは無関係に同じ状態においてあるのだから，知性に事物についての確信を抱かせることはないからである．

このことは次のように確証される．もし知性が知性的直知認識を持たないとしたら，知性が経験によって知識を獲得することがなくなってしまうであろう．知性は何も経験しないことになるからである．

　［オッカムに対する反論，断罪されるべき三つの項目について前もって知られる
　　べき事柄］
このオッカムの意見に対して私は反論する．ただし，その前にあらかじめ，キルウ

ォードビ（Kilwardby）によって断罪された項目の中に,「人間にただ一つの実体的形相のみを措定する」見解を断罪する三つの項目があることが注意されるべきであると, 私は述べる. 第一は,「自育的魂と感覚的魂と知性的魂が無条件に一つの形相である」であり, これは誤謬である. ………
　［断罪された項目の, 四通りの理解］
これらの項目は, さまざまな人々によって, さまざまな仕方で理解されている. 或る人々は,〈自育的魂と感覚的魂は実体的形相のための質料として解されるのであり, 自育的魂や感覚的魂は直接に知性的魂を受容するための態勢を整える〉と理解する. ……
これらの理解の仕方のいずれにおいても, <u>感覚的魂は, 人間における感覚の認識の働きを受容する形相としてではなく, 感覚の働きのために必要な態勢として質料を意味すると解される</u>. (Walter Chatton, *Lectura in Sent.*, Prol., q. 2, a. 4, ed. cit., p. 105, lin. 2-p. 106, lin. 33)
引用されたテキストから明らかなごとくチャトンは,「知性は可感的な事物を直知認識するか」という問いを,〈自育的魂と感覚的魂と知性的魂は同一の形相であり, 人間の中に, ただ一つの実体的形相——知性的魂——のみを認める〉のか, あるいは〈自育的魂と感覚的魂と知性的魂は実在的に区別される形相であり, 人間の中に, 複数の実体的形相を認める〉のかという論争との関連で議論している. オッカムが解答している第一の反論は, 引用されたテキストの下線部で述べられているごとく,〈自育的魂と感覚的魂は実体的形相ではなく, 実体的形相である知性的魂を態勢づける質料であり, 感覚の認識の働きは感覚的魂に受容されるのではなく, 知性的魂に受容される〉という見解を保持する人の, オッカムへの反論である. 第一の反論は次のように述べている.
　［Contra Ockham per octo argumenta］
Arguo igitur contra opinionem de intuitiva. Et primo pono argumentum quod faceret ille qui teneret primum intellectum articuli supra dicti. Argueret enim sic: <u>illud quod immediate recipit sensationes exteriores non indiget alia notitia intuitiva respectu sensibilium extra; sed illud idem quod recipit intellectiones est immediatum receptivum senationum</u>; igitur etc.
　［八つの議論によるオッカムへの反論］
それゆえ, 直知に関するオッカムの見解を, 私は反論する. 第一に私は, 上述の断罪された項目についての最初の理解を保持する人が行なうであろう議論を述べる. すなわち, 彼は次のように反論する. <u>直接に外部感覚の認識の働きを受容するものは, 外界の可感的事物に関して, それ以外の直知認識を必要としない. しかるに, 知性的認識の働きを受容するのと同じものが, 感覚の認識の働きを直接に受容するものである</u>. それゆえ, 云々. (Walter Chatton, *Lectura in Sent.*, Prol., q. 2, a. 4, ed. cit., p. 108, lin. 83-87)
すなわち第一反論の論者によれば, 知性的魂が直接に外界の可感的事物に関する感覚の認識の働きを受容するのであり, それゆえ知性的魂は, それ以外の知性的直知認識

を必要としない．これに対してオッカムはテキストの下線部を批判し，「感覚的直知認識が直接に知性的魂に受容されると主張されるべきではない」と解答している．
5) この箇所のオッカムの議論は，次のように理解される．もし仮に第一反論の論者の主張のごとく，感覚の直知認識の働きが知性の内に受容されるとしたら，知性のみを有する天使もまた，物体的可感的な事物が作動因となって生ずるすべての感覚の働き，すなわちこのような形相を持つことができるはずである．しかし実際には，天使はこのような形相を持っていない．従って天使は，或る自然本性的な完全性を常に欠いていることになってしまう．これは偽である．それゆえ，「感覚の直知認識の働きが知性の内に受容される」という第一反論の論者の主張が誤っている．Alfred J. Freddoso の英語訳註 86 (Ibid., p. 73) を参照．
6) 本書第 2 巻第 10 問題を参照．
7) すなわち感覚的直知認識と感覚的欲求の場合には，感覚の働きの基体と感覚的欲求の基体は同一の形相である感覚的魂であり，それゆえ，感覚的直知認識が感覚的欲求の活動を生じさせるのに充分である．他方，感覚的直知認識の基体と，非必然命題に肯定判断を下す基体は同一の形相ではない．感覚的直知認識の基体は感覚的魂であり，非必然命題に肯定判断を下す基体は知性的魂だからである．それゆえ，感覚的直知認識は非必然命題に肯定判断を下すのに充分なものではなく，知性による直知認識が必要とされる．Alfred J. Freddoso の英語訳註 87 (Ibid., p. 73) を参照．
8) チャトンは『センテンチア註解』序論第 2 問題第 4 項において，次のように述べている．

> Anima intellectiva, si distinguatur a sensitiva, adhuc esset in eodem organo cuiuslibet sensus, et per consequens non distaret a sensu secundum situm;
> たとえ知性的魂が感覚的魂と別であるとしても，感覚と同じ器官において存在し，従って感覚と同じ場所に存在する．(Walter Chatton, *Lectura in Sent.*, Prol., q. 2, a. 4, ed. cit., p. 114, lin. 271-273)

9) この反論は，チャトンのテキストにおいては，第一反論と独立に論じられている．

> Secundo arguo sic ad conclusionem: si in anima esset quaedam intellectio intuitiva, tunc illa determinaret sibi aliquod organum corporis pro subiecto, licet non immediato, tamen pro subiecto mediato; et per consequens experiremur eam in aliquo determinato organo.
>
> Probo, quia nisi intellectiones omnes reciperentur in determinatis organis, tunc non plus experiremur nos intelligere in capite quam in pede;
> 第二に，私はオッカムの結論に対して次のように反論する．もし魂に或る知性的直知認識の働きが存在するとしたら，知性的直知認識の働きは，直接の基体としてではないが，間接的な基体として，或る身体の器官を基体とし，そこに限定されることになるであろう．
> (証明) もしすべての知性的認識の働きが或る特定の身体の器官の内に受容されているのでないならば，我々が足よりも頭において知性認識することを経験するということがなくなる．(Walter Chatton, *Lectura in Sent.*, Prol., q. 2, a. 4, ed. cit.,

p. 108, lin. 98-103)
この反論に対するオッカムの解答に関しては，本書第1巻第12問題第4疑問に対する解答を参照．
10) 第二の反論は以下のごとくである．

Tertio arguo sic: quaero per quem modum innotescit nobis differentia inter sensationem et intellectionem: aut per obiecta, aut per subiecta, aut quia sensatio causatir ad transmutationem organi, et intellectio non.

Non per obiecta, quia illud idem quod imaginamur, illud idem intelligimus; et omne quod intelligimus, possumus imaginari, etiam universale, intelligentias, Deum, relationes, si sint.

Probo, quia non minus possumus imaginari ista quam chimaeras et impossibilia; ita enim imaginamur et Deum et actus intellectus et omnia talia per compositionem sicut imaginamur ficticia per compositionem. Igitur non contingit arguere istam distinctionem per obiecta: quod aliquid sit intelligibile quod non sit a nobis imaginabile.

Nec per subiecta, quia anima est immediatum receptivum omnium tam intellectionum quam sensationum, et organa sunt subiecta mediata; sed non est aliquod organum correspondens intellectioni quod non correspondeat sensationi; igitur ibi non contingit arguere.

Et per consequens oportet dare tertium: quod arguatur distinctio inter intellectionem et sensationem, quia omnis actus qui causatur ad transmutationem organi est sensatio, in quocumque recipiatur, et omnis actus quem habemus non immediate causatum per transmutationem organi est intellectio; cum igitur non experiamur aliquam intuitivam quam non habemus immediate per transmutationem organi, igitur no experimur aliquam intellectionem intuitivam.

第三に，私は次のように議論する．如何なる仕方で，感覚的認識の働きと知性的認識の働きの間の相違が我々に知られるのか，と私は問う．（1）認識の対象によるのであろうか．（2）認識の働きの基体によるのであろうか．（3）感覚的認識の働きは身体の器官の変化によって生ずるのに対して，知性的認識の働きはそうではないことによるのであろうか．

（1）認識の対象によるのではない．我々が表象するのと同じものを，我々は知性認識し，我々が知性認識するすべてのものを，我々は表象することができるからである．我々は，普遍や知性実体や神や関係さえも，もしそれらが存在するならば，表象することができる．

（証明）我々はキマエラや不可能なものを表象することができるのと同様に，これらのものを表象することができる．すなわち我々は複合によって虚構であるものを表象することができるのと同様に，複合によって神や知性の活動やこのような他のすべてのものを表象することができる．従って，〈或るものは知性によって認識

されうるものであり,それは我々によって表象されることができない〉というように,対象によって,感覚的認識の働きと知性的認識の働きの相違を論ずることはできない.
　(2) 認識の働きの基体によるのでもない.魂が,すべての知性的認識の働きと感覚的認識の働き両方を直接に受容する基体だからである.更に身体の器官がそれらの間接的な基体である.しかるに,或る身体の器官が知性的認識の働きに対応するが,感覚的認識の働きに対応しないということはない.従って,認識の働きの基体によって感覚的認識の働きと知性的認識の働きの相違を論ずることはできない.
　従って,(3)の仕方を認めなければならない.すなわち,知性的認識の働きと感覚的認識の働きの間の相違は,〈身体の器官の変化によって生ずる活動はすべて,それが如何なるものの内に受容されるのであれ,感覚的認識の働きであり,他方我々の持つ,直接に身体の器官の変化によって生ずるのではない活動はすべて,知性的認識の働きである〉というふうに論じられなければならない.しかし我々は,直接に身体の器官の変化によって持つのではない直知認識を経験しないのであるから,或る知性的な直知認識の働きというものを我々は経験することがない.
(Walter Chatton, *Lectura in Sent.*, Prol., q. 2, a. 4, ed. cit., p. 109, lin. 112-133)

11) 第三,第四の反論は以下のごとくである.

　Quarto arguo sic: ①<u>nullus spiritus creatus habere potest intellectionem intuitivam rei extra</u> nisi per aliquam speciem vel habitum sibi datum a Deo; et per consequens nec anima coniuncta multo fortius, ex quo non habet tales species concreatas vel habitus.

　Assumptum probo. Primo, quia aliter, supposita generali influentia Dei qua permittit res habere actiones convenientes naturis suis, eo modo quo calor potest calefacere, illa influentia Dei supposita, ④<u>angelus non indigeret locutione nec illuminatione</u>, si posset naturaliter habere intellectiones intuitivas rerum, quia ②<u>videret omnia complexa et incomplexa in mente alterius angeli</u>, et sciret quid illa significarent, quia sciret quod essent tales quales ipsemet format; et per consequens statim intelligeret ea quae alius angelus intelligit, et sic ④<u>non indigeret locutione vel illuminatione facienda per angelum quemcumque, etiam superiorem</u>.

　Secundo, sequeretur quod angelus non indigeret quod Deus daret sibi in creatione species vel habitus rerum, quia omnes mediantibus intuitivis posset sibi naturaliter acquirere.

　Tertio, sequeretur quod ②<u>angelus et anima separata possent naturaliter scire secreta cordium nostrorum</u>, supposito quod Deus non impediat actiones illas naturales, non aliter quam [non] impedit calorem calefacere; sed hoc est falsum et ③<u>contra Scripturam ponentem quod solus Deus novit corda</u>.

　第四に,私は次のように議論する.①霊的被造物は,神によってそれに与えられた形象や所有態によってでなければ,<u>外界の事物についての知性的直知認識を持つ</u>

訳者註解（第 15 問題）

ことができない．ましてや，身体と結合された魂は，ともに創造されたこのような形象や所有態を有していないのであるから，外界の事物についての知性的直知認識を持つことができない．

　私は議論の前提を次のように証明する．第一に，もし霊的被造物が外界の事物についての知性的直知認識を持つことができ，且つ熱が熱することができるというように，事物が自らの本性に基づいて自らに適合する働きを持つことを許す神の全体的な影響力が仮定されるとしたら，このような神の影響力が仮定され，且つ天使が自然本性的に事物についての知性的直知認識を持つことができる場合には，④天使が他の天使に語ることや照明を必要としないことになってしまう．なぜなら②天使は，他の天使の精神の中のすべての複合的認識や非複合的認識を直知し，これらの認識が何を表示するのかを知り，自らが形成するのと同じような認識が他の天使の精神の中にも存在することを知ることになるからである．従って天使は，他の天使が知性認識する事柄を直ちに知性認識するのであり，それゆえ④天使は，他の如何なる天使によって行なわれる語りや証明も，たとえそれが上位の天使によるものであるとしても，必要としないことになってしまう．

　第二に，神が創造において事物の形象や所有態を天使に与えることを，天使は必要としないことになってしまう．なぜなら天使は，自らの直知認識によって，それらのものをすべて自然本性的に獲得することができることになるからである．

　第三に，もし霊的被造物が外界の事物についての知性的直知認識を持つことができるとしたら，神が自然本性的活動を妨げない，すなわち例えば熱が熱することを妨げないと仮定されるならば，②天使や身体から分離された魂は我々の心の秘密を自然本性的に知ることができることになるが，これは偽だからである．更にこのことは，③「神のみが我々の心を知り給う」と述べている聖書（『歴代誌下』第 6 章（第 30 節）にも反する．(Walter Chatton, *Lectura in Sent.*, Prol., q. 2, a. 4, ed. cit., p. 109, lin. 134 -p. 110, lin. 153)

　オッカムは，引用されたテキストの下線部①を批判している．
12)　オッカムは，引用されたテキストの下線部②を批判している．
13)　オッカムは，引用されたテキストの下線部③を批判している．
14)　オッカムは，引用されたテキストの下線部④を問題にしている．
15)　本書第 6 問題第二の疑問，第四の疑問に対するオッカムの解答を参照．
16)　チャトンの第五の反論は以下のごとくである．
　　si sic, tunc ①naturaliter posset sibi acquirere visionem Dei et beatificare se ex naturalibus, quia per te natura sua est talis quae sufficit ad acquirendum intellectiones intuitivas rerum; sed ②non minus respectu magis visibilis quam respectu visibilis minus perfecti; igitur etc.
　　もし知性が外界の事物についての知性的直知認識を持つことができるとしたら，①天使は自然本性的に神を直視することを獲得し，自らを至福にすることができることになるであろう．なぜなら，あなた（オッカム）によれば，天使は自然本性的に，外界の事物についての知性的直知認識を獲得するのに充分な力を持つものであ

り，しかるに，②より少なく完全な可知的なものに関して知性的直知認識を獲得することができるのであるから，同様に，より多く可知的なものに関しても知性的直知認識を獲得することができる．それゆえ，云々．(Walter Chatton, *Lectura in Sent.*, Prol., q. 2, a. 4, ed. cit., p. 110, lin. 154-157)
オッカムは，この第五反論の下線部①を批判している．
17) オッカムは，引用されたテキストの下線部②を批判している．
18) 　第六の反論は以下のごとくである．
arguo sic: ista intellectio intuitiva aut causatur a sensatione, vel non. Si non, igitur intellectus non indiget sensu vel sensatione. Non potes dare primum, quia in quo genere causae ista intellectio requirit sensatione? Non sicut materiam vel formam vel finem; igitur sicut efficientem, quia non ponis plures. Sed hoc non potes dicere, quia ideo <u>probas quod sensatio nec causat particulariter nec totaliter assensum quia illa quae sunt in intellectu sufficiunt. Immo ex opposito, sicut tu poneres quod sensatio esset causa partialis vel totalis istius visionis, ita diceretur tibi quod sensatio est causa partialis vel totalis ipsius actus assentiendi ipsi rei contingenti</u>; et per consequens omnia salvarentur sine tali intellectione intuitiva.
　私は次のように議論する．知性的直知認識は，(2) 感覚の働きが原因となって生ずるのか，あるいは (1) そうではないのか．もし (1) であるなら，知性は感覚や感覚の働きを必要としない．しかし，あなた (オッカム) は (1) を認めることができない．では (2) であるとして，知性的認識は，如何なる種類の原因として，感覚の働きを必要とするのか．質料因としてでもないし，形相因としてでもないし，目的因としてでもないのであるから，知性的認識は，感覚の働きを作動因として必要とすることになるであろう．あなたはそれ以上の原因を挙げていないからである．しかしながら，あなたはこのように言うことができないはずである．なぜなら，あなたは，「感覚の働きは，知性の肯定的判断の部分的原因でも，全面の原因でもない．判断のためには，知性の内に存在するものだけで充分である」ことを証明しているからである (①Ockham, *Sent.*, Prol., q. 1; OTh I, p. 22, lin. 4-15)．むしろ反対に，あなたは「感覚の働きが知性的直知認識の部分的，ないしは全面の原因である」(②Ockham, ibidem; OTh I, p. 27, lin. 10-14) と述べているのであるから，それと同様に，あなたによって「感覚の働きが非必然的事物に対して肯定判断を下す働きの部分的，ないしは全面の原因である」と言われるであろう．従って，たとえこのような知性的直知認識が存在していなくても，すべての事柄が確保される．
(Walter Chatton, *Lectura in Sent.*, Prol., q. 2, a. 4, ed. cit., p. 110, lin. 163-p. 111, lin. 172)
オッカムは第六の反論に対する解答の中で，引用されたチャトンのテキストの下線部を批判して，「感覚的直知認識 (感覚の働き) は，知性的直知認識の部分的原因ではあるが，肯定判断を下す働きの部分的原因ではない．それゆえ，知性による直知認識が必要である」と述べている．このオッカムの解答は適切である．オッカムは①の箇

所で,
 Tertia conclusio est quod nullus actus partis sensitivae est causa immediata proxima, nec partialis nec totalis, alicuius actus iudicativi ipsius intellectus. Haec conclusio potest persuaderi: quia qua ratione ad aliquem actum iudicativum sufficiunt illa quae sunt in intellectu tamquam causae proximae et immediatae, et ad omnem actum iudicativum. Sed respectu alicuius actus iudicativi sufficiunt ea quae sunt in intellectu, scilicet respectu conclusionis, quia si sit in intellectu actus sciendi praemissas, statim scitur conclusio omni alio circumscripto. Ergo ad omnem actum iudicativum sufficiunt ea quae sunt in intellectu tamquam causae proximae.
 第三の結論は次のごとくである。感覚の側の如何なる働きも，部分的にであれ，全面的にであれ，知性の判断する働きの直接的近接因ではない。この結論は以下のごとくに説得されることができる。或る判断する働きのためには，直接的近接因として知性の内に存在するものだけで充分である。それゆえ同じ理由から，すべての判断する働きのためにも，直接的近接因として知性の内に存在するものだけで充分である。しかるに，或る判断する働き，すなわち結論に関しては，知性の内に存在するものだけで充分である。なぜなら，前提を認識する働きが知性の内に存在するならば，その他のものが除外されるとしても，結論は直ちに認識されるからである。それゆえ，すべての判断する働きのためにも，近接因として知性の内に存在するものだけで充分である。(Ockham, *Sent.*, I, Prol., q. 1; OTh I, p. 22, lin. 4-13)
と述べており，他方②の箇所では，
 tales veritates contgentes non possunt sciri de istis sensibilibus nisi quando sunt sub sensu, quia notitia intuitiva intellectiva istorum sensibilium pro statu isto non potest haberi sine notitia intuitiva sensitiva eorum.
 可感的事物についての，このような非必然的真理は，それらが感覚されない時には，知られることができない。なぜなら，可感的事物についての知性的直知認識は，現世の生の状態においては，それらについての感覚的直知認識なしには得られることができないからである。(Ockham, *Sent.*, I, Prol., q. 1; OTh I, p. 27, lin. 10-14)
と述べているからである。
19) 全集版では 'sine visione media' となっているが，写本D (Giessae, Bibl., Universitatis 733), Strasboug 1491 (Unveränderter Nachdruck der Ausgabe, Louvain 1962, Minerva GMBH・Frankfurt/Main 1981) その他に従い, 'sine visione <u>intellectiva</u> media' というように，下線部 'intellectiva' を付け加えて読む。
20) 「複合的な知は，同じ基体の内の非複合的な知を前提としている」という言い方はわかりにくいが，オッカムの『センテンチア註解』第1巻序論第1問題第1項の次の記述を参照することによって明確になる。
 omnis actus iudicativus praesupponit in eadem potentia notitiam incomplexam terminorum, quia praesupponit actum apprehensivum. Et actus apprehensivus respectu alicuius complexi praesupponit notitiam incomplexam

terminorum.
　すべての判断する働きは，同じ能力の内の，命題構成語についての非複合的な知を前提としている．なぜなら，すべての判断する働きは，把捉する働きを前提としており，更に或る複合（S est P という命題）を把捉する働きは，命題構成語（S, P）についての非複合的な知を前提としているからである．(Ockham, *Sent.*, I, Prol., q. 1; OTh I, p. 21, lin. 6-10)
　すなわち，(a) 或る複合的な知（S est P という命題）に判断を下す知性の働きは，同じ知性の内の，複合（S est P という命題）を把捉する働きを前提としており，更に (b) 複合（S est P という命題）を把捉する働きは，同じ知性の内の，命題構成語（S, P）についての非複合的な直知を前提としている．従って感覚的直知認識が，知性的直知認識の媒介なしに，肯定判断を下す働きの部分的原因であることはない．
21) 第七の反論は以下のごとくである．
　non minus sensatio exterior sufficeret ad causandum mediate vel immediate talem assensum intellectus qualem habet in praesentia rei, sine hoc quod intellectus habeat aliam intuitivam, quam sufficiat ad causandum mediate vel immediate talem passionem in appetitu sensitivo qualem habet in praesentia rei, sine hoc quod appetitui sensitivo imprimatur una talis cognitio. Sed respectu appetitus sensitivi sufficit sensatio etc. Igitur similiter respectu intellectus, ……
　或る知性的な認識が感覚的欲求に伝えられていないとしても，外部感覚の働きだけで，間接にであれ直接にであれ，事物の現在において持つ感覚的欲求の感情を生じさせるのに充分である．それと同様に，知性が別の直知認識を持たないとしても，外部感覚の働きだけで，間接にであれ直接にであれ，事物の現在において持つ知性の肯定判断を生じさせるのに充分である．感覚的欲求に関しては，感覚の働きだけで充分であり，それゆえ同様に，知性の肯定判断に関しても，感覚の働きだけで充分である．(Walter Chatton, *Lectura in Sent.*, Prol., q. 2, a. 4, ed. cit., p. 114, lin. 264-270)
第七の反論は次のように要約される．
外部感覚の働きだけで，感覚的欲求の感情を生じさせるのに充分である．同様に，外部感覚の働きだけで，知性の肯定判断を生じさせるのに充分である．それゆえ，知性による直知認識は不要である．
【オッカムの解答】
　この反論に対するオッカムの解答を補足して説明するならば，次のようになる．感覚の働き（感覚的直知認識）の基体である感覚は，感覚的欲求と同一のものであるのだから，感覚の働きは感覚的欲求を基体として，そこにおいて存在する（第一の反論に対するオッカムの解答，及び註解 342 を参照）．それゆえ，反論の前半の議論を，私は真であると認める．しかし，後半の議論「外部感覚の働きだけで，知性の肯定判断を生じさせるのに充分である」は真ではない．感覚の働きの基体は感覚であり，肯定判断の基体は知性であり，感覚的魂と知性的魂は同一のものではないからである．

第 16 問題

1) オッカムは,『アリストテレス自然学註解』第 2 巻第 8 章 § 1 (OPh IV, pp. 319-324),『アリストテレス命題集註解』第 2 巻第 7 章 § 5 (OPh II, p. 480, lin. 13-p. 481, lin. 62) においても同じ問題を議論している.

2) Alfred J. Freddoso の英語訳註 91 (Ibid., p. 75) が指摘しているごとく, この反対の論は, 他の問題の反対の論と異なっている. この反対の論から導かれるのは,「意志は自由ではない」という結論であり, これは「意志が作動因として自由に自らの活動を生じさせる」というテーゼを証明するものではないからである.

3) 「この能力以外には如何なる相違も存在しないにもかかわらず」という語句の意味は,『アリストテレス自然学註解』第 2 巻第 8 章 § 1 の次のテキストから明確になる.

Nam voluntas libere potest velle aliquid et non velle in tantum quod volente aliquid operari, nulla facta mutatione circa intellectum vel circa ipsam primam operationem voluntatis et eius actum nec etiam facta aliqua mutatione circa quodcumque extra, ……… (OPh IV, p. 319, lin. 111-p. 320, lin. 114)

すなわち下線部で述べられているごとく,〈この能力以外には, 知性の認識に関しても, 意志の対象である外界の事物に関しても, 如何なる相違も存在しないにもかかわらず〉の意味である.

4) オッカム『センテンチア註解』第 1 巻第 1 区分第 6 問題 (OTh I, pp. 501-502) を参照.

5) オッカムは自然的能動者 (activum naturale) として, 例えば木を熱する働きを行なう火, 或るものを照らす働きを行なう太陽を例に挙げている. 自然的能動者は, 必然的に或る一定の活動を行なう能動因である. 他方, 意志は自由な能動者 (activum liberum) であり, 無差別に, 或る活動を行なうことも行なわないことも可能な, 非必然的な能動因である.

6) Alfred J. Freddoso の英語訳 (Ibid., p. 76) は, 写本 L (Parisiis, Bibl. Mazarine, lat. 894), M (Basileae, Bibl. Universitatis F. II. 24) に従い 'igitur, si voluntas non sit activa necessario sequeretur actio' (「それゆえ, もし意志が能動的でないとしたら, 活動が必然的に生ずることになるであろう」) という語句を最後の箇所に付け加えて読むことを提案しているが, 採用しない. 英訳のように読む必要はない.〈自然的能動者は或る活動を生じさせる能動因である. ゆえに, 同じ条件を満たす意志もまた, 或る活動を生じさせる能動因である〉ということが, オッカムの証明の趣旨であると考えられる.

7) オッカムは『センテンチア註解』第 4 巻第 15 問題においても, 同じ疑問を提出して議論している.

Si dicas quod hoc est impossibile, qui tunc idem posset reducere se de potentia essentiali ad actum sine omni extrinseco, quod est contra Philosophum, VIII *Physicorum*.

もしあなたが,「このこと (意志が能動的であること) は不可能である. もしそ

うであるとしたら,他の如何なる外的な能動者もなしに,同じものが自らを本質的な可能態から現実態へと移行させることができることになるが,これはアリストテレス『自然学』第8巻に反する」と言うとしたら,(Ockham, *Sent.*, IV, q. 15; OTh VII, p. 332, lin. 7-9)
すなわち,意志が能動的であることは不可能である。なぜなら,その場合には意志は,何ら他の外的な能動者なしに,自らを可能態から現実態へと移行させ,意志の働きを行なうことになるが,このことはアリストテレス『自然学』第8巻第4章に反するからである。アリストテレスによれば,ものは,他のものによって動かされて動くのだからである。

8) オッカムは『センテンチア註解』第4巻第15問題においても,同じ解答をより詳しく述べている.

 Ad primum istorum dico quod intentio Philosophi est quod in agentibus naturalibus sive corporalibus sive spiritualibus, sive separatis sive coniunctis, quod agens tale postquam est in potentia essentiali per aliquod tempus, ad hoc quod eliciat actum, necesse est aliquid extrinsecum concurrere in genere causae ad hoc ut talis actus eliciatur, et nunquam reperietur instantia. Patet in agente corporali: si ignis nunc non agat et post agat, hoc erit vel quia passum non est approximatum quod debet concurrere ad recipiendum actionem ignis in genere causae materialis; vel si sit approximatum, et Deus suspendat actum ignis secundum communem modum loquendi —— cum actionem sic suspendere non est nisi cum igne non concurrere ut causa ad hoc quod actus eliciatur ——, oportet Deum, qui est causa extrinseca, ad istum actum concurrere; vel quodcumque aliud impedimentum ponatur, oportet illud per agens extrinsecum amoveri. ……—— Sic quod istud est generaliter verum de agente naturali, sive corporali sive spirituali. Sed in agente libere est instantia manifesta, quia <u>obiectum cognitum potest esse praesens voluntati in ratione volibilis</u>, et Deus similiter ad causandum, et <u>similiter omnia requisita ad actum volendi et sufficientia possunt manere per tempus magnum, et tamen non oportet quod eliciatur actus volendi, quia hoc totum est in libertate voluntatis</u> quae potest libere elicere et non elicere, ……… potest exire in actum ex se solo sine omni alio extrinseco.

 これらの最初の疑問に対しては,私は次のように答える。アリストテレスの言わんとする意図は,〈物体的なものであれ霊的なものであれ,身体から分離されたものであれ,身体と結合されたものであれ,自然的能動者の場合には,能動者が或る時間の間,本質的に可能態においてあった後に自己の活動を引き起こすためには,このような活動が引き起こされるための原因として,他の外的なものが協力して働かなければならない。例外は決して見出されないであろう〉ということである。このことは,物体的能動者において明らかである。例えばもし火が今能動的に働きを行なっていず,後で働きを行なうとしたら,(1)働きを受けとる受動者が能動者

に近接していないからであろう．この場合には受動者は，質料因として火の働きを受け取るために協力しなければならない．あるいは，（2）たとえ受動者が近接していても，一般に言われている言い方に従うならば，神が火の活動を停止させることもあるであろう．――活動を停止させるとは，活動が引き起こされるための原因として，神が火に協力しないということにほかならない――．この場合には，神が外的な原因として，火の活動のために協力することが必要とされる．あるいは（3）何であろうと他の妨げとなるものが置かれているとしたら，外的な能動者によって取り除かれなければならない．……――このことは，物体的なものであれ霊的なものであれ，自然的な能動者に関しては，そのすべての場合に真である．しかし自由な能動者の場合には，明らかな例外がある．なぜなら，たとえ認識された対象が欲求されるべきものという特質を持つものとして意志の前に現前し，同じくまた神も意志の活動が生じるようにし，同様に意志の活動のために必要とされ，意志の活動を行なうのに充分なものがすべて長時間の間存続するとしても，必ずしも常に意志の活動が引き起こされるとは限らないからである．このことはすべて，意志の自由による．意志は自己の活動を引き起こすことも，引き起こさないことも有り得るからである．意志は，他の如何なる外的な能動者の働きも受けずに，自らによって自己の活動という現実態へと移行することができる．(Ockham, *Sent.*, IV, q. 15; OTh VII, p. 332, lin. 17-p. 334, lin. 4)

9) 全集版のテキストではこの箇所は 'et tamen post potest elicere actum suum sine omni actione extrinseca' (OPh IX, p. 89, lin. 49-50) であり，これに従って読めば，「意志はその後で，他の如何なる外的な能動者の働きも受けずに，自己の活動を引き起こすことが有り得る」となる．しかし私はこの全集版のテキストに疑問を持つ．『自由討論集』のこの箇所と，前註8で引用された『センテンチア註解』第4巻第15問題の下線部は，その内容においても，用いられている語句においても一致するが，『センテンチア註解』では 'et tamen non oportet quod eliciatur actus volendi' (「必ずしも常に意志の活動が引き起こされるとは限らない」) となっているからである．それゆえ私は，写本 D (Giessae, Bibl., Universitatis 733)，写本 F (Gottingae, Bibl. Universitatis, Theol. 118) Strasboug 1491 (Unveränderter Nachdruck der Ausgabe, Louvain 1962, Minerva GMBH・Frankfurt/Main 1981) に従い，この箇所を 'et tamen potest non elicere actum suum et deinde elicere actum suum sine omni actione extrinseca' (「意志は自己の活動を引き起こさないことが有り得るし，またその後で，他の如何なる外的な能動者の働きも受けずに，自らによって自己の活動を引き起こすことも有り得るからである」) と読む．こちらの読み方のほうが，オッカムの『センテンチア註解』第4巻第15問題の記述により適合する．

10) Alfred J. Freddoso の英語訳の註 92 (Ibid., p. 76) が述べているごとく，意志の働きは，他のものに向かう働き (operatio transiens) ではなく，働くものの内にとどまる働き (operatio manens in operante) である．それゆえ意志は，働きを行なう能動者であるとともに，働きを受け取る受動者でもある．

第 17 問題
1) アリストテレス『自然学』第2巻第6章 197 b 13-18.
2) アリストテレス『自然学』第2巻第5章 196 b 10-17.
3) アリストテレス『自然学』第2巻第5章 196 b 10-17.
4) アウグスティヌス『自由意志論』第3巻第3章7，ラテン教父全集32巻1274を参照.
5) 『アリストテレス自然学註解』第2巻第9章（OPh IV, pp. 337-343）を参照.
6) 第②の例は，アリストテレス『自然学』第2巻第5章に見出される.
7) ラテン語の原語は 'sub cane' である．すなわち，大犬座（canis）のシリウスが太陽と同時に出没する夏の土用の期間を指す.
8) すなわちオッカムは，

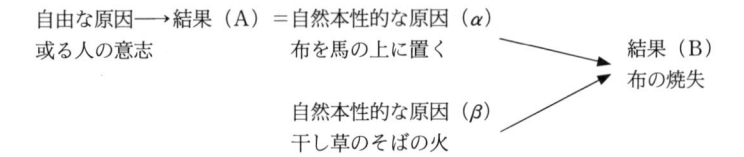

```
自由な原因──→結果（A）＝自然本性的な原因（α）
或る人の意志      布を馬の上に置く  ──→ 結果（B）
                                      布の焼失
             自然本性的な原因（β）
             干し草のそばの火
```

の場合に，結果（B）は偶然に引き起こされていると述べている．このオッカムの説明は，アリストテレスによる偶運（τύχη）と偶然（αὐτόματον）の区別と異なる．アリストテレスは『自然学』第2巻第6章（197 a 36-197 b 32）の中で，意志によって行為する人間にのみ偶運（τύχη）を認め，他方，偶然（αὐτόματον）を，人間以外の動物にも無生物にも認めているからである.

9) アリストテレス『自然学』第2巻第5章 196 b 10-17，およびオッカムの『アリストテレス自然学註解』第2巻第8章

eorum quae fiunt, quaedam fiunt semper, alia fiunt sicut frequenter et in maiori parte. Sed manifestum est quod casus et fortuna non sunt causae, nec illorum quae semper fiunt, nec illorum quae in maiori parte fiunt, quia neque illa quae fiunt semper, dicimus fieri a fortuna, neque illa quae fiunt ut frequenter et in maiori parte, sed praeter ista aliqua alia fiunt, quia <u>quaedam fiunt in minori parte et raro. Si ergo casus et fortuna sunt aliquid, necesse est ut sint in causatis quae fiunt in minori parte</u>. (Ockham, *Expositio in libros Physicorum Aristotelis*, Lib. II, Cap. 8; OPh IV, p. 317, lin. 23-30)

を参照.

10) アリストテレス『自然学』第2巻第6章 197 b 22-32，およびオッカムの『アリストテレス自然学註解』第2巻第9章

causa illius quod fit a casu, est extranea, hoc est quod <u>praeter intentionem illius accidit illud quod fit a casu</u>. Et hoc probat sic. Illud quod fit a casu, fit aliquo modo consimiliter illi quod fit in vanum; sed vanum dicitur illud quando agens agit aliquid propter aliquam finem et non consequitur illum finem

intentum; ergo similiter cum aliquid fit a casu, sequitur ibi aliquid praeter finem intentum; ergo illud quod fit a casu, non intenditur ab illo agente.
……… Et secundum hoc potest ratio sic formari: omne quod fit a casu, potest fieri ab agente in vanum et frustra; sed agens in vanum et frustra est illud quod non consequitur finem quem intendit; ergo illud quod fit a casu, est praeter intentionem agentis.
偶然に生起する事柄の原因は，外的な原因，すなわち偶然に生起するものが，その意図から外れて生ずることである．このことを彼（アリストテレス）は，次のように証明している．偶然に生起する事柄は，或る意味で無駄に生ずるものと類似している．しかるに，或る事柄が無駄と言われるのは，能動者が或る目的のために或る事柄を行ない，しかし意図された目的を達成していない場合である．それゆえ同様に，或る事柄が偶然に生起する場合にも，或る事柄は意図された目的から外れて生じている．従って，偶然に生起する事柄は，能動者によって意図されたものではない．
………これらのことから，〈偶然に生起する事柄はすべて，能動者によって無駄に無益に生ずるものでありうる．しかるに，無駄で無益な能動者とは，意図した目的を達成しないものである．ゆえに，偶然に生起する事柄は，能動者の意図から外れている〉という推論が形成されることができる．(Ockham, *Expositio in libros Physicorum Aristotelis*, Lib. II, Cap. 9; OPh IV, p. 341, lin. 3-19)
を参照．

11) 第二項で挙げられた馬の例で言うならば（前註8を参照），

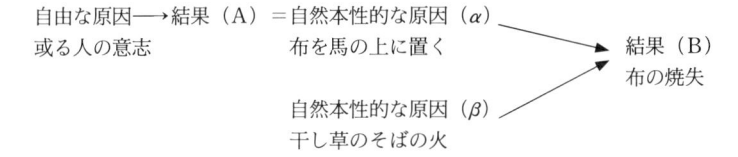

自由な原因──→結果（A）＝自然本性的な原因（α）
或る人の意志　　　　布を馬の上に置く　　　　　　　→結果（B）
　　　　　　　　　　　　　　　　　　　　　　　　　布の焼失
　　　　　　　　　　自然本性的な原因（β）
　　　　　　　　　　干し草のそばの火

偶然な結果（B）は，直接的な自然本性的原因（α）（β）から外れているのではなく，間接的な自由な原因，或る人の意志の意図から外れているのである．彼は布を焼失させるために，布を馬の上に置いたのではないからである．

12) 先に第二項の冒頭で，「偶運は，自由な能動者の意図から外れて或る結果が引き起こされることによる」(OPh IX, p. lin. 35-37) と述べられた．だとすると，
　偶運は，自由な能動者の意図から外れて或る結果が引き起こされることによる．
　偶然は，間接的な自由な原因の意図から外れて起こる．
　ゆえに，偶然は常に偶運を前提としている．
という推論が成立すると，反論者は主張する．

13) 第二項で挙げられた馬の例（前註8を参照）．

自由な能動者・原因 ──→ 意図された結果（A）＝自然本性的な原因（α）
或る人の意志　　　　　　　　　　　布を馬の上に置く　　　　他の結果（B）
　　　　　　　　　　　　　　　　　　　　　　　　　　　　　布の焼失
　　　　　　　　　　　　　　　　自然本性的な原因（β）
　　　　　　　　　　　　　　　　干し草のそばの火

すなわち自由な能動者からは，意図された結果（A）以外のことは生じていないが，しかし，その意図された結果（A）から，もし自由な意志的能動者の働きが先行していなかったならば，決して生じなかっただろう，他の意図されていない結果（B）が或る時に帰結する．

14) すなわちオッカムによれば，偶然は常に自由な意志の働きを前提としており，従って無生物においては，偶然は存在しない．前註8で述べられたごとく，オッカムとアリストテレスとでは，偶運（τύχη）と偶然（αὐτόματον）の相違についての考えが異なっている．

第 18 問題

1) アリストテレス『範疇論』第7章6b2-3．同様の議論は，『センテンチア註解』第3巻第7問題（OTh VI, p. 194, lin. 4-7）においても見出される．
2) オッカムは『センテンチア註解』第3巻第7問題「所有態（habitus）は，働きを産出する，他から独立して存在する性質であるか」において，次のような議論を提出している．

　　Omne inclinans effective ad actum est absolutum, et est activum. Quod sit activum patet, quia potentia passiva nihil agens, non est inclinativa. Quod tale inclinativum sit absolutum patet, quia V *Physicorum*:《Ad aliquid non est principium actionis nec terminus》.
　　働きを産出するものとして，働きへと傾かしめるものは，他から独立して存在するものであり，能動的なものである．能動的なものであることは明らかである．受動的な能力は，如何なる働きも行なわないし，働きへと傾かしめるものではないからである．更に，このように働きへと傾かしめるものが，他から独立して存在するものであることも明らかである．『自然学』第5巻によれば，「関係は働きの根源でも，働きの終点でもない」からである．（Ockham, *Sent*., III, q. 7; OTh VI, p. 193, lin. 17 -21）

3) アリストテレスは，『自然学』第5巻第2章の中で次のように述べている．
　　πρός τι οὔτε τοῦ ποιεῖν καὶ πάσχειν,
　　関係は，働きを行なう能動的根源でも，働きを受動する終点でもない．（226 a 23-24）
4) すなわちオッカム『大論理学』第Ⅰ部第40-62章によれば，実体と性質のみが，実在的に他から独立して存在する事物（res absoluta）である．このようなオッカムの考えに関しては，拙著『オッカム哲学の基底』第3章（知泉書館，2006年，81-105

訳者註解（第18問題）   235

頁）を参照．
5) オッカムは『アリストテレス自然学註解』序論において，次のように述べている．
　　Circa primum dicendum est quod scientia vel est quaedam qualitas existens subiective in anima vel est collectio aliquarum talium qualitatum animam informantium. Et loquor tantum de scientia hominis. ……….
Praeterea, potentia quae habet quod prius non habuit, est magis habilis ad actum quam prius; sed manifeste experimur quod post multas cogitationes est aliquis habilior et pronior ad consimiles cognitiones nunc quam prius; ergo aliquid habet nunc quod prius non habuit. Sed illud non potest poni nisi habitus, ergo habitus est subiective in anima; sed non potest esse aliquid tale subiective in anima, nisi sit qualitas; ergo habitus est qualitas. Et per consequens multo fortius habitus qui est scientia, erit qualitas animae.
　　第一の点に関しては，知識は，魂を基体としてその内に存在する或る性質である，あるいは魂を形相づける，このような複数の性質の集まりであると言われなくてはならぬ．私はここで，人間の知識に限定して語っている．……….
　　更にまた，以前には持っていなかったものを持つ能力は，以前よりも働きにより熟達している．多くの思考の後で，以前よりも今のほうが，それと類似した思考に人がより熟達し，より一層そのような思考へと心を向けるということを，我々は明らかに経験するからである．それゆえその人は，以前には持っていなかったものを，今持っている．しかるに，そのようなものとは習得態（ハビトゥス）にほかならない．それゆえ，習得態は魂を基体としてその内に存在するものである．しかし，魂を基体としてその内に存在するものとは，性質である．それゆえ，習得態は性質である．従って，より一層有力な理由から，知識という習得態は，魂の性質であることになるであろう．(Ockham, *Expositio in libros Physicorum Aristotelis*, Prologus, § 2; OPh IV, p. 4, lin2-p. 5, lin. 26)
6) すなわち徳や知識は，人間が習得し獲得した習得態（ハビトゥス）であり，魂を基体としてその内に存在する，他から独立して存在する性質である．人間の知性や意志は，以前には持っていなかったこのような習得態を新たに獲得することによって，或る働きに熟達し，以前にできなかった或る働きを行なうことができるようになる．Alfred J. Freddoso の英語訳の註95（Ibid., p. 80）を参照．
7) 第16問題註10で述べたごとく，知性や意志においては，その働きを受けとるもの(passum) もまた，同じ知性や意志だからである．
8) 「諸々の功業のゆえに我々が持つであろう至福」とは何であるのか．何故それが活動と呼ばれるのか．上述の疑問は，オッカムが『センテンチア註解』第3巻第7問題において行なっている同様の議論から，その解答が見出される．
　　Sed aliquis est absolutus, prbatur, quia si actus est absolutus qui est generativus habitus, igitur et habitus erit. Quod actus sit, probatur, quia per fidem nostram, ultima operaio naturae intellectualis est absoluta, quia es nostra perfectio ultima; et si ille actus, igitur et habius generatua ex tali actu.

Confirmatur, quia beatitudo nostra et praemium quod nos pro laboribus nostris recepturi sumus est quid absolutum. et ponitur in anima subiective.
或る習得態（ハビトゥス）が，独立して存在するものであることは次のように証明される．もし習得態を生みだす活動が独立して存在するものであるとしたら，習得態も独立して存在するものであるだろう．（活動が独立して存在するものであることの証明）我々の信仰によれば，知性的本性を有するものの究極の活動は，独立して存在する何らかのものである．なぜなら，それは，我々の究極の完成なのだからである．それゆえ，活動が独立して存在するものであるとしたら，このような活動から生みだされる習得態もまた，独立して存在するものである．

このことは次のように確証される．我々の労苦のゆえに我々が受け取るであろう，我々の至福と報償は，独立して存在する何らかのものであり，魂を基体としてその内に措定される．(Ockham, *Sent.*, III, q. 7; OTh VI, p. 197, lin. 4-12)
すなわち引用されたテキストの下線部から明らかなごとく，オッカムが述べる「至福」とは，我々人間の知性が神をその本質において直視する活動であり，この引き起こされた活動は魂を基体としてその内に存在する性質であり，独立して存在する何らかのものである．

9) この反論と，それに対するオッカムの解答は，オッカムの『センテンチア註解』第3巻第7問題の中でより詳しく議論されている．

Si dicas quod beatitudo est quaedam coniunctio animae cum essentia divina, quae coniunctio non est aliquid absolutum, contra: impossibile est transire de contradictorio in contradictorium ubi non est motus localis. Nec consurgit successio ex sola transitione temporis ········· sine mutatione illius quod transit, et extendendo mutationem ad omnem adquisitionem et destructionem. Sed anima primo non est beata et post beata sine omni motu locali, saltem per potentiam divinam, et iste transitus non consurgit ex transitione temporis, igitur in anima primo non beata et post beata est aliqua mutatio, puta adquisitio vel deperditio. Et non est adquisitio alicuius nisi beatitudinis quae non est respectus. Igitur est ibi aliquid absolutum. Ponere enim quod beatitudo nostra et praemium nostrum nobis in caelo conferendum sit tantum respectus, est multum vilificare beatiudinem nostram. Cum igitur beatitudo non sit nisi habitus vel actus, sequitur propositum.
もしあなたが，「至福は魂と神の本質との或る種の結合であり，この結合は他から独立して存在するものではない」と反論するとしたら，これに対して私は次のように答える．場所の移動がない限り，矛盾対立するものの一方から他方へと移行することは不可能である．更に，矛盾対立するものの一方から他方への交代が，時間の推移のみから生ずることもない．このような交代が生ずるためには，——「変化」という語の意味を拡張し，或るものの獲得や消滅をすべて「変化」のうちに含めたうえで——，移行するものの側の変化が必要とされる．しかるに，如何なる場所の移動もなしに，少なくとも神のちからによって，魂は最初至福ではなく，後で

至福になる．この移行は，時間の推移によって生ずるのではない．従って，最初至福ではなく，後で至福である魂の内で或る変化，すなわち或るものの獲得や損失が起こっているのである．この或るものの獲得とは，至福の獲得に他ならないのであり，それゆえ至福は関係ではない．従ってそこには，他から独立した何らかのものが存在しているのである．天国で我々に与えられる至福や報償が単なる関係にすぎないと主張することは，我々の至福をきわめて軽んずることである．それゆえ，至福は習得態（ハビトゥス）か活動かいずれかであり，かくして我々の言わんと意図したことが帰結する．(Ockham, *Sent.*, III, q. 7; OTh VI, p. 197, lin. 19-p. 198, lin. 14)

10)【Ⅰ】すなわち，アリストテレス『自然学』第7巻第3章（246 a 10-248 a 9）の記述に基づくならば，知識や徳といった習得態（ハビトゥス）は或るものとの関わりにおいてあるもの（ad aliquid）であって，他から独立して存在する性質（qualitas absoluta）ではないと考えられるからである．この疑問は，オッカムは『センテンチア註解』第3巻第7問題においても見出される．

　　Item, VII *Physicorum*: Ad illa de prima specie qualitatis non est motus, quia sunt 'ad aliquid'; sed habitus sunt in prima specie; igitur etc.

　　『自然学』第7巻によれば，性質の第一の種類に属するものには，変化は存在しない．なぜなら，それらは或るものとの関わりにおいてあるものだからである．しかるに，習得態（ハビトゥス）は第一の種類に属するものである．それゆえ，云々．(Ockham, *Sent.*, III, q. 7; OTh VI, p. 192, lin. 15-p. 193, lin. 2)

　　　[ART. I: ESTNE HABITUS RESPECTUS SOLUM？]
　　Et dicitur hic quod habitus est quidam respectus solum. Quod probatur multipliciter. Primo sic: Aristoteles in *Praedicamentis* dicit quod scientia est in genere relationis; scientia est habitus; igitur etc.

　　Item, VII *Physicorum*: Scientia et habitus sunt 'ad aliquid'.

　　　[第1項，習得態（ハビトゥス）は純粋に関係であるか]
　　ここでは，習得態（ハビトゥス）が純粋に或る関係であることが論じられる．このことは，多くの仕方で証明される．第一の証明は次のごとくである．アリストテレスは『範疇論』において，知識は関係の類に属すると述べている．しかるに，知識は習得態（ハビトゥス）である．それゆえ，云々．

　　同様に，『自然学』第7巻によれば，知識や習得態（ハビトゥス）は或るものとの関わりにおいてあるものである．(Ockham, *Sent.*, III, q. 7; OTh VI, p. 194, lin. 3-8)

【Ⅱ】アリストテレス『自然学』第7巻第3章の議論は以下のように解される．(ⅰ)「或るものとの関わりにおいてあるものには，変化は存在しない」という大前提の意味を，オッカムは『アリストテレス自然学註解』の中で，次のように説明している．

　　quando dicit quod in ad aliquid non est motus vel alteratio, non intendit nisi quod res potet fieri pater vel similis vel dissimilis quamvis non mutetur.

アリストテレスが「或るものとの関わりにおいてあるものには，変化は存在しな

い」と述べている時には,〈事物それ自体は何ら変化していなくても,事物は父親となったり,類似したり,類似しなかったりすることが有り得る〉ということを言わんと意図している. (Ockham, *Expositio in libros Physicorum Aristotelis*, Iib. VII, Cap. 4, §4; OPh V, p. 648, lin 68-70)

すなわち世界中に最初,白い事物 (A) が一つしか存在していず,その後で,もう一つの白い事物 (B) が存在すると仮定する場合,白い事物 (A) それ自体は何ら変化していないにもかかわらず,最初類似していなかった白い事物 (A) は,後で類似するからである. (ⅱ)「知識や徳は或るものとの関わりにおいてあるものである」という小前提も真である.知識は,他のものがそれにとっての対象として出現することによって成立するからである (247 b 4-5).

11) アヴェロエス『アリストテレス自然学註解』第7巻を参照.

Hoc igitur est quod Aristoteles intendebat in hoc loco, quod anima est transmutata per accidens, scilicet in nobis, Non quod haec sit opinio eius [Aristotelis], sed intendebat demonstrare vim istius [Platonis] opinionis. (Averoes, *Aristotelis De Physico libri Octo. cum Averrois Cordvbensis variis in eosdem Commentariis. Aristotelis Opera Cum Averrois Commentariis*. Vol. 4, Frankfurt, Minerva, 1962, a Photostat of the 1562-1574 edition, p. 323, H)

オッカムは『アリストテレス自然学註解』第7巻の中では,このような解釈を提出している人物としてエギディウス・ロマヌスを挙げ,エギディウス・ロマヌスがアヴェロエスの註解に基づき,「アリストテレスは自らの見解に従ってではなく,プラトンの見解に従ってこのことを言っている」と主張したと述べている.

Notandum est quod circa intentionem Aristotelis in tota hac parte de alteratione animae intellectivae, diversae sunt opiniones. Dicunt enim aliqui (Aegidius Romanus) quod Philosophus nihil hic dicit secundum propriam opinionem, sed tantum secundum opinionem Platonis. Quod probant per Commentatorem dicentem: 《Hoc est quod Aristoteles intendebat in hoc loco, quod anima non est transmutata per accidens, scilicet in nobis, Non quod haec sit opinio eius, sed intendebat demonstrare vim istius opinionis》. Et videtur, secundum Commentatorem, quod Philosophus non dixit ista secundum propriam opinionem. (Ockham, *Expositio in libros Physicorum Aristotelis*, Iib. VII, Cap. 4, §10; OPh V, p. 660, lin 64-72)

12) オッカムは『未来の非必然的な事柄に関する神の予定と予知についての論考』第2問題の中でも,同様の解釈を行なっている.

Et sic intelligitur illud *VII Physicorum*: quod in 'ad aliquid' non est motus, ita quod sit propositio particularis, non universalis, quia Philosophus intendit ibi loqui de scientia quae cum sit ad aliquid, quod aliquis potest de novo scire aliquid sine omni mutatione in eo, sicut dictum est; vel etiam sicut dicit Commentator: illa propositio dicitur secundum opinionem Platonis.

『自然学』第7巻の「或るものとの関わりにおいてあるものには,変化は存在しな

い」(in 'ad aliquid' non est motus) という言明はこのような意味に理解される．従って，この言明は特称命題であって，全称命題ではない．アリストテレスはそこで知識に関して，或る知識は或るものとの関わりにおいてあるものであるから，上述のごとく，人は自らの内に如何なる変化もなしに，或ることを新たに知ることが有り得ると語ることを意図しているのだからである．あるいは，註釈者アヴェロエスが述べているごとく，この命題はプラトンの見解に従って言われている．
(Ockham, *Tractatus de praedestinationibus et de praescientia Dei respectu futurorum contingentium*, OPh II, p. 525. lin. 132-138)

13) いくつかの写本に従い，'sine omni mutatione' という語句を付け加えて読む．

14) すなわち，意志の第一の活動とは，〈教会へ向かえ〉という命令である．この意志の活動は善くも悪くもない中立な活動である．その後，意志は新たに第二の活動として，〈神を敬い賞賛するために教会へ向かえ〉と命令する．この場合，第一の意志の活動そのものには何の変化もないにもかかわらず，第二の命令のゆえに，第一の意志の活動は最初，善くも悪くもない中立な活動であり，次に有徳な活動となる．
Alfred J. Freddoso の英語訳の註 99 (Ibid., p. 82) を参照．

15) (2) の例に関して，オッカムは他のテキストにおいてより詳しい説明を行なっている．
テキスト①『未来の非必然的な事柄に関する神の予定と予知についての論考』第2問題

ponatur quod ego opiner istam propositionem esse veram 'Sortes sedet', quae tamen est falsa, quia Sortes stat. Remanente illo actu intellectu meo fiat illa propositio vera; iam scio eam quam prius nescivi, sine omni mutatione in intellectu meo sed tantum in re.

私は「ソクラテスが座っている」という命題が真であると思っているが，しかしソクラテスは立っているから，命題は実際には偽であるとしよう．私の知性の中の〈真であると思う〉行為がそのまま存続し，そしてその後で命題が真となるとしたら，私は今や，以前には知っていなかった命題を知っている．この場合，私の知性の側には如何なる変化もない．外界の事物においてのみ変化がある．(Ockham, *Tractatus de praedestinationibus et de praescientia Dei respectu futurorum contingentium*, OPh II, p. 525. lin. 128-132)

テキスト②『アリストテレス自然学註解』第7巻第4章

de non-sciente potest aliquis fieri sciens sine sui mutatione. Sicut aliquis credens Sortem sedere potest dici —— large sumendo —— scire Sortem sedere. Et tamen idem perseverans in eadem dispositione potest dici non-sciens Sortem sedere, nulla facta in eo mutatione, per hoc solum quod Sortes surgit.

人は自らの側においては何の変化もなしに，〈知らない〉から〈知っている〉になることが有り得る．例えばソクラテスが座っていると信じている人は，——「知る」という語を広く用いるならば——ソクラテスが座っていることを知っていると言われることができる．しかし，同一の人が同じ状態を続けており，その人の内に

何の変化もないにもかかわらず，単にソクラテスが立ち上がるということによって，その人はソクラテスが座っていることを知っていないと言われることが有り得る．(Ockham, *Expositio in libros Physicorum Aristotelis*, Iib. VII, Cap. 4, §10; OPh V, p. 664, lin193-198)

テキスト③『センテンチア註解』第3巻第7問題
Sorte sedente, scio hanc evidenter 'Sortes sedet', sed ipso surgente, non est conformitas inter scientiam et illud complexum. Quia <u>nomen scientiae vel conceptus connotat semper obiectum verum, et non denominat scientiam nisi quando complexum connotatum est verum</u>. Et ideo, si per mutationem rei sit complexum falsum, sicut est in proposito, tunc bene potest illa qualitas manere, sed tunc non dicitur scientia, propter causam dictam.

ソクラテスが座っている時，私は「ソクラテスが座っている」という命題を明証的に知っている．しかし，ソクラテスが立ち上がる時には，知と命題との間の合致は消滅している．なぜなら<u>「知」という名前，あるいは概念は常に真なる対象を併意しており，併意された命題が真でない時には，「知」とは呼ばないからである</u>．それゆえ，ここに提示された例のごとくに，事物の側の変化によって，命題が偽となるとしたら，この精神の中の性質は十分に存続することが可能であるが，しかし上述の理由から「知」とは言われない．(Ockham, *Sent*., III, q. 7; OTh VI, p. 215, lin. 2-9)

以上のテキストから，(2)の例は次のように解される．

【説明1】ソクラテスは立っている時に，私の知性は「ソクラテスが座っている」という命題を対象とし，この命題は実際には真ではないのに，命題が真であることに同意する行為を行なうと仮定しよう．この場合，私は知っていない．なぜなら，テキスト③の下線部で述べられているごとく，知っている対象は真でなければならないからである．

【説明2】その後，この同意する行為がそのまま同じ状態で私の知性の内に存続し，そしてソクラテスが座り，ソクラテスが座るのを私が見る時には，私は今や，以前には知っていなかった「ソクラテスが座っている」という命題を知っている．この命題は真だからである．

【説明3】真なる命題に同意する，知るという行為は，対象である命題との関わりにおいてあるもの (ad aliquid) である．更に，命題（「ソクラテスが座っている」）の真偽は，外界の事物の変化（ソクラテスが立つことから，座るへと変化する）によって決定される．しかし，同意するという行為そのものには何の変化もない．「或るものとの関わりにおいてあるものには，変化は存在しない」というアリストテレスの言明は，そのように理解される．

16) オッカムは『センテンチア註解』第3巻第7問題の中でも，同じ議論に対する解答として，「知識」は第一義的に魂の内の独立して存在する性質を表示し，更にその対象を併意する，関係を表わす名前であると述べている．

Ad aliud dico scientia, secundum nomen suum, est 'ad aliquid', quia hoc nomen

訳者註解（第 19 問題）

'scientia' vel conceptus significat qualitatem absolutam connotando obiectum suum, et ideo est 'ad aliquid' quia significat unum et connotat aliud. (Ockham, *Sent.*, III, q. 7; OTh VI, p. 213, lin. 2-5)

知識が『範疇論』において関係の類に属すると言われているのは，このゆえである．ただし，知識それ自体は他から独立して存在する性質である．

第 19 問題
1) 第 7 巻第 14 章，ラテン教父全集 34 巻 363．同様の議論は，オッカム『センテンチア註解』第 2 巻第 14 問題（OTh V, p. 311, 322）にも見出される．
2) 『黙示録』第 20 章第 9 -10 節．
3) 全集版では 'quod sicut Deus est caus'（OTh IX, p. 97, lin. 26）となっているが，多くの写本に従い，下線部を 'quia' と読む．
4) オッカムは『センテンチア註解』第 2 巻第 15 問題の中で次のように述べている．
    potest se suspendere ab omni actu qui es in potestate sua et elicere alium. Et per consequens si actus nolendi poenam esset in eius potestate, posset se suspendere ab illo actu et facere se sub actu diligendi se sine omni alio actu. Et per comsequens posset facere se sine poena. Quod falsum est.
    断罪された天使は，自らのちからの範囲内にあるすべての活動を停止し，他の活動を引き起こすことができる．従って，もし罰を欲しない活動が彼のちからの範囲内にあり，彼の自由になることであるとしたら，彼はこの活動を停止させ，自らを自己愛の活動のもとに置き，その他の活動を一切生じさせないようにすることができるであろう．従って天使は，自らを罰のない状態にすることができるであろう．しかし，これは偽である．(Ockham, *Sent.*, II, q. 15; OTh V, p. 340, lin. 6-10)
5) すなわち，神が前もって起こらないようにしていない場合．
6) すなわち，霊のちからからの範囲内になく，霊のちからの及ばない場合．
7) オッカムは『センテンチア註解』第 2 巻第 14 問題では，霊は煉獄の火によって罰を受けることはないとする主要な議論に対して，『自由討論集』のこの箇所とは別の解答を行なっている．
    Ad aliud dico quod corpus non potest agere in spiritum ut agens primarium et principale, potest tamen agere ut agens secundarium. Vel aliter, quod non potest agere in spiritum destruendo et corrumpendo eius naturam, quemadmodum ignis agit in aquam, potest tamen agere in spiritum partialiter aliquem effectum accidentalem qui non est corruptivus substantiae spiritus. Et sic est in proposito, Certum est enim quod ignis infernalis vel purgatorius sic agit et affligit spiritum.
    他の議論に対しては，私は次のように答える．物体は霊に第一の主要な能動者として働きかけることはできないが，第二次的な能動者として働きかけることはできる．あるいは，こうも言えよう．火が水に働きかける場合のごとくに，火が霊の本性を破壊し消滅させるという仕方で，火が霊に働きかけることはありえない．しか

し，霊の実体を消滅させることはないが，火が霊に働きかけて，部分的に或る付帯的な効果を霊にもたらすということはありうる．ここに提示された例においても同様である．地獄や煉獄の火が上述の仕方で霊に働きかけ，罰を加えることは確かである．(Ockham, *Sent*., II, q. 14; OTh V, p. 326, lin. 17-24)

第 20 問題

1) この反対の論は，スコトゥス『自由討論集』第18問題に収録されている次の議論に基づく．

Urum actus exterior addat aliquid bonitatis, vel malitiae ad actum interiorem. Arguitur quod non: quia quod non habet rationem voluntarii, non habet rationem boni, vel mali; <u>actus autem exterior, ut distinctus ab interiori, non habet rationem voluntarii;</u> quia non habet, quod sit voluntarius nisi ab actu interiori; igitur actus exterior secundum se non habet bonitatem, vel malitiam: non adderet autem, nisi tale aliquid secundum se haberet igitur: & c.

外に表われた行為は，内面的な行為に何らかの善悪を付け加えるか．付け加えないことが次のように議論される．自らの意志によるものという特質を持たないものは，善という特質も悪という特質も持たない．しかるに，<u>内面的な行為から区別された，外に表われた行為は，自らの意志によるものという特質を持たない</u>．行為はまさに，それが内面的な行為であることから，自らの意志によるものということを持つのだからである．それゆえ外に表われた行為それ自体は，善や悪を持たない．従って，それ自体においてこのような善悪を持たないとするならば，善悪を付け加えることもない．それゆえ，云々．(Duns Scotus, *Quodlibet*, Quaestio XVIII, Opera omnia Ioannis Duns Scoti. Hrsg. von L. Wadding. XII. Lyon 1639, Nachdruck: Hildesheim 1969, p. 474)

以上のテキストから，反対の論は次のように解される．「自然本性的行為」とは，自らの自由な意志によるものという特質を持たない行為であり，そのような行為はそれ自身に固有な善によって道徳的に善であることも，それ自身に固有な悪によって道徳的に悪であることもない．しかるに下線部で言われているごとく，内面的な行為から区別された，外に表われた行為は，自らの意志によるものという特質を持たない自然本性的行為であり，従って道徳的な善悪を持たない．

2) スコトゥスは『自由討論集』第18問題の中で次のように述べている．

quae praeceptis negativis disinctis prohibentur, habent propriam, & distintam rationem illiciti: nunc autem alio praecepto prohibetur actus exterior, & alio interior; ut patet de istis praeceptis: *Non moechaberis, et non concupisces uxorem*, & c. Et similiter de istis praeceptis: *Non furtum facies, et non concupisces rem proximi*, & c.

別々の否定的な掟によって禁じられている事柄は，それ自身に固有な，他と異なる不正の特質を持つ．しかるに，外に表われた行為と内面的な行為は，別々の掟によって禁じられている．このことは，「汝，姦淫するなかれ」(『出エジプト記』第20

章第14節)と「汝，隣人の妻を欲するなかれ」(『出エジプト記』第20章第17節)という掟に関して明らかなごとくである．同じく，「汝，盗むなかれ」(『出エジプト記』第20章第15節)，「汝，隣人のものを欲するなかれ」(『出エジプト記』第20章第17節)という掟に関して明らかなごとくである．(Scotus, ibidem, ed. cit., p. 474)

ここで挙げられているスコトゥスの第一，二，三証明の議論は，オッカム『センテンチア註解』第3巻第11問題にも見出される．オッカムは第一証明について次のように述べている．

prohibentur distinctis praeceptis. Igitur sunt distincta peccata. Consequentia patet, quia aliter non essent distincta praecepta. Antecedens patet, quia per illud preceptum 'non concupisces' etc., prohibetur actus interior, et per aliud 'non furaberis' prohibetur actus exterior. Igitur etc.

別々の掟によって禁じられる．それゆえ，異なった罪である．推論は明白である．さもないと，別々の掟ではないことになってしまうからである．前件も明白である．「汝，欲するなかれ」という掟によって内面的行為が禁じられ，「汝，盗むなかれ」という別の掟によって，外に表われる行為が禁じられている．それゆえ，云々．(Ockham, Sent., III, q. 11; OTh VI, p. 370, lin. 14-18)

3) スコトゥスは第二証明を『自由討論集』第18問題第3項の中で述べている．
Primo per Augustinum 3. de Trin. cap. 5 vel 14. *Mala voluntate, vel sola quilibet miser efficitur, sed miserior potestate, qua desiderium malae voluntate impletur; profecto quamvis et sic male volendo miser esset: minus tamen esset, si nihil eorum, quae perperam voluisset, habere potuisset*. (Scotus, ibidem, ed. cit., p. 484)

4) 第13巻第5章，ラテン教父全集42巻1019-1020．

5) オッカムは『センテンチア註解』第3巻第11問題の中で，第二証明を次のように説明している．

Item, Augustinus, XIII *De Trinitate*, capitulo 5: ⟪Mala voluntate vel sola quisque miser efficitur: sed miserior potestate, qua desiderium malae voluntatis impletur⟫. Vult dicere quod voluntas est miserior cum actu exteriori quam sine. Sed si acus exterior esset tantum malus denominatione extrinseca, non esset voluntas cum illo actu peior vel miserior quam sine. Eodem modo arguo de voluntate; quando voluntas habet bonam volitionem, tunc est bona; sed quando agit, tunc est melior.

同様に，アウグスティヌスは『三位一体論』第13巻第5章の中で，「悪しき意志によって，それのみによって，人は悲惨にされるが，悪しき意志の欲望を満たす力によってより一層悲惨になる」と述べている．彼が言おうとしているのは，外に表われた行為を伴った意志は，外に表われた行為を伴わない意志よりもより一層悲惨であるということである．もし外に表われた行為が単に外的な名前においてのみ悪であるとしたら，外に表われた行為を伴った意志が，伴わない意志よりもより悪であり，より悲惨であることはないであろう．私は善い意志に関しても同様に議論

する．意志が善い意志のはたらきを持つ時には，善である．しかし，それを実行する時には，より一層善である．(Ockham, *Sent.*, III, q. 11; OTh VI, p. 370, lin. 19 -p. 371, lin. 7)

以上のオッカムの説明から，スコトゥスの第二証明は次のように理解される．悪しき意志，悪しき欲求という内面的な行為は，それ自身に固有な道徳的悪を持つ．更に，その意志が外に表われた行為として実行に移され，悪しき意志の欲望が満たされ，不正に欲したものを所有した場合には，より一層悪である．従って，次の二つのことが結論として導かれる．

①外に表われた行為も，それ自身に固有な道徳的悪を持つ．
②内面的な行為と，外に表われた行為は，異なった道徳的善悪を持つ．

6) スコトゥスは第三証明を『自由討論集』第18問題第3項の中で述べている．
　　Ex primo articulo habetur, quod bonitas moralis est integritas eorum, quae secundum rectam rationem operantis dicuntur debere convenire ipsi actui. Est autem alia integritas eorum, quae secundum dictamen rectae rationis debet convenire actui interiori, &, eorum, quae actui exteriori: igitur & alia bonitas moralis, & per consequens alia malita moralis, ········· (Scotus, ibidem, ed. cit., p. 484)

同様の証明は，オッカム『センテンチア註解』第3巻第11問題の中にも見出される．
　　Item, bonitas actus moralis est integiritas eorum quae secundum rectam rationem operantis debent competere ipsi actui. Ubi igitur est alia et alia integritas talium sic convenientium, est alia et alia bonitas. Sed alia est integritas eorum quae debent convenire actui interiori et alia exteriori. Igitur alia bonitas. Igitur actus exterior non est tantum bonus denominatione extrinseca. Igitur etc. (Ockham, *Sent.*, III, q. 11; OTh VI, p. 371, lin. 8-14)

7) 第四証明はスコトゥスのテキストには見出されない．しかし，オッカム『センテンチア註解』第3巻第11問題の中には，他の三つのスコトゥスの証明と並べて収録されている．
　　Item, aliquis magis punitur propter factum et voluntatem quam propter voluntatem solam. Igitur etc.

同様に，人は単に意志することによってよりも，意志しそれを実行することによって，より重く罰せられる．それゆえ，云々．(Ockham, *Sent.*, III, q. 11; OTh VI, p. 371, lin. 15-16)

8) スコトゥスも『自由討論集』第18問題のなかで，問いの意味を次のように説明している．
　　Est igitur intellectus quaestionis iste, in quo praecipuam habet difficultatem, an actus exterior, quando in eodem est coniunctus interiori, habeat bonitatem moralem propriam distinctam a bonitate actus interioris ?

それゆえ問いは，外に表われた行為が同じ基体において内面的な行為と結び付いている時に，内面的な行為の善と異なる，それ自身に固有な道徳的善を持つのかと

いう意味に理解される．この意味において，問いは特別な困難さを持つ．（Scotus, ibidem, ed. cit., pp. 474-475）

9) すなわちスコトゥスが『自由討論集』第18問題で主張しているごとく〈内面的な行為（actus interior）が自らに固有な道徳的善悪を持つのと同様に，外に表われた行為（actus interior）も自らに固有な道徳的善悪を持ち，そのような善悪は外に表われる行為に付け加えられ，内属する付帯性であるのか〉が問われているのである．この点で Alfred J. Freddoso の英語訳の註103（Ibid., p. 87）の指摘は正しい．ただし，オッカムのテキストの 'praeter actum'（「行為以外に」OPh I, p. 101, lin. 49）を 'that is added to the act ?'（「外に表われた行為は，<u>その行為に付け加えられた</u>何らかのものを受け取る，あるいは獲得するのか」）と読み替えて訳す必要はないであろう．Freddoso の読み替えを支持する写本はない．

10) オッカムの第一証明は次のように整理される．もし仮に外に表われた行為が何らかのもの（道徳的善）を受け取る，あるいは獲得するとしたら，

選択肢（1）この善は外に表われた行為そのものである．これは偽である．

選択肢（2）この善は外に表われた行為以外のものである．

(2-①) この善は，外に表われた行為を基体として，その内に存在する付帯性である．あるいは関係である．これは偽である．

(2-②) この善は，外に表われた行為を基体として，その内に存在する付帯性ではない．だとすると，この善は内面的な行為の有するものであり，外に表われた行為は自らに固有な善悪を持たない．これがオッカムの証明しようと意図したことである．

11) 本書第II巻第7問題．
12) 第一証明．
13) オッカムは同じ例を，『諸問題集』（Quaestiones Variae）第6問題第9項においても用いている．

> Sed IOANNES, qui ponit quod actus exterior habet propriam bonitatem distictam ab actu interiori, habet ponere quod praedicti actus essent virtuosi vel vitiosi, quantumcumque [sic agentes] non haberent usum rationis. Sed haec opinio videtur falsa sicut alibi patet.
>
> Et probatur quia numquam in aliquo consistit peccatum nisi ille actus sit voluntarius et in potestate voluntatis mediate vel immediate. Sed nunc possibile est quod aliquis habeat actum exteriorem primo elicitum iuxta volitionem vitiosam et quod, stante illo actu exteriori, simpliciter nolit illum actum et meritorie, et per coonsequens in tali actu non consistit peccatum. Exemplum: aliquis voluntarie descendit in praecipitium, et in descendendo poenitet et dolet simpliciter nolendo illum actum propter Deum. Ille actus tunc descendendi non est voluntarius nec in potestate voluntatis. Igitur tunc in illo non consistit peccatum ………

「外に表われた行為は，内面的な行為と異なる，それ自身に固有な善を持つ」と

主張するヨハネス・ドゥンス・スコトゥスは,「たとえその者が理性の使用を持たないとしても,上述の行為は徳,あるいは悪徳である」と主張せざるをえない。しかし他の箇所で明らかなごとく,このスコトゥスの見解は誤りであると考えられる。

　如何なる行為も,それが意志によるものであり,間接的にであれ直接的にであれ,意志のちからの範囲内にある場合でなければ,その行為のうちに罪が存することはない。しかるに或る人が最初,悪い意志の働きに基づいて引き起こされた外に表われた行為を持ち,この外に表われた行為が存続している途中で,次に彼がその行為を無条件に欲せず拒絶し,このことが功績に値し,従ってこの行為のうちに罪が存しないということがありうる。例えば,或る人が自らの意志によって絶壁へと落下し,落下の途中で悔い改め後悔し,神のためにこの行為を無条件に欲しない場合である。この場合,落下している行為は,自らの意志によるのではないし,意志のちからの範囲内にない,意志のちからの及ばないことである。それゆえ,落下している行為のうちには罪は存しない。(Ockham, *Quaestiones Variae*, Q. VI, Art. IX; OTh VIII, p. 263, lin. 260-p. 264, lin. 274)

このテキストにおいてオッカムは,「外に表われた行為は,内面的な行為と異なる,それ自身に固有な善悪を持つ」というスコトゥスの見解に対する反駁として,この例を用いている。すなわちもし仮にスコトゥスの見解に従うとしたら,落下している外に表われた行為はそれ自身に固有な悪を持つのであるから,たとえ人が悔い改めるという内面的な行為を行なったとしても悪であることになる。しかし,これは誤りである。落下している外に表われた行為はその人の意志のちからの範囲内にない,意志のちからの及ばない事柄であり,しかるに如何なる行為も,それが意志のちからの範囲内にない場合には悪徳ではないからである。それゆえ,外に表われた行為がそれ自身に固有な善悪を持つことはない。Alfred J. Freddoso の英語訳の註 105 (Ibid., p.88) を参照。

14) 第四証明は第三証明と別の証明ではなく,第三証明の続きとして理解されるべきである。

15) 第1巻第3章8,ラテン教父全集32巻1225。すなわちアウグスティヌスのテキストから明らかなごとく,道徳的な善悪は実際に実行された外に表われた行為のうちにあるのではなく,欲情という内面的な行為のうちにある。

16) オッカムは『センテンチア註解』第3巻第11問題においても,スコトゥスの第一証明に対して次のように答えている。

　　Ad aliud de distinctis praeceptis respectu actus interioris et exterioris, potest dici quod per unum praeceptum prohibetur actus interior tantum, et per secundum prohibetur actus interior et exterior. Et ita sunt distincta praecepta et distincta peccata aliquo modo, quia licet non sit peccatum formaliter nisi in actu interiori, quando tamen prosequitur in opere; magis complacet et delectatur, et ita maius peccatum. Et est quasi duplex peccatum, non sic intelligendo, quod aliqua ratio peccati consistit in opere exteriori, sed quando est operatio exterior, operatio interior intenditur, et fit actus intensior et delectabilior quam prius. Nec prohibetur actus exterior quia in eo consistit ratio peccati, sed propter causam dictam.

内面的な行為と外に表われた行為について別々の掟が定められていることに関する他の議論に対しては，次のように答えられることができる．一つの掟によって内面的な行為のみが禁じられ，第二の掟によって内面的な行為と外に表われた行為の両方が禁じられているのである．それゆえ或る意味において，別々の掟と異なった罪が存在する．罪は形相的に内面的な行為においてしか存在しないのであるが，内面的な行為が実行に移される時には，人はより一層快楽を覚え，喜びを感じ，従って，より大きな罪が存在することになるからである．それゆえ，いわば二通りの罪が存在するのである．ただし，〈罪の特質は外に表われた行為の内にも存する〉というふうに理解すべきではない．行為が実行され，外に表われる時には，内面的な行為は増大し，内面的な行為が以前よりもより一層増大し，より一層喜びを感じさせるものとなるからである．それゆえ，外に表われた行為が禁じられるのは，外に表われた行為の内に罪の特質が存するからではなく，今述べられた理由からである．(Ockham, *Sent.*, III, q. 11; OTh VI, p. 375, lin. 14-p. 376, lin. 5)

17) オッカムは『センテンチア註解』第3巻第11問題の中で，より詳しく論じている．

Aliter potest dici quod actus interior et exterior prohibentur distinctis praeceptis, non quia sunt distincta peccata —— quia peccatum solum consistit in actu interiori qui potest esse unus et idem cum actu exteriori, et sine —— sed ne detur simplicibus occasio errandi. Posset enim aliquis credere quod peccatum solum est quando actus interior est malus et actus exterior similiter. Et haec est opinio multorum quod non est peccatum in sola voluntate, sed tantum quando ponitur in opere. Ideo ad removendum istam occasionem erroris, et ad insinuandum quod non tantum est peccatum quando homo habet actum interiorem et exteriorem simul, sed quando habet actum interiorem tantum, ideo actus interior et exterior prohibentur distinctis praeceptis.

いま一つには，次のように答えられることもできる．内面的な行為と外に表われた行為が別々の掟によって禁じられているのは，それらが異なった罪だからではなく，愚かな人々に，過ちを犯す機会が与えられないようにするためである．――罪は内面的な行為の内にのみ存するのであり，この同一の内面的な行為が外に表われる行為を伴うことも，伴わないこともあるのである――．なぜなら或る人は，内面的な行為が悪であり，外に表われた行為も同様に悪である場合にのみ罪が存在すると考える．意志だけでは罪は成立しないのであり，意志が実行に移される場合においてのみ罪は成立するというのが，多くの人々の考えだからである．それゆえ，人々が過ちを犯す機会を取り除き，「罪は人が内面的な行為と外に表われた行為の両方を持つ場合に存在するだけでなく，人が内面的な行為だけを持つ場合にも存在する」ことを教え込むために，内面的な行為と外に表われた行為が別々の掟によって禁じられているのである．(Ockham, *Sent.*, III, q. 11; OTh VI, p. 376, lin. 6-17)

18) オッカムは『センテンチア註解』第3巻第11問題においても，スコトゥスの第二証明に対して次のように答えている．

> Ad aliud potest glossari quod ex impletione malae voluntatis in opere, intendiur malus actus voluntatis, et fit peior. Et similiter, implendo malam voluntatem in opere, potest facere multa peccata quae non faceret si non impleret. Et quod trahitur de peccato ad peccatum, quia per factum suum scandalizat proximm, et sic potest fieri miserior.

> 他の議論に対しては，次のように説明されることができる．悪しき意志を実行することによって，意志の悪しき行為は増大し，より一層悪くなる．同様に，悪しき意志を実行することによって人は，もしその行為を実行しなかったならば犯すことのなかった多くの罪を犯すことがありうる．罪から罪へと引きずられることによって，人は自らの罪によって隣人を躓かせ，かくしてより一層悲惨なものとなることがありうるからである．(Ockham, *Sent.*, III, q. 11; OTh VI, p. 379, lin. 1-6)

すなわちアウグスティヌス『三位一体論』第13巻の文言が意味しているのは，
①悪しき意志の内面的な行為が外に表われた行為として実行される時には，悪しき内面的な行為はより増大する．
②悪しき意志の内面的な行為を実行することによって人は，もしその行為を実行しなかったならば犯すことのなかった多くの罪を犯すことになる，ということである．
決して，前註5で述べたごとく，
①実行され，外に表われた行為は，それ自身に固有な道徳的善悪を持つ．
②内面的な行為と，外に表われた行為は，異なった道徳的善悪を持つ，ということではない．

19) オッカムは何故，行為の付随的な状況——行為の行なわれる時や場所——の正しさを完全に備えた状態が，外に表われた行為に帰属しないと述べているのか．然るべき時や場所が必要とされるのは，むしろ外に表われる行為のほうではないか．この疑問に対する解答は，オッカムの『センテンチア註解』第3巻第11問題の中に見出される．

> Ad aliud de integritate, dico quod non omnes circumstantiae aggravant peccatum. quia quod actus exterior fiat tunc vel tali loco, ex hoc praecise non aggravat peccatum, sed circumstantiae respectu actus voluntatis aggravant peccatum. Unde <u>quando actui ex se non competit bonitas moralis vel malitia, tunc non habet bonitatem vel malitiam ex integritate circumstantiarum.</u> .... Ideo non est bonus ex integritate circumstantiarum, puta ex hoc quod fit loco determinato, tempore determinato, etc. Sed quando actus natus est esse bonus moraliter, tunc ad bonitatem actus requiritur integritas circumstantiarum. Et quando deficit aliqua circumstantia, tunc non est bonus moraliter si necessario requiritur illa circunstantia ad bonitatem actus moralis, licet forte non sit vitiosus quia non intenditur malus finis.

正しさを完全に備えた状態に関する他の議論に対しては，私は次のように答える．

訳者註解（第20問題）　　　　　　　　　　249

すべての場合の行為の付随的な状況が罪を重くすることはない。まさに外に表われた行為が何時，どのような場所で行なわれたかということによって，罪が重くなることはないからである。他方，意志の行為についての付随的な状況は罪を重くする。<u>行為自体に道徳的な善悪が帰属しない場合には，その行為が，行為の付随的な状況の正しさを完全に備えた状態であるかどうかによって善悪を持つことはないからである</u>。………それゆえ，このような行為が，行為の付随的な状況の正しさを完全に備えた状態，例えば或る特定の場所で，特定の時に行なわれるということによって善であることはない。これに対して，行為が道徳的に善である本性を有する場合には，その行為が善であるためには，行為の付随的な状況の正しさを完全に備えた状態であることが必要とされる。それゆえ，行為の道徳的な善のために，行為の付随的な状況の正しさが必然的に要求されるとしたら，行為が何らかの付随的な状況の正しさを欠いている場合には，その行為は善ではない。ただし，悪しき目的が意図されているわけではないのであるから，おそらく悪徳ではないであろう。
(Ockham, *Sent.*, III, q. 11; OTh VI, p. 379, lin. 9-p. 380, lin. 6)

このオッカムのテキストの下線部から，上述の疑問に対する解答は明らかである。すなわちオッカムの考えによれば，外に表われた行為はそれ自身に固有な道徳的善悪を持たない。それゆえ，外に表われた行為には，行為の付随的な状況の正しさを完全に備えた状態が要求されないのである。更にまた，スコトゥスの第三証明が主張するように，外に表われた行為に属すべき事柄の正しさを完全に備えた状態と，内面的な行為に属すべき事柄の正しさを完全に備えた状態とが異なるということもない。行為に属すべき事柄の正しさを完全に備えた状態（integritas）は，内面的な行為にのみ帰属すべきだからである。

20)　オッカムは第四証明に対して，『センテンチア註解』第3巻第11問題の中でより詳しく解答している。

　　Ad aliud de punitione maiori etc., dico quod de facto tam per leges divinas quam humanas graviora peccata aliquando minus puniuntur quam minus gravia Exemplum: furari asinum vel bovem est minus peccatum quam perhibere falsum testimonium vel mentiri vel mendaciter diffamare aliquem, et tamen primum gravius punitur quantum ad leges humanas de facto quam secundum. Non quia sunt graviora peccata, sed quia sunt maiores occasiones destructionis et subversionis rei publicae, et tamen coram Deo et punitione aeternali secundum gavius punitur quam primum. Eodem modo est in proposito. Si enim aliquis habeat actum voluntatis ita intensum peccandi sine actu exteriori sicut cum actu exteriori, tunc tantum punitur coram Deo et aeternaliter sine actu exteriori sicut cum actu. Sed tamen punitione temporali, ad quam se extendunt leges humanae, pro actu interiori non punitur sed tantum pro exteriori. Si tamen voluntas non habeat actum ita intensum sine actu exteriori sicut cum actu exteriori, quia plus complacet quando consequitur malam voluntatem in opere exteriori, tunc non tantum peccat in voluntate sine actu exteriori sicut cum actu exteriori. Quia quando elicitur actus exterior, actus interior intenditur, et ideo aggravatur peccatum et gravius punitur coram Deo cum actu exteriori quam sine, non tamen pro actu exteriori sed pro interiori magis intenso.

Ad hoc sunt exempla. Unum est: ponamus quod hic sunt duo quorum uterque habet voluntatem interficiendi aliquem, tamen primus habet intensam voluntatem et secundus remissam. Si uterque praecipiat servo suo interficere illum hominem, si servus secundi interficiat illum et non servus primi, certum est tunc quod primus magis peccavit, quia intensius eum odivit et magis fuit ad hoc ut interficeretur quam secundus. Et tamen secundus puniretur plus poena temporali quam primus, cum tamen minus peccavit. Igitur aliquando minus peccatum gravius punitur. Et pono ultra quod secundus dominus poeniteat de multa voluntate et praecepto, et primus non, et quod servus secundi interficiat illum homnem —— hoc posito, primus dominus peccat et secundus non in interfectione hominis, et tamen secundus punietur, et primus non.

　より重い罰云々に関する他の議論に対しては，私は次のように答える．神の法によっても，人間の定める法によっても，実際に或る場合には，より重い罪のほうがより軽い罪よりも，軽く罰せられることがある．例えば①驢馬や牛を盗むことは，②偽証することや虚言をはくことや偽って或る人を中傷することよりも軽い罪である．しかし人間の定める法に基づくならば実際には，最初①のほうが二番目②よりも重く罰せられる．それは，最初の罪のほうがより重い罪だからではなく，最初の罪のほうが公共の社会を破壊し，転覆させるより大きな誘因となるからである．他方，神の面前における永遠の罰においては，二番目②のほうが最初①よりも重く罰せられる．ここに提示された問題においても同様である．（1）人が外に表われる行為を伴っても，伴わなくても，同程度の罪を犯す意志の行為を持つ場合には，外に表われる行為を伴っても，伴わなくても，神の面前において永遠に等しく罰せられる．他方，人間の定める法が含んでいる現世の罰においては，内面的な行為に対して罰が下されることはなく，外に表われた行為に対してのみ罰が下される．しかし，（2）外に表われる行為を伴う時と，伴わない時とでは，意志は異なった強さの程度の行為を持ち，外に表われる行為が悪しき意志に伴っている時により一層快楽を覚える場合には，外に表われる行為を伴う時と，伴わない時とでは，人は意志において等しい罪を犯しているのではない．外に表われる行為が引き起こされる時には，内面的な行為は増大し，罪は重くなる．それゆえ，外に表われる行為を伴わない時よりも，伴っている時のほうが神の面前においてより重く罰せられる．ただしそれは，外に表われた行為のゆえではなく，より強大にされた内面的な行為のゆえである．

　このことのためには，多くの例が挙げられる．ひとつは次の例である．二人の人間が存在し，両人とも或る男を殺害する意志を有しているが，第一の人間は強い意

志を持ち，第二の人間は弱い意志を持つと仮定しよう．この場合，もし両人がそれぞれの奴隷にその男を殺害するように命じ，第二の人間の奴隷はその男を殺害したが，第一の人間の奴隷は殺害しないとしても，第一の人間のほうがより重い罪を犯したことは確かである．第一の人間のほうが第二の人間よりも，より強くその男を憎み，その男が殺害されることを望んでいたからである．しかし現世の刑罰においては，たとえ第二の人間のほうが罪が軽いとしても，第一の人間よりも第二の人間のほうがより重く罰せられる．それゆえ或る場合には，より軽い罪がより重く罰せられるのである．更に，第二の主人は自己の悪しき意志や命令を悔い改め，第一の主人は悔い改めないと仮定する場合，——このように仮定されるならば，男の殺害に関して第一の主人は罪を犯しており，第二の主人は罪を犯していないのであるが，第二の主人は罰せられ，第一の主人は罰せられないであろう．(Ockham, *Sent.*, III, q. 11; OTh VI, p. 376, lin. 18-p. 378, lin. 14)

すなわち，第四証明に対するオッカムの解答は次のように要約される．(1) 第四証明で述べられているごとく，人間の定めた法においては，内面的な行為と外に表われた行為が合わさった場合のほうが，内面的な行為が単独の場合よりもより重く罰せられる．あるいは，外に表われた行為のほうが内面的な行為よりも重く罰せられる．しかしだからといって，外に表われた行為のほうが内面的な行為よりもより重い罪であるわけではない．さまざまな理由から，人間の定める法がより軽い罪をより重く罰することがしばしばあるからである（羊や牛やロバを盗む行為と，偽証したり，他人を中傷したりする行為の例．或る男を殺害することを意志する二人の主人の例）．(2) 外に表われる行為が引き起こされることによって，人がより一層快楽を覚え，内面的な意志の行為が増大する場合には，神の面前においてもより重く罰せられる．ただしそれは，外に表われた行為のゆえではなく，より強大にされた内面的な行為のゆえである．

あ と が き

　本書は，2006年に行なった名古屋大学文学部，大学院文学研究科での西洋哲学史演習をもとにしている．名古屋大学哲学科の学部や大学院の学生諸君との活発な議論は，筆者の励みになりました．更に本文訳や註解に関しては，周藤多紀氏（京都大学文学部非常勤講師），辻内宣博氏（京都大学大学院文学研究科博士課程），横田蔵人氏（京都大学大学院文学研究科博士課程）の協力を得ることができました．これらの方々の御好意に感謝いたします．
　最後に，本書の出版を快くお引き受けいただきました知泉書館の小山光夫氏，高野文子氏に大変お世話になりました．御礼申し上げます．

　2007年2月

渋　谷　克　美

参 考 文 献

I. テキスト

Adam de Wodeham, *Tractatus de indivisibilibus*, A critical Edition by Rega Wood, Kluwer Academic Publishers, 1988.

―――, *Lectura secunda in librum Sententiarum*, Prologus, edited by Rega Wood, assited by Gedeon Gál, St. Bonaventure, N. Y. 1990, vol. 1.

Aristotle, *Categoriae*, ed. Bekker, Aristotelis Opera, vol. 1, Berlin, 1831.

―――, *Analytica posteriora*, ed. Bekker, Aristotelis Opera, vol. 1, Berlin, 1831.

―――, *Topica*, ed. Bekker, Aristotelis Opera, vol. 1, Berlin, 1831.

―――, *Physica*, ed. Bekker, Aristotelis Opera, vol. 1, Berlin, 1831.

―――, *De anima*, ed. Bekker, Aristotelis Opera, vol. 1, Berlin, 1831.

―――, *De sensu et sensibilibus*, ed. Bekker, Aristotelis Opera, vol. 1, Berlin, 1831.

―――, *De generatione animalium*, ed. Bekker, Aristotelis Opera, vol. 1, Berlin, 1831.

―――, *Metaphysica*, ed. Bekker, Aristotelis Opera, vol. 2, Berlin, 1831.

Augustinus, *De Libero Arbitrio*, PL. 32.

―――, *De Genesis ad litt*. PL34.

―――, *De Trinitate*, PL42.

Averroes, *In Aristot., Physicam*, *Aristotelis Opera Cum Averrois Commentariis* vol. 4, Frankfurt, Minerva, 1962, a Photostat of the 1562-1574 edition.

―――, *In Aristot. Metaph.*, *Aristotelis Opera Cum Averrois Commentariis* vol. 8, Frankfurt, Minerva, 1962, a Photostat of the 1562-1574 edition.

―――, *Commentarivm magnvm in Aristotelis De Anima Libros*, ed. Crawford, The Mediaeval Academy of America, Cambridge, Massachusetts, 1953.

Buridanus, Johanes, *Quaestiones de anima* II, An Edition of the Questions in Aristotelis De anima liber secundus, de tertia lectura by P. G. Sobol, Ann Arbor (Mich.), University Microfilms International. 1984.

―――, *Quaestiones de anima* III, An Edition and Translation of Book III of his "Questions on Aristotle's De anima" third redaction by John Alexander Zupko, Dissertation, Cornell University 1989, 2 vols., Ann Arbor (Mich.), University Microfilms International.

Dionysius Areopagita, *De Caelesti Hiearchia*, PG3.

Duns Scotus, Johannes, *Ordinatio*, Liber Primus, Distinctio Prima et Secunda, In *Opera Omnia*, vol. II, ed. P. Carolo Balić. Vaticana; Typis Polyglottis Vaticanis, 1950.

―――, *Ordinatio*, Liber Secundus a distinctione prima ad tertiam. In *Opera Omnia*, vol. VII, ed. P. Carolo Balić. Vaticana; Typis Polyglottis Vaticanis, 1973.

―――, *Ordinatio*, Liber Secundus, In *Opera Omnia*, vol. VIII, Vaticana; Typis Polyglottis Vaticanis, 2001.

―――, Quaestiones in Lib. IV. Sententiarum (*Opus Oxoniens*). Opera Omnia Ioannis Duns Scoti. Hrsg. von L. Wadding X. Lyon 1639, Nachdruck: Hildesheim 1968.

―――, *Quodlibet*. Opera Omnia Ioannis Duns Scoti. Hrsg. von L. Wadding XII. Lyon 1639, Nachdruck: Hildesheim 1969.

―――, *Philosophical Writings*, Ed. and trans. Allan Wolter, Hackett. 1987.

Guillelmus de Ockham, *Summa Logicae*, eds. Philotheus Boehber, Gedeon Gál et Stephanus Brown, *Opera Philosophica* I, St. Bonaventure, N. Y. 1974.

―――, *Expositio in librum Praedicamentorum Aristotelis*, ed. Gedeon Gál, *Opera Philosophica* II, St. Bonaventure, N. Y. 1978.

―――, *Tractatus de praedestinatione et de praescientiae Dei respectu futurorum contingentium*, eds. Philotheus Boehner et Stephanus Brown, *Opera Philosophica* II, St. Bonaventure, N. Y. 1978.

―――, *Expositio in libros Physicorum Aristotelis*, Prologus et Liber I-III, eds. Vladimirus Richter et Gerhardus Leibold, *Opera Philosophica* IV, St. Bonaventure, N. Y. 1985,

―――, *Expositio in libros Physicorum Aristotelis*, Liber IV-VIII, eds. R. Wood, R. Green, G. Gál, J. Giermek, F. Kelley, G. Leibold et G. Etzkorn, *Opera Philosophica* V, St. Bonaventure, N. Y. 1985.

―――, *Quaestiones in libros Physicorum Aristotelis*, ed. Stephanus Brown, *Opera Philosophica* VI, St. Bonaventure, N. Y. 1984.

―――, *Scriptum in librum primun Sententiarum (Ordinatio)*, Prologus et Distinctio I, eds. Gedeon Gál et Stephanus Brown, *Opera Theologica* I, St. Bonaventure, N. Y. 1967.

―――, *Scriptum in librum primun Sententiarum (Ordinatio)*, Distinctiones II-III, eds. Stephanus Brown et Gedeon Gál, *Opera Theologica* II, St. Bonaventure, N. Y. 1970.

―――, *Scriptum in librum primun Sententiarum (Ordinatio)*, Distinctiones XIX-XLVIII, ed. Girardus I. Etzkorn et Fraciscus E. Kelley, *Opera Theologica* IV, St. Bonaventure, N. Y. 1979.

―――, *Quaestiones in librum secundum Sententiarum (Reportatio)*, eds. Gedeon Gál et Rega Wood, *Opera Theologica* V, St. Bonaventure, N. Y. 1981.

―――, *Quaestiones in librum tertium Sententiarum (Reportatio)*, eds. Franciscus E. Kelley et Girardus I. Etzkorn, *Opera Theologica* VI, St. Bonaventure, N. Y. 1982.

―――, *Quaestiones in librum quartum Sententiarum (Reportatio)*, eds. Rega Wood et

参考文献

Gedeon Gál, *Opera Theologica* VII, St. Bonaventure, N. Y. 1984.
――, *Quaestiones Variae*, eds. Girardus I. Etzkorn, Franciscus E. Kelley et Josephus C. Wey, *Opera Theologica* VIII, St. Bonaventure, N. Y. 1984.
――, *Quodlibeta Septem*, ed. Joseph C. Way, *Opera Theologica* IX, St. Bonaventure, N. Y. 1980.
Petrus Lombardus, *Liber Sententiarum*, PL192.
Thomas de Aquino, *Summa Theologiae*, ed. Leoninna 4-12, Roma, 1888-1906.
――, *Scriptum super libros Sententiarum*, ed. P. Mandonnet et M. F. Moos. 4 vols. Paris (Lethielleux), 1929-1947.
Walter Chatton, *Reportatio et Lectura super Sententias: Collatio ad Librum Primum et Prologus*, edited by Joseph C. Wey, Pontifical Institute of Medieval Studies. 1989, Studies and Texts 90.
――, *Reportatio super Senrentias*, Liber I, distinctions 1-9, edited by Joseph C. Wey and Girard J. Etzkorn, Pontifical Institute of Medieval Studies. 2002, Studies and Texts 141.
――, *Reportatio super Senrentias*, Liber II, edited by Joseph C. Wey and Girard J. Etzkorn, Pontifical Institute of Medieval Studies. 2004, Studies and Texts 148.
――, *Quaestio de continuo*, ed. J. Murdoch et E. Synan, 'Two Questions on the Continum' Franciscan Studies 26, 1966.

II．翻 訳

William of Ockham, *Quodlibetal Questions*. Volume 1, translated by Alfred J. Freddoso & Francis E. Kelley, New Haven, CT. Yale University Press. 1991.
アダム・デ・ヴォデハム『命題集第一巻第二講義』渋谷克美訳，中世思想原典集成 18 所収，上智大学中世思想研究所，平凡社，1998 年
ウィリアム・オッカム，『オッカム「大論理学」註解 I』渋谷克美訳註，創文社，1999 年
――，『オッカム「大論理学」註解II』渋谷克美訳註，創文社，2000 年
――，『オッカム「大論理学」註解III』渋谷克美訳註，創文社，2001 年
――，『オッカム「大論理学」註解IV』渋谷克美訳註，創文社，2005 年
――，『オッカム「大論理学」註解V』渋谷克美訳註，創文社，2003 年
――，『スコトゥス「個体化の理論」への批判――センテンチア註解 L. 1, D. 2, Q. 6』渋谷克美訳註，ラテン語対訳版，知泉書館，2004 年
――，『アリストテレス自然学問題集』第 1 問題－第 6 問題，渋谷克美訳，「季刊哲学」11，哲学書房，1990 年
パリ司教エティエンヌ・タンピエ，『一二七〇年の批判宣言／一二七七年の禁令』八木雄二，矢玉俊彦訳，『中世思想原典集成 13，盛期スコラ学』平凡社，1993 年
トマス・アクィナス，『神学大全』第 4 分冊，日下昭夫訳，創文社，1973 年
――，『神学大全』第 6 分冊，大鹿一正訳，創文社，1961 年
――，『神学大全』第 8 分冊，横山哲夫訳，創文社，1962 年

III. 研究書, 論文

Claude Panacio, *Ockham on Concepts*, Ashgate, 2004

Klocker, Harry, S. J. *William of Ockham and the Divine Freedom*, Marquette University Press, 1996

Michael F. Wagner, "Supposition-Theory and the Problem of Universals." Franciscan Studies 41, 1981

稲垣良典『抽象と直観』創文社, 1989 年

渋谷克美『オッカム「大論理学」の研究』創文社, 1997 年

――,「スコトゥス, オッカムの直知認識 (notitia intuitiva) と抽象認識 (notitia abstractiva)」『哲学史の再構築に向けて』昭和堂, 2000 年

――,「抽象と直知――オッカムの直知理論――」『中世哲学を学ぶ人のために』世界思想社, 2005 年

――,『オッカム哲学の基底』知泉書館, 2006 年

索　引

あ　行

アヴェロエス（Commentator）……………………………………66, 68, 94
アウグスティヌス（Augustinus）……………………23-25, 39, 81, 82, 96, 99, 103, 104
アリストテレス（Aristoteles, Philosophus）……………34, 36, 52, 60, 63, 94
或るものとの関わりにおいてあるもの（ad aliquid）……………………94
御子（Filius）………………………………………………………16, 19-24
御父（Pater）………………………………………………………………21-24
御父性（paternitas）………………………………………………………21-24
意志（voluntas）…………………………………………………………87-92, 95
生み
　　能動的な生み（generatio activa）…………………………………… 22

か　行

関係（relatio）………………………………………………………14, 23, 93
　　関係的でないもの（res absoluta）…………………………………14, 23
　　関係的なもの（res relativa）………………………………………14-17, 20
遇運（fortuna）…………………………………………………………90-92
偶然（casus）……………………………………………………………90-92
形相的相違（distinctio formalis）………………………………18, 20, 21
原因（causa）
　　充分なる原因（causa sufficiens）……………………………………11
　　絶対的な原因（causa praecisa）………………………………………11
　　全面的原因（causa totalis）……………………………………………11
行為
　　行為の付随的な状況の正しさを完全に備えた状態
　　　　（integritas circumstantiarum）…………………………………104
　　外に表われた行為（actus exterior）………………………………99-105
　　内面的な行為（actus interior）……………………………………99-105
子性（filiatio）……………………………………………………………17
個物（singulare）………………………………………………………73-78

さ　行

三位相互内在性（circumincessio）……………………………………22, 23

産出
　受動的産出（productio passiva） ……………………………………24
　能動的産出（productio activa） ……………………………………24
自然本性的理性（ratio naturalis） ……………………………5,7,10,63
実在的相違（distinctio realis） ………………………………………18,21
実在の側において（ex natura rei） ……………………………………14
自由（libertas） ………………………………………………………87-91,97
受動的創造（creatio passio） …………………………………………35
受動的霊発（spiratio passio） …………………………………………17
所有態，習得態（habitus） ………………………………………43,44,93
所有態において（habitualiter） …………………………………43,44,82
真空空間（vacuum） …………………………………………………47-51
スコトゥス（Scotus） ……………………………………………7-13,99,103
聖霊（Spiritus Sanctus） ……………………………………………16,20,23
ゼノンの議論（argumentum Zenonis） ………………………………56-58
線（linea） ……………………………………………………………52-56,58,61
全体が身体全体の内に存在し，また身体のどの部分においても全体として存在する
　（tota in toto et tota in qualibet parte） ………………………65,69,71

た 行

他から独立して存在する性質（qualitas absoluta） …………………93,95
天使（angelus） …………………………………26,28-30,32-47,50,51,82,85
天使の語り（locutio angelorum） ……………………………………38-42,85
知，知識
　単意語から成る，単一で固有な知（notitia absoluta, simplex et propria） ……7,8
　現実態における知識（notitia actualis） ……………………………43,44
知性的魂（anima intellectiva） …………………………62-65,69,70,83,84
父性（paternitas） ………………………………………………………15-17,19-22
チャトン（Walter Chatton） …………………………………………17-19
抽象認識，抽象知（cognitio abstractiva, notitia abstractiva） ………74-80,83,98
直知認識，直知（cognitio intuitiva, notitia intuitiva） ………74-76,78-86,98
ディオニシウス（Dionysius） …………………………………………38
特性の共有（communicatio idiomatum） ……………………………62,63
点（punctus） ………………………………………………………52-56,61

な～ら 行

能動的なものと受動的なものの天球の界域（sphaera activorum et
　passivorum） …………………………………………………………47,48
能動的霊発（spiratio activa） …………………………………………20,23

索　引　　　　　　　　　　　261

場所（locus）
　　場所的に運動する（moveri localiter）……………………………32, 33, 51, 64
　　場所とは，物体を取り囲むものの境界面である（locus est ultimum corporis
　　　continentis）………………………………………………………………………26
　　劃域的な仕方において，場所においてある（esse in loco circumscriptive）
　　　………………………………………………………………………27, 28, 30, 36
　　限定的な仕方において，場所においてある（esse in loco definitive）………27, 28
　　境界的部分（ultima pars）……………………………………………………26, 27
ペルソナ（persona）……………………………………………14-16, 18, 20, 22-24

真っ直ぐな知性認識の活動（actus rectus）………………………………………79
自らの活動へと立ち返る知性認識の活動（actus reflexus）……………………79
無限（infinitum）……………………………………………7-9, 27, 29, 30, 57-60, 79
　　内包的に無限（intensive infinitum）……………………………………9, 11, 12

霊（spiritus）………………………………………………………………………96-98
煉獄の火（ignis purgatorius）……………………………………………………96, 98
ロンバルドゥス（Magister）……………………………………………………………38

渋谷 克美（しぶや・かつみ）
1948年生まれ．金沢大学大学院文学研究科修士課程修了．京都大学博士（文学）．1991-92UCLA（カルフォルニア大学ロスアンジェルス校）客員研究員．現在愛知教育大学教授．
〔著書・論文〕『オッカム哲学の基底』（知泉書館，2006），『オッカム「大論理学」の研究』（創文社，1997），Scotus on Common Nature-Is Scotus's Theory Incoherent? (VERITAS, Kyodai Studies in Medieval Philosophy, XV 1995),「スコトゥス，オッカムの直知認識（notitia intuitiva）と抽象認識（notitia abstractiva）」（『哲学史の再構築に向けて』昭和堂，2000），「抽象と直知－オッカムの直知理論－」（『中世哲学を学ぶ人々のために』世界思想社，2005），Duns Scotus on *ultima realitas formae* (Giovanni Duns Scoto, Commissione Internazionale Scotista, Roma 2007) 他．
〔訳書〕トマス・アクィナス『神学大全』第22分冊（創文社，1991），ドゥンス・スコトゥス「命題集註解（オルディナチオ）」第2巻，アダム・ヴォデハム「命題集第1巻第2講義」『中世思想原典集成18』所収，（平凡社，1988），オッカム「大論理学」註解Ⅰ～Ⅴ』（創文社，1999-2001，2003，2005），オッカム『スコトゥス「個体化の理論」への批判－『センテンチア註解』第1巻第2区分第6問題』（知泉書館，2004）他．

〔オッカム『七巻本自由討論集』註解Ⅰ〕　ISBN978-4-86285-010-2

2007年5月15日　第1刷印刷
2007年5月20日　第1刷発行

著訳者　渋　谷　克　美
発行者　小　山　光　夫
印刷者　藤　原　愛　子

発行所　〒113-0033 東京都文京区本郷1-13-2
電話03(3814)6161振替 00120-6-117170
http://www.chisen.co.jp
株式会社　知泉書館

Printed in Japan　　　　　印刷・製本／藤原印刷